国家出版基金项目
NATIONAL PUBLICATION FOUNDATION

"十四五"国家重点图书出版规划项目

新时代
东北全面振兴
研究丛书

XIN SHIDAI
DONGBEI QUANMIAN ZHENXING
YANJIU CONGSHU

———

中国东北振兴研究院
组织编写

新时代东北地区国有经济布局优化与结构调整

李政 张爽 等——著

辽宁人民出版社

图书在版编目（CIP）数据

新时代东北地区国有经济布局优化与结构调整 / 李政等著. -- 沈阳：辽宁人民出版社，2025. 2.（新时代东北全面振兴研究丛书）. -- ISBN 978-7-205-11415-2

Ⅰ. F121.21

中国国家版本馆CIP数据核字第2024BX5981号

出版发行：辽宁人民出版社
　　　　　地址：沈阳市和平区十一纬路 25 号　邮编：110003
　　　　　电话：024-23284313　邮箱：ln_editor4313@126.com
　　　　　http://www.lnpph.com.cn
印　　　刷：辽宁新华印务有限公司
幅面尺寸：170mm × 240mm
印　　　张：19.25
字　　　数：322千字
出版时间：2025年2月第1版
印刷时间：2025年2月第1次印刷
策划编辑：郭　健
责任编辑：吴艳杰　张婷婷　郭　健
助理编辑：龙佳琪
封面设计：丁末末
版式设计：G·Design
责任校对：李嘉佳
书　　　号：ISBN 978-7-205-11415-2

定　　　价：98.00元

总　序

　　《新时代东北全面振兴研究丛书》是中国东北振兴研究院组织编写出版的第二套关于东北振兴主题的丛书。中国东北振兴研究院成立于 2016 年，是国家发展和改革委员会为支持东北地区振兴发展而批准成立的研究机构。近 10 年来，该研究院以服务东北振兴这一国家战略为己任，充分发挥高校人才和智力优势，密切与社会各界合作，根据不同时期党中央对东北振兴做出的重大决策，深入东北三省调查研究，组织年度东北振兴论坛并不定期举办具有针对性的专家座谈会，向国家有关部门和东北三省各级党委和政府提供了一系列具有决策参考价值的咨询报告。在此基础上，也形成了一批具有学术价值的研究成果。2020 年，研究院组织编写出版了《东北振兴研究丛书》（共 8 个分册），在社会上引起良好反响。从 2023 年开始，研究院结合总结东北振兴战略实施 20 周年的经验，组织编写了《新时代东北全面振兴研究丛书》（共 9 个分册），从更广阔的视野和新时代东北振兴面临的新问题角度，对东北振兴进行了更加深入的研究。研究院和出版社的同志邀请我为这套丛书作序，我也想借此机会，结合自己 20 年来亲身参与东北振兴全过程的经历和近几年参与研究院组织的调研的体会，就丛书涉及的一些问题谈谈个人的看法，也算是为丛书开一个头。

一、关于东北振兴的重大战略意义

　　东北振兴战略是国家启动较早的区域发展战略，启动于 2003 年。我深切体会到，20多年来，还没有哪一个区域的发展像东北地区这样牵动着历届党和国家领导人的心，被给予了这样多的关心和支持。仅党的十八大以来，习近平总书记就10多次到东北来考察调研，亲自主持召开座谈会并作重要讲话。党中央和国务院在不同时期都对支持东北振兴做出政策安排，尽最大的可能性给予东北各项支持政策。从中可以看出，东北振兴战略不仅仅是一个简单的区域发展战略，它远远超出东北地区的范围，具有十分重大的全局性意义。我从以下两方面来理解这一重大意义：

第一，东北振兴是实现中国式现代化的战略支撑。

中国式现代化最本质的特征是由中国共产党领导的社会主义现代化。回顾历史，在中国共产党领导下，中国式现代化贯穿了新中国成立至今70多年的整个历史过程，这一历史过程既包括改革开放以来的40多年，也包括从新中国成立到改革开放的近30年。在党领导的现代化建设过程中，东北地区扮演着十分独特而举足轻重的角色。东北地区是新中国最早启动工业化的地区，新中国成立之初，党的第一代领导人为开展社会主义工业化建设，在东北地区进行了大规模投资。"一五"时期，国家156个重点项目中有56个安排在东北地区，其投资额占了总投资额的44.3%。东北工业基地的建立与发展，寄托着中国共产党人对社会主义现代化的理想和追求，展现了中国共产党人独立自主建设新中国的高瞻远瞩和深谋远虑。在此过程中，东北工业基地的发展为中国社会主义工业体系的建设做出了不可磨灭的重大贡献，东北地区的能源工业、基础原材料生产和重大装备制造等支撑着国家的经济建设和国防建设。与此同时，东北三省的经济发展水平一直在全国排名前列，以辽宁为例，由于其特殊的战略地位，辽宁的经济总量（当年的衡量指标是工农业总产值）曾排名第一，被称为"辽老大"。改革开放后，东南沿海地区在改革推动下，市场机制快速发育，经济发展迅速，而东北三省则面临从传统计划经济向社会主义市场经济转型的痛苦过程。尽管东北人在转型过程中做出了大量艰苦的探索，但是由于体制机制的惰性和产业结构的老化使市场机制的发育相对缓慢，东北三省的经济总量在全国的排名逐渐落后。2003年10

月，党中央、国务院正式印发《关于实施东北地区等老工业基地振兴战略的若干意见》，以此为标志，国家正式启动了东北地区等老工业基地振兴战略。习近平总书记高度重视东北老工业基地的振兴发展，党的十八大以来，先后10多次到东北考察并发表重要讲话，多次就东北振兴问题做出重要指示批示，强调了东北振兴在国家大局中的战略地位，特别是强调了东北地区在维护国家国防安全、粮食安全、生态安全、能源安全、产业安全方面担负着重大责任。在加快强国建设、实现第二个百年奋斗目标、推进民族复兴伟业的过程中，东北振兴的战略地位是至关重要的。

综上所述，东北老工业基地由于有着区别于其他地区的历史演变过程，其建设、发展、改革和振兴凝聚着中国共产党几代领导人对社会主义道路全过程的实践探索和不懈努力，因而对实现中国式现代化来说具有特有的象征性意义。可以说，没有东北老工业基地的全面振兴，就没有中国式现代化目标的实现，而且，东北全面振兴的进度也在一定程度上决定了中国式现代化实现的进度。在迈向第二个百年奋斗目标新征程中，东北振兴能否实现新突破，标志着中国式现代化目标能否成功。所以东北全面振兴是实现中国式现代化的重要支撑。

第二，东北振兴是维护国家安全的重要保证。

东北振兴不能简单地从经济发展方面来衡量其重大意义。我在省市工作期间，经常接待党和国家领导人到东北来考察调研，我感觉到领导同志所关心的问题主要不是经济增长率是多少、地区生产总值是多少，所考察的企业或项目主要不是看其能够创造多少产值，而是看其能否为国家解决战略性重大问题。以大连的造船工业为例，20年前其每年实现的产值也就是100亿元左右，与一些超千亿元的大型企业相比，微不足道；但领导同志最关心的是，他们能造出保障国家能源安全的30万吨级大型油轮和液化天然气（LNG）运输船，能够造出保障国防安全的航空母舰和大型驱逐舰，所以在2003年党中央、国务院印发的《关于实施东北地区等老工业基地振兴战略的若干意见》中明确现代造船业为大连市的四大支柱产业之一，作为老工业基地产业振兴的重要组成部分。同样，我们看到的东北地区的飞机制造、核电装备、数控机床等装备制造业企业，规模并不大，产值并不高，但是却体现着"国之重器"特点，是我国国防安全和产业安全的重要保障。从国家的粮食安全来看，我曾几次到黑龙江和吉林粮食产区考察学习，深切感受到东北地区的粮食生产在维护国家粮食安全中的战略地位。东北是我国重要的农业生产基地，粮食产量占全国总产量1/4以上，商品粮占全国1/3，粮食调出量占全国40%，是国家粮食安全的"压舱石"。前几年在黑龙江省北大荒集团，我看到一望无际的黑土地上，全部实现了机械化耕种，其情景令人震撼；最近我又率队参观了北大荒集团的数字农业指挥中心，看到通过数字化和人工智能技术，可将上亿亩的耕地集中进行智能化管理，切身感受到了"中国人的饭碗端在我们自己手里"的安全感。

习近平总书记高度重视东北振兴，曾多次从维护国家安全的角度强调东北振兴的重要性。2018年9月，习近平总书记在沈阳主持召开深入推进东北振兴座谈会时强调，东北地区是我国重要的工业和农业基地，维护国家国防安全、粮食安全、生态安全、能源安全、产业安全的战略地位十分重要，关乎国家发展大局。习近平总书记亲自为东北地区谋定了维护国家"五大安全"的战略定位，做出统筹发展和安全的前瞻性重大部署，进一步提升了东北振兴的战略层次，凸显了东北振兴的重要支撑地位，为新时代东北全面振兴提供了根本遵循。

东北三省地处复杂多变的国际地缘政治敏感区，肩负着发展和安全的重要使命。我们应自觉从维护国家安全的战略高度推进东北振兴，既要在总体上担负起维护"五大安全"的政治责任，又要厘清国防安全、粮食安全、生态安全、能源安全、产业安全的具体责任。比如在国防安全上，要进一步完善军民融合发展政策，充分释放军工企业制造能力，通过与地方产业链、供应链的衔接，提升国防装备制造产业创新能力和效率。再比如在产业安全上，针对"卡脖子"技术，要在自主研发体系、产业链供应链的完善上，采取有效举措甚至"举国体制"予以支持。东北地区的新定位，进一步明确了东北振兴的战略重点，使东北振兴战略与维护国家"五大安全"战略紧密结合，更加有利于加强政策统筹协调，有利于实现重点突破。

维护国家"五大安全"，也是东北振兴的重要途径。东北地区要以"五大安全"战略定位为引领，准确把握国家战略需要，充分发挥东北地区比较优势和深厚潜力，突出区域资源特色，结合建设现代化产业体系，谋划一批统筹发展与安全的高质量的重大项目。把"五大安全"的战略定位和政治责任，落实到东北振兴的各方面和全过程。特别需要强调的是，在东北地区产业结构调整中，要加强"国之重器"的装备制造业升级改造，加快数字化智能化进程，增强核心部件和关键技术的自主研发能力，解决好"卡脖子"问题。

二、关于东北振兴中的体制机制改革

当前，东北地区与发达地区的最大差距是经济活力的差距，从根本上讲，还是体制机制的差距。前不久我在东南沿海地区考察过程中，见到不少东北人在那里创业发展，其中一部分是商界人士，如企业家或公司高管；还有一部分是科技人员，他们当中许多人是携带着科技成果从东北转战到南方的。我与其中几位科技企业的高管和科研人员做了深入的交谈，询问了他们为什么远离家乡到这里发展，他们的回答几乎是一致的，即东南沿海的经济充满活力，市场机制发达，生产要素市场健全，创新创业的成功率高，企业家和科技人员的聪明才智能够得到充分发挥。至于东北的情况，他们的回答也是很中肯的：东北的产业和科技教育基础都很好，他们也想在当地创业发展，但是有几个因素使得许多人最终选择了离开——一是东北地区的企业缺乏创新动力和吸纳科技成果的积极性，在科研成果和优秀人才面前，更多的是南方企业（也包括创投公司）伸出橄榄枝，很少遇到东北企业的主动欢迎；二是要素市场不健全，获得资金的资本市场、获得人才的人才市场和制造业企业的供应链市场都有许多缺陷；三是尽管政府部门推动发展的积极性高，但是由于政策多变，新官不理旧账，所以给企业和创业者带来许多不确定性。

以上问题，究其原因还是东北地区的体制机制改革不到位。东北地区是在全国各区域中进入计划经济最早的地区，从1950年开始，国家就对东北地区的煤炭、钢材等生产资料进行统一的计划分配；另一方面，东北地区又是各区域中退出计划经济最晚的地区，由于长期形成的历史包袱，计划经济管理的惯性使得市场机制在原有的计划经济基础上发育得较为缓慢。尽管东北地区在国家自始至终的支持下，在体制机制改革方面做了大量艰苦细致的工作，但是与其他区域相比，特别是与东南沿海地区相比，市场化程度仍然不高，距离市场机制在资源配置中发挥决定性作用的目标还有相当大的差距。从现象上来看，市场化程度不高主要表现在来自企业的自我发展动力活力不足。国企改革不到位，效率不高，在许多竞争性行业对其他市场主体形成"市场准入障碍"或"挤出效应"，制约了民营经济的发展；而地方政府为了弥补市场主体数量不够、企业动力不足问题，不得不亲自下场参与经济活动，再加上长期形成的计划经济的管理习惯，在一定程度上挤压了市场机制发挥作用的空间，限制了市场机制对资源配置的决定性作用。所以，今后东北地区的深化改革还是要围绕着国企改革，以加快民营经济发展和理顺政府与市场的关系为重点。

一是国企国资改革。当前东北国有经济在总体经济中占的比重比较高。以国有控股工业企业资产占规模以上工业企业资产总额的比重为例，辽宁为53.2%，吉林为61.4%，黑龙江为43.2%，均远高于全国37.7%的平均水平。东北地区国有经济比重高有其历史原因，也有东北的国有企业特别是央企为国家担负着一些特殊职能的原因。因此东北地区的国企国资改革并不能简单地提出国退民进或降低国企比重的措施，而是要按照党的二十届三中全会的要求，推进国有经济布局优化和结构调整，增强东北地区国有企业的核心功能，推动国有资本向维护国家"五大安全"领域、向关系国民经济命脉和国计民生的重要行业和关键领域集中，通过完善现代企业制度，将东北的国有企业做强做优做大，提升国际竞争力。针对当前东北地区存在的"市场准入障碍"和"挤出效应"问题，国企国资改革要按照有所为有所不为的原则，在一些竞争性行业，通过混合所有制改革，为非公有制经济创造更多市场准入的机会。这样做一方面实现了国有资本布局的战略性调整，另一方面也在公平竞争的原则下，推动了非公有制经济的发展。

二是民营经济发展。民营经济一直是东北地区经济发展中的一块短板，这一方面是由于东北地区长期实施的是以国有经济为主导的经济模式，民营经济缺乏健康发展的土壤；另外一方面，东北地区的民营企业存在一些先天不足，相当一部分民营企业不是靠企业自身的资本积累和科技创新获得可持续发展能力，而是靠政府部门政策支持和金融机构的信贷扶持发展起来的。我们可以看到，东北地区早期发展起来的民营企业大都有能力获得低价的土地资源或矿产资源的开发许可，而在其背后往往隐藏着不正常的政商关系，因此，每当一个地区出现腐败案件时总会牵扯出一些民营企业家。东北地区民营企业平均生命周期明显短于东南沿海地区，这种先天不足制约了民营经济的发展。要解决这个问题，必须认真贯彻中央"两个毫不动摇"方针，建立亲清的政商关系，遵循国家正在制定的《中华人民共和国民营经济促进法》的法律原则，在明确民营经济发展"负面清单"前提下，放心放手、公平公正地支持民营企业的发展。针对东北地区民营企业家资源不足的问题，要充分利用东北地区的资源优势和产业优势，进一步降低市场准入门槛，吸引更多的外省市企业家到东北来创新创业，结合扶持和培养本土优秀企业家，不断壮大民营企业家群体，并逐步形成东北地区敢于竞争、勇于创新的企业家精神。

在支持非公有制经济发展过程中，我还有一个体会，就是要对民营企业进行正确引导。要认识到民营企业的本质特征是追求企业利益的，但是如何把企业利益与公共利益有机结合起来，这就涉及政府如何进行政策引导。20多年前，亿达集团和东软集团在大连创办了大连软件园，本来所在位置的土地是可以搞房地产开发的，这样可以取得较高的资金回报，但是在政府政策引导下，这两个公司合作规划建设了当时国内最大的软件园，这样就将企业利益和政府的公共利益有机结合起来。尽管企业取得的效益没有像房地产那么高，但是由于政府的一系列政策，他们可以取得更长远的利益，同时又能为城市的功能布局优化、产业结构调整、新兴产业发展做出贡献。大连软件园的建设开启了大连旅顺南路软件产业带的发展，使大连的软件产值从不足1亿元发展到现在的3000多亿元，旅顺南路软件产业带聚集了20多万的软件人才。从这个角度看，通过政府的正确引导，民营企业的利益是可以与公共利益达成一致的。

三是理顺政府与市场的关系。应当看到，由于传统计划经济下的企业对政府依附关系的延续，东北地区政府与市场的关系仍带有"大政府""小市场"的特征。特别是东北地区的各级政府担负着推进体制改革和实施东北振兴战略的重要职责，所以在实践中往往存在着一种"双重悖论"，即一方面政府推进体制改革、实施振兴战略的目的是增强市场活力，放大市场机制作用；但另一方面政府在实施改革和振兴措施的过程中，又往往强化了政府职能，增加了行政干预，进一步压缩了市场机制发挥作用的空间，使市场机制在配置资源方面的决定性作用难以得到有效发挥。要解决这一问题，还是要以党的二十届三中全会精神为指导，把"充分发挥市场在资源配置中的决定性作用，更好发挥政府作用"作为目标和原则，在具体实践中、在"推动有效市场与有为政府更好结合"上下功夫。一是把塑造"有效市场"作为政府的一项"公共服务"，通过落实党的二十届三中全会关于深化改革的各项措施，切实培育起有效的市场机制，并向全社会提供。二是当一些领域"有效市场"形成，市场机制能够对资源配置产生决定性作用时，政府应当主动退出此领域，防止政府"有形的手"干预有效市场"无形的手"的作用。三是政府在制定产业规划和产业政策时，应该遵循市场经济规律，预见中长期的市场波动和周期变化，弥补市场机制在某些环节的"失效"。四是在推动东北产业结构调整过程中，要把产业结构优化升级与培育市场机制有机结合起来，合理界定国企和民企投资的优势领域，结合国有资本的优化布局，将其投资重点集中到涉及国家重大利益的关键领域，并在竞争性领域为民营企业发展留出足够空间，防止出现"挤出效应"。特别是要抢抓当前新一轮科技革命和产业变革重大机遇，充分发挥民营企业家和科技人员创新创业的积极性和创造性，最大限度地将民间资金引导到科技研发和产业创新，在推动战略性新兴产业和未来产业的同时，发展壮大东北地区的民营经济。

党的二十届三中全会提出，到 2035 年全面建成高水平社会主义市场经济体制。这里所提到的"全面建成"，从区域上讲，就是全国一盘棋，各区域都要通过深化改革，完成向高水平社会主义市场经济体制转型的任务，共同融入全国统一的社会主义大市场之中。这对于目前在市场化改革中仍与发达地区存在较大差距的东北地区来说，既是推进改革的难得机遇，又是不容回避的巨大责任和挑战。

三、关于东北振兴中的产业结构调整

实施东北振兴战略的重要任务是推动东北地区的产业振兴，而产业振兴的核心内容是对东北地区现有的产业结构进行调整优化。近年来，我几次带领中国东北振兴研究院的研究人员深入到东北三省的企业进行调研，对东北地区的产业发展有了一些认识。

东北地区产业结构的主要特点是"老"。东北老工业基地之所以被称为"老"，是因为新中国成立初期国家在东北地区建设的工业体系属于工业化早期水平，产业结构单一，重化工业比重过高，其中能源与基础原材料工业处于价值链前端，附加值低，受某些资源枯竭的影响，成本增加，竞争力下降。东北地区装备制造业是国家工业体系中的顶梁柱，具有不可替代的优势，但是由于体制机制问题，长期以来技术更新缓慢，设备老化，慢慢落后于时代的发展。国家实施东北地区等老工业基地振兴战略后，加大力度对东北地区的产业结构进行了调整，但由于东北老工业基地长期积累的问题较多，历史包袱较重，所以这一任务仍未最终完成。最近几年东北各省区经济总量在全国排名仍然未有明显改变，说明经济增长的动能仍不充足，产业结构的老化问题仍未得到根本解决，结构性矛盾仍然是当前振兴发展面临的主要矛盾之一。老工业基地振兴是一个世界性难题，德国鲁尔、法国洛林、美国底特律地区都走过了近 50 年的艰难振兴历程。东北老工业基地振兴与体制转型相伴而行，更为曲折复杂，更要爬坡过坎。要充分认识老工业基地结构调整任务的艰巨性复杂性，以更加坚定的决心和顽强的意志，通过全面深化改革，激发市场经济主体竞争活力，焕发结构调整的积极性和创造性，通过有效的产业政策，推动传统产业的转型升级和战略性新兴产业发展，使东北地区的产业浴火重生、凤凰涅槃。我们正面临新一轮科技革命和产业变革，这为东北地区产业结构调整优化提供了一个难得的历史机遇。在科技革命和产业变革面前，东北地区的产业结构调整应当调整思路和方式，从传统思路采取渐进式的产业演化方式来推进调整，转换到以创新的思路采取突变式的产业变革来推进调整。主要思路有以下三方面：

一是加快推进产业链延伸和完善，增加传统原材料工业的附加值和竞争能力。东北地区是国家重点布局的重点工业燃料和原材料生产基地，原油开采、石油化工、煤炭电力、钢铁等既是资源密集型产业又是资本密集型产业。资源型产业附加值低，只有沿产业链向中下游发展才能提高附加值，增强竞争力；而资本密集型产业要求提高集中度，以规模经济降低单位成本，提高竞争力。以东北的石化产业为例，原来是以原油开采、石油炼化为主，提供的产品主要是燃油，中下游严重缺乏。辽宁省的总炼油能力是1亿多吨，且分散在多个炼厂，大多数炼厂都不够国际标准的规模经济。所以，辽宁石化产业作为第一大支柱产业，其出路只有两条：一条是拉长产业链，让石化产业从传统的炼油为主，向中下游的化工原料、精细化工和化工制成品方向发展，逐级提高产品的附加值和经济效益；另一条是走集中化规模化的道路，充分利用辽宁沿海深水港优势，在物流上利用港口大进大出，在生产流程上采用炼油化工一体化模式，从而增加规模效益，降低单位成本。2010年，大连长兴岛石化基地引进了民营企业恒力集团，在国家发展和改革委员会支持下，总投资2000多亿元，建设2000万吨炼化一体化项目，包括中下游环节150万吨乙烯项目、450万吨对二甲苯（PX）项目、1700万吨精对苯二甲酸（PTA）项目，这些都是世界上单体最大的项目。这些项目一方面真正实现了石油炼化沿着烯烃类和芳烃类两条路线向中下游延伸，后面环节的产品附加值会越来越高；另一方面真正实现了石油化工的规模化集约化生产，依托深水良港的物流条件，使物流成本更低、生产效率更高。恒力石化的投资再加上大石化的搬迁改造等项目将使大连长兴岛建设成为世界级石化基地，彻底改变大连石化产业的格局，实现脱胎换骨的结构调整，使之成为现代产业体系的重要组成部分。

二是促进实体经济与数字经济深度融合，将传统装备制造业转化为与数字时代相适应的"智能制造业"。我们现在已经进入了数字时代，加快实体经济与数字经济深度融合已刻不容缓。东北地区具有实体经济、数字经济深度融合的基础。一方面，东北传统制造业基础雄厚，门类齐全，有数量众多的传统制造业企业，其中许多企业在我国的工业体系中地位重要、不可替代，这些都为数字化应用和数字产业发展提供了宏大的应用场景，为数字技术赋能传统产业创造了巨大的发展空间。推动东北地区传统产业的数字化转型将为东北振兴带来两大增长点：一是众多传统制造业企业转型为智能制造企业，极大提高其制造效率、创新能力和国际竞争力；二是围绕数字化工业生态的建立完善，又派生出一大批为产业数字化服务的数字产业化公司。从这个角度看，东北地区所拥有的传统产业基础将转化为数字经济发展的难得的资源和优势。另一方面，东北地区也具备以数字技术改造传统产业的能力。在发展数字经济方面，东北地区起步比较早。以辽宁为例，2003年，东北老工业基地振兴国家战略开始启动时，当时大连市所确定的四大支柱产业中，软件和信息服务业就是其中之一，而且这一产业布局被写进了《关于实施东北地区等老工业基地振兴战略的若干意见》。自此，大连的软件产业发展保持了10年之久的高速增长，旅顺南路软件产业带聚集了上百家世界五百强公司、上千家国内软件公司和20多万的软件人才，带动了应用软件的自主研发，人工智能、大数据、区块链等新技术也在软件业基础上开始起步。总体上看，东北地区的数字经济发展不是一张白纸，而是有相当的基础，只要咬定目标不放松，保持政策连续性，并且进一步加大支持力度，就一定会在数字经济与实体经济融合发展方面取得新突破。当前，东北要通过深化改革全面推进传统制造业企业的数字化改造。应当认识到数字化改造涉及复杂的生产流程和特殊的技术规定性，又需要进行必要的投资、付出相应的成本；更重要的是，要根据工业互联网的技术要求，重新构造生产流程和管理流程。因此，光凭企业自身的主动性是远远不够的，必须由政府出面，采取经济手段和行政手段相结合的方式，强力推进企业的数字化转型。一是示范引领，每个行业都要在国内外选择几个数字化转型成功的企业，组织同行进行学习借鉴，使其能够切身体会到数字化为企业带来的发展机遇和巨大利益；二是政策支持，对积极开展数字化转型的企业给予适当补贴和贷款贴息；三是通过产业链的关联企业相互促进，重点支持行业龙头企业数字化，然后遵循数字化伙伴优先原则，通过采购和销售方式的数字化引导配套企业的数字化建设。

三是大力发展新质生产力，推进战略性新兴产业和未来产业发展。要充分认识到，东北具备发展新质生产力的基础和条件。新质生产力并不是凭空产生的，它是建立在现实生产力的基础之上的。东北地区现有的代表国之重器的装备制造业解决了国外"卡脖子"问题，具有不可替代性，它所聚集的装备、技术、人才本身就是具有竞争力的先进生产力。在新的科技革命面前，只要顺应时代要求，加快数字化和人工智能应用，大力发展智能制造和绿色制造，那么传统制造业就会孕育出更多新质生产力。东北地区的教育、科技较发达，集中了一批国内优秀的大学和科研院所，每年为国家培养输送了大批优秀人才，也涌现出许多自主创新的科研成果，这些教育、科技资源是新质生产力形成的主要源头。但是由于体制机制障碍，东北地区的人才资源和科研成果并未在当地转化为新质生产力。我们经常可以看到，在东南沿海，一些自主研发的技术来源于东北的高校或科研院所。这说明，东北地区发展新质生产力是具备基础条件的。关键是如何将大学和科研院所的人才资源和科技资源就地转化为新质生产力，并通过具有竞争力的体制机制吸纳外来的新质生产力要素。加快发展新质生产力必须增强"赛道意识"，要认识到当今的科技革命已经改变了原有的产业发展逻辑，"换道超车"将变为常态。

如果固守在原有的传统赛道上，东北地区的产业发展会继续拉大和发达地区之间的差距，并且在新时代科技发展和产业创新中掉队。国家要求"十四五"期间东北振兴实现新突破，我认为主要应在"赛道转换"上取得突破。一是从"传统制造业改造赛道"转换到"智能制造新赛道"，对传统制造业进行全产业链全覆盖的数字化赋能改造和人工智能应用，搭上第四次工业革命这趟班车。二是从"资源枯竭型地区改造赛道"转换到"新能源、新材料发展赛道"，东北地区化石能源已失去优势，但是在风电、光伏、核电、氢能源、储能产业发展方面潜力巨大。三是抢占战略性新兴产业和未来产业赛道，充分利用东北地区教育、科技资源优势，积极鼓励支持自主创新，加强尖端技术和颠覆性技术研发和产业化，争取在新兴产业和未来产业发展中后来居上。

要塑造有利于新质生产力发展的体制机制。加快发展新质生产力必须形成与之相适应的新型生产关系，从东北地区来说，就是要塑造有利于新质生产力发展的体制机制和政策环境。新质生产力由于其革命性和创新性，自身的流动性很强，为了寻找更适宜的发展环境，新质生产力可以随时跨国跨地区转移。近年来，东北地区加强营商环境建设取得了很大进展，而当前加快发展新质生产力，更需要通过深化改革，为新质生产力孕育和发展创造良好环境。一是深化行政体制改革，增强政府部门推进科技创新和产业创新的责任感，提高对科技企业和科研单位的服务效率，打造一支熟悉科技和产业发展规律、具有服务意识、高效廉洁的公务员队伍；二是深化科技教育体制改革，推动科研与产业深入融合，培养更多高质量创新型人才；三是大力支持以企业为主体的创新体系建设，充分发挥央企在东北产业创新中的引领作用，同时积极支持民营科技企业投身于新兴产业和未来产业发展之中；四是打造支持新质生产力发展、推进东北地区科技发展和产业创新的投融资体制。

四、关于东北振兴中的对外开放

党的二十届三中全会通过的《中共中央关于进一步全面深化改革、推进中国式现代化的决定》（以下简称《决定》）强调："开放是中国式现代化的鲜明标识，必须坚持对外开放基本国策，坚持以开放促改革，依托我国超大规模市场优势，在扩大国际合作中提升开放能力，建设更高水平开放型经济新体制。"在新时代东北全面振兴的关键阶段，认真学习贯彻党的二十届三中全会精神，推动东北地区全方位开放，建设更高水平的开放型经济新体制，具有十分重大而深远的意义。

要充分认识东北对外开放在国家总体对外开放格局中的战略地位。改革开放40多年来，我国对外开放呈现出由南至北梯度开放的格局。20世纪70年代末80年代初，以深圳经济特区建设为标志的珠江三角洲对外开放，对应于国际资本向亚太地区流动、亚太地区劳动密集型产业向中国转移的形势；90年代，以浦东新区建立为标志的长江三角洲对外开放，对应于全球化进程加快、中国积极参与全球化的形势；10多年前，"一带一路"倡议及京津冀协同发展战略的提出是以全球金融危机之后美国的单边主义导致逆全球化倾向为背景的；最近几年，中央强调东北要成为对外开放新前沿，这是基于地缘政治新变化、中美贸易冲突加剧、俄乌冲突及俄战略向东向亚洲转移，进而东北亚成为国际合作热点地区的形势做出的重大判断；而发挥东北作为东北对外开放新前沿的作用，推动全方位对外开放，特别是加强与东北亚各国的深度合作，已成为我国应对百年变局、保障国家安全、拓宽国际合作空间，实现世界政治经济秩序向有利于我国方向转变的战略选择。

我国东北地区地处东北亚区域的中心地带，向北与俄蒙接壤，是我国的北大门；向东与朝鲜半岛相连，与日韩隔海相望；向南通过辽宁沿海连接太平洋，与亚太国家和地区沟通紧密；向内与京津冀和东部沿海省市相互依存，是畅通国内大循环、联通国内国际双循环的关键区域。东北海陆大通道是"一带一路"的重要线路，是我国沿海地区和日韩"北上西进"到欧洲的便捷通道。东北产业基础雄厚，人才科技资源丰富，生态环境良好，在经济合作方面与相关国家和地区具有难得的互补性。应当充分认识东北的开放优势，增强开放前沿意识，推进东北地区全面开放，这不仅是东北全面振兴取得新突破的需要，更是我国应对世界百年未有之大变局、开拓全方位高水平对外开放格局、突破以美国为首的西方国家对中国的遏制打压和围堵、维护国家安全、实现第二个百年奋斗目标、加快中国式现代化进程的需要。

东北地区的全面开放是一个多维度全方位开放的概念，从开放格局看，既要对外开放，也要对内开放；从开放方位看，包括了东西南北中全方位开放；从开放内容看，既包括资金技术信息的流动型开放，也包括规则规制管理标准等制度型开放。

一是进一步加强对内开放。东北地区在长期计划经济中形成的封闭性特征，首先需要通过对内开放予以打破。要通过深化改革缩小东北与先进地区在市场化和开放度方面的差距，尽快融入全国统一大市场。要加强东北振兴战略与发展京津冀、长江经济带、粤港澳大湾区等国家重大战略的对接，消除各类阻挡要素跨区域流动的障碍，积极接受先进地区资金、技术、人才、信息等资源的辐射，发挥东北地区自身优势，在畅通国内大循环、联通国内国际双循环中发挥更大作用。

二是加快实施向北开放战略。要充分认识到在世界经济政治格局深刻变化的形势下，东北地区向北开放、积极开展对俄罗斯经贸合作的重大战略意义和难得的历史机遇。要深入分析中俄经济互补性，挖掘两国经贸合作潜力和空间，积极开展与俄罗斯多领域的务实合作。要大力推进石油、天然气、核电等领域的合作，强化中俄能源交易和物流设施建设，保障我国的能源安全。要加强东北地区各边境口岸现代化建设，提供高效率通关便利服务，促进对俄贸易高质量发展，把各口岸城市打造成中俄贸易物流枢纽城市。要充分发挥东北地区的产业优势，有效利用俄罗斯远东开发战略的各项政策，参与远东地区基础设施投资、资源开发、环境保护、农业发展、制造业等领域的合作。要加强与俄罗斯人才、技术、资金等领域的交流与合作，在推进产业合作的同时，逐步建立完整的产业链和供应链，带动东北地区的产业转型与升级。

三是以 RCEP（区域全面经济伙伴关系协定）为契机深化与日韩合作。作为东北三省的主要贸易和投资伙伴，日本和韩国之前在东北做了大量投资。

当前受地缘政治形势变化，合作受到一些阻碍，日韩企业开始重构产业链和供应链并转移投资。由此，要抓住RCEP实施的契机，加快建设以RCEP为基本原则的国际化投资环境，加强与日韩企业的沟通，帮助他们解决发展中的困难，恢复日韩企业在东北投资发展的信心，稳固原有的合作关系，同时实施更加优惠的政策，吸引日韩企业通过增量投资进行产业升级，在东北地区形成新兴产业的产业链和供应链。

四是建设东北海陆大通道。要把东北海陆大通道建设纳入国家"一带一路"的重点建设项目中予以推进。加快东北亚国际航运中心建设和大通道沿线物流枢纽建设，提升辽满欧、辽蒙欧两条海铁联运班列转运效率，争取开辟辽宁沿海港口至欧洲的"北极航线"，打造连接亚欧大陆的"一带一路"新通道。东北海陆大通道沿途四个副省级城市，哈长沈大要一体化发展，提高对外开放水平，完善中心城市功能，打造东北亚地区最具活力的城市带。大连应发挥好东北亚重要的国际航运中心、国际贸易物流中心和区域性金融中心作用。

五是积极稳妥推进制度型开放。东北全面开放能否顺利推进，关键是能否创造一个具有竞争力的国际化的营商环境。要下决心推进规则、规制、管理、标准等制度型开放，用制度型开放倒逼行政体制改革，补齐东北地区国际化营商环境的短板，不断提高贸易投资的便利性，增强东北地区对国际先进生产要素的吸纳能力。

五、关于东北振兴中的营商环境建设

改善营商环境是国家实施东北振兴战略以来，对东北地区提出的一项重要而艰巨的任务。习近平总书记每次到东北考察都强调改善营商环境的重要性，特别在2018年9月主持召开的深入推进东北振兴座谈会上，对东北振兴提出六个方面要求，其中排在首位的就是"以优化营商环境为基础，全面深化改革"。近年来，东北各级党委、政府认真贯彻落实习近平总书记的重要指示，在加强营商环境建设方面做了大量卓有成效的工作，东北地区的营商环境有了明显改善，但是与先进地区相比，与企业和老百姓的期望相比，还有不小的差距。这一差距主要表现在东北地区对先进生产要素，包括资金、技术、人才的吸纳能力仍然不足，"孔雀东南飞"和"投资不过山海关"的问题仍然未从根本上得到解决。在全国各区域都在致力于打造高水平营商环境的背景下，东北地区不能再满足于原有水平的营商环境了，而必须对标先进地区的标准，提高建设营商环境水平，增强东北地区对先进生产要素的吸纳能力，推动新时代东北全面振兴实现新突破。

什么是高水平营商环境？就是党中央提出的市场化、法治化、国际化的营商环境。这一概念可以追溯到党的十八届五中全会，当时明确提出了要完善法治化、国际化、便利化的营商环境，这是中央文件中对市场化、法治化、国际化营商环境的早期表述。2019 年 10 月，国务院通过了《优化营商环境条例》，以政府规定的方式明确了市场化、法治化、国际化营商环境的定义，并提出了具体的政策措施。党的二十大报告进一步强调，市场化、法治化、国际化一流营商环境建设是当前中国推动实现高质量发展和中国式现代化的重要保证。党的二十届三中全会《决定》从"构建高水平社会主义市场经济体制""完善高水平对外开放体制机制""完善中国特色社会主义法治体系"三个角度，分别深入阐述了通过全面深化改革，构建高水平的市场化、法治化、国际化营商环境的基本原则和具体的改革措施。特别是《决定》强调"构建全国统一大市场""规范地方招商引资法规制度，严禁违法违规给予政策优惠行为"，这实际上是对以往个别地区在营商环境建设方面随意性做法的一种纠正，更加凸显了通过深化改革，建设统一的市场化、法治化、国际化营商环境的客观必要性。

东北地区如何通过深化改革，加快建设市场化、法治化、国际化营商环境？从市场化角度，就是要持续不断地推进市场化改革，培育壮大市场机制，促进市场机制在资源配置中发挥决定性作用，同时要界定好社会主义市场经济条件下政府与市场的关系，加快政府职能转变，深入推进行政管理体制改革，提高政府对市场主体的服务意识和服务效率，在鼓励市场主体充分竞争的前提下，维护市场竞争的公平性。从法治化角度，对东北地区来说，法治化建设是当前营商环境建设中一块短板。要着力解决当前东北地区营商环境缺乏法治保障的问题，克服政府在服务市场主体过程中的随意性、不稳定性、缺乏诚信，甚至忽视或侵犯市场主体合法权益的倾向，加大法治化营商环境建设力度。在立法层面，进一步完善适应社会主义市场经济体制的商事法律法规体系。在执法层面，增强政府部门依法行政意识。在司法层面，加强司法机关队伍建设，提高司法人员素质，推进各司法机关公正公平司法。在遵法层面，积极引导企业和个人遵法守法，共同维护法治化市场经济秩序。从国际化角度，打通国内循环和国际循环的体制界限，积极稳步扩大规则、规制、管理、标准等制度性开放，主动对接国际高标准经贸规则，打造面向东北亚区域对外开放新前沿，建设高水平开放型经济新体制。

在谈到营商环境建设问题时，我还想举一个具体例子。2024年9月，我率队到大连长兴岛恒力重工集团有限公司（简称恒力集团）调研，见到一位熟人，他原来在中国船舶重工集团有限公司上海总部工作，目前在恒力造船（大连）有限公司担任领导职务。我随口问他：从上海到大连长兴岛有什么感想，有什么得失？他说，把长兴岛打造成为一个世界级的造船基地不仅是政府的梦想，也是他作为造船人的梦想，为了实现这一梦想，即使不拿报酬，他也要为之奋斗。这句话既使我感动，也让我很受启发。其实在东北振兴过程中，许多事情政府自己是做不了的，比如产业结构调整，打造现代产业体系，必须靠企业来做。但是政府可以创造一个有吸引力的营商环境，采取一些政策措施，吸引企业来完成政府目标。十几年前，我们为推进产业结构调整，引进了恒力集团到长兴岛投资，恒力集团共投入资金2000亿元，目前长兴岛世界级石化基地建设已见雏形，同时恒力集团又收购了韩国STX造船，再过三五年，长兴岛又会崛起一个世界级的造船基地。在此过程中，政府做了什么？我们就是打造了一个良好的营商环境，却用企业的力量做成了大事，完成了政府的工作目标，做出了政府人员想做而做不到的事情。这个投入产出关系是显而易见的，我们何乐而不为？我想用这个例子说明，如果政府部门弯下腰来创造良好的营商环境，尽心尽力做好对企业的服务工作，企业一定会创造更多的社会财富，为地方经济发展做出更大贡献。

建设高水平营商环境是东北振兴实现新突破的重要保证，也是东北地区与全国各地区同步实现中国式现代化的重要保证。营商环境的好坏是一个地区核心竞争力的重要标志。营商环境只有更好，没有最好，当前全国各省市都在积极开展营商环境建设，以取得更大的竞争能力。东北地区要想迎头赶上，与全国同步实现第二个百年奋斗目标，必须在全面深化改革上下功夫，建设与其他地区同等水平甚至更高水平的市场化、法治化、国际化营商环境。

2025 年 2 月

前　言

　　习近平总书记对东北地区充满深情、寄予厚望。党的十八大以来，他先后十多次到东北地区调研、三次召开专题座谈会，就东北全面振兴发表一系列重要讲话、做出一系列指示批示。在这些论述和指示批示中，多次提到东北地区国有企业改革发展和结构调整问题。例如，2018年9月在沈阳召开的深入推进东北振兴座谈会上，习近平总书记强调，国有企业地位重要、作用关键、不可替代，是党和国家的重要依靠力量。同时，国有企业要改革创新，不断自我完善和发展。要一以贯之坚持党对国有企业的领导，一以贯之深化国有企业改革，努力实现质量更高、效益更好、结构更优的发展。2023年9月在哈尔滨召开的新时代推动东北全面振兴座谈会上，习近平总书记强调，要以科技创新推动产业创新，加快构建具有东北特色优势的现代化产业体系。推动东北全面振兴，根基在实体经济，关键在科技创新，方向是产业升级。积极培育新能源、新材料、先进制造、电子信息等战略性新兴产业，积极培育未来产业，加快形成新质生产力，增强发展新动能。继续深化国有企业改革，实施国有企业振兴专项行动，提高国有企业核心竞争力，推动国有资本向重要行业和关键领域集中，强化战略支撑作用。2025年新春佳节前夕，习近平总书记在辽宁考察时强调，统筹传统产业转型升级和战略性新兴产业培育壮大，加快建设现代化产业体系，在推动新时代东北全面振兴新突破上勇于争先。以全面深化改革开放为动力，加快建设现代化产业体系，推进国有经济布局优化，推动国有资本和国有企业做强做优做大，国有企业做强做优做大必须扎根实体经济、强化科技创新、深化体制机制改革。可见，在东北全面振兴中，结构调整是核心，国有企业要先行，而在国有企业改革发展中，布局优化与结构调整是关键环节、重要抓手。事实上，国有经济布局优化与结构调整既是东北地区承担维护"五大安全"使命的需要，更是发展新质生产力的必然要求，也是全面振兴新突破的必由之路。

作为我国重要的工业与农业基地，东北地区在新中国经济起步和发展中一直占据着极为重要的地位。新中国成立初期，凭借丰富的自然资源、区位优势和坚实的工业基础，东北地区迅速崛起，成为国家工业化进程的关键力量。"一五"时期，众多重点项目在此落地生根，为国家构建起相对完整的工业体系做出重大贡献。此后，东北地区在能源、装备制造、原材料生产等核心领域一直发挥着不可替代的支柱作用，是国家经济安全与稳定发展的坚固基石。改革开放以来，随着市场经济的蓬勃发展，区域经济格局发生深刻变化，东北地区国有经济面临诸多严峻挑战。例如，东北地区国有经济在向市场经济转型过程中步伐相对迟缓，布局僵化、结构失衡等问题日益凸显。东北地区国有企业过度依赖传统重化工业，结构单一，新兴产业发展滞后，专精特新中小企业和"小巨人"企业不足，缺乏具有国际和国内竞争力的领军企业，导致该地区经济长期增长动力不足。同时，由于东北地区国有企业创新能力较弱，市场竞争力下降，市场占有率和利润率较低，一度导致大量地方国有企业倒闭或被兼并重组，体量和比重迅速收缩和下降。党的十八大以来，在习近平总书记重要讲话和指示批示指导下，东北地区国有经济布局优化和结构调整取得重大进展，国有企业又开始焕发出新的勃勃生机。

2023年11月中央全面深化改革委员会第三次会议指出，"聚焦推进国有经济布局优化和结构调整，推动国有资本向关系国家安全、国民经济命脉的重要行业和关键领域集中，向关系国计民生的公共服务、应急能力、公益性领域等集中，向前瞻性战略性新兴产业集中，更好服务构建新发展格局、推动高质量发展"。党的二十届三中全会再次强调了上述"三个集中"，并提出"深化国资国企改革，完善管理监督体制机制，增强各有关管理部门战略协同，推进国有经济布局优化和结构调整，推动国有资本和国有企业做强做优做大，增强核心功能，提升核心竞争力"，为新时代新发展阶段东北地区国有企业深化改革和国有经济布局优化与结构调整指明了方向，提供了根本遵循。习近平总书记在新时代推动东北全面振兴座谈会上强调，新时代新征程推动东北全面振兴，要贯彻落实党的二十大报告中关于推动东北全面振兴实现新突破的部署，完整准确全面贯彻新发展理念，牢牢把握东北在维护国家"五大安全"中的重要使命，牢牢把握高质量发展这个首要任务和构建新发展格局这个战略任务。这无疑也为东北地区国有经济布局优化和结构调整提出了重点任务与新的要求。根据中央经济工作会议和2025年政府工作报告精神，东北地区国有经济还要为该地区因地制宜发展新质生产力、加快建设东北特色现代化产业体系奋勇争先，发挥引领作用、做出应有贡献，推动科技创新和产业创新融合发展，大力推进新型工业化，做大做强先进制造业，积极发展现代服务业，促进新动能积厚成势、传统动能焕新升级。

本书聚焦新时代东北地区国有经济布局优化与结构调整这一重要主题，全面展示了党的十八大以来东北地区国有经济改革发展和结构调整所取得的突出成就，同时也分析了未来进一步优化布局、调整结构的方向，并提出一系列有针对性的政策建议。我们综合运用多种研究方法，通过构建自主知识体系夯实理论基础，解剖现实问题，在总结全国国有经济布局优化与结构调整趋势的基础上，分析提炼新时代东北地区国有经济布局优化与结构调整的重要举措、成效与问题，并积极借鉴国内其他地区相关成功经验与典型举措，探索适合东北地区国有经济改革与创新发展的有效路径。

本书力求能够为政府相关部门制定科学合理的政策提供决策依据，为东北地区国有企业改革发展提供有益参考，为坚持和落实"两个毫不动摇"，促进各种所有制经济优势互补、共同发展提供理论指导，进而助力东北地区国有企业在新时代推动东北全面振兴取得新突破，重现昔日辉煌，为国家经济高质量发展和中国式现代化建设做出新的更大贡献。

本书主要作者和分工如下：绪论（李政、周希祯），第一章（李政、刘涛、艾尼瓦尔），第二章（李何），第三章（张东明、刘朝阳、田珺），第四章（张爽、张东明、刘培龙），第五章（杨思莹、白云飞）。李政制定了全书框架，张爽对全书进行了统稿。由于时间和作者水平有限，本书整理的数据资料不够全面、翔实，观点亦有不够完善和有失偏颇之处，敬请广大读者批评指正。

最后，感谢中国东北振兴研究院精心组织并为我们撰写本书提供了宝贵平台和机会，感谢第十四届全国政协经济委员会委员、辽宁省政协原主席夏德仁等编委会领导、专家的指导，感谢中国企业改革与发展研究会彭华岗会长及东北三省一区国资委相关领导的指导和支持，感谢宁波工程学院区域发展与共同富裕研究院赵儒煜院长等在研究中给予的启发！

辽宁大学经济学院院长
东北国有企业振兴研究院执行院长
吉林大学创新创业研究院副院长

2024 年 12 月

目　录

绪　论

　　党的二十届三中全会提出："深化国资国企改革，完善管理监督体制机制，增强各有关管理部门战略协同，推进国有经济布局优化和结构调整，推动国有资本和国有企业做强做优做大，增强核心功能，提升核心竞争力。进一步明晰不同类型国有企业功能定位，完善主责主业管理，明确国有资本重点投资领域和方向。"[①]两次提到国有经济和国有企业的核心功能问题。这是继2022年和2023年两次中央经济工作会议中习近平总书记针对国资国企改革提到"增强核心功能"后，再一次强调"增强核心功能"，也是中央全会文件第一次提出增强国有经济核心功能问题。事实上，随着国企改革三年行动完成，功能性改革开始取代制度性改革和分类改革成为新时代新发展阶段国有企业改革的主要特征。2023年，中共中央办公厅、国务院办公厅联合印发《国有企业改革深化提升行动方案（2023—2025年）》，标志着以"增强核心功能、提高核心竞争力"为重点的新一轮国有企业改革正式启动。聚焦增强国有企业核心功能发力、大力推进功能性改革，成为当前这轮国企改革的鲜明取向。[②]那么，究竟什么是国有经济或国有企业的核心功能？为什么要增强核心功能？如何增强核心功能？这些是当前深化国资国企改革、推进国有经济

[①]《中国共产党第二十届中央委员会第三次全体会议文件汇编》，人民出版社，2024年，第22—23页。

[②]《新一轮国企改革关键之年改什么？怎么改？》，新华社，2024年1月12日，http://www.news.cn/20240112/6165d1f333784f9395f157579d2ff847/c.html。

高质量发展、坚持和落实"两个毫不动摇"、构建高水平社会主义市场经济体制、推进中国式现代化必须要回答的重大理论与现实问题。

一、国有经济内涵、性质与分类

国有经济是一个非常复杂的概念，既是世界各国普遍存在的经济形式和经济现象，具有一般性；同时又因为社会性质不同，而具有一定意识形态色彩和特殊性。同样是"国有经济"，在不同国家以及一个国家的不同发展阶段又会有不同的提法。比如，在西方国家，国有经济又被称为公营经济、公共经济等；在我国，中华人民共和国成立伊始，通过没收官僚资本及敌产、继承解放区公营经济和外资企业转让等，建立起能够控制国计民生的国有经济，由中央和地方政府直接经营，当时称之为国营经济；[①]1993年，第八届全国人大第一次会议通过的宪法修正案，将原来的"国营经济"修改为"国有经济"。因此，公营经济、公共经济、国营经济都是国有经济的不同称谓，但又有一定的区别。同时，国有经济具体包含国有企业、国有资产、国有资本、国有自然资源，其中，国有企业又分为中央国有企业和地方国有企业，与之相应地，又有中央国有经济和地方国有经济之分。所以，给"国有经济"下个标准的定义并不容易，不同国家不同发展阶段的国有经济内涵和外延具有一定的差异性。但一般而言，国有经济是指国家拥有所有权的一种经济形态或经济成分，不一定以企业的形态出现。所以，当我们谈论国有经济功能定位或角色作用时，应该具体说明是指哪个地区哪个层面哪种类型的国有经济。当然，也可以针对一般国有经济或国有经济的共性而言。

不论是在发达经济体还是在发展中经济体，不论是过去还是现在，"国有经济"都在经济社会发展中发挥着重要作用。只是在不同国家由于国情不同、文化传统不同、社会制度不同，国有经济功能作用大小和具体表现形式、实现方式以及存在的范围、体量、比重都有所不同。而且在同一个国家

---

① 参见吴太昌、武力等：《中国国家资本的历史分析》，中国社会科学出版社，2012年。

或经济体的不同历史阶段，国有经济的上述指标是不断调整和演变的，而非始终如一。因此，国有经济及其功能作用具有动态演化特征。比如，第二次世界大战前后的 20 世纪 30 年代到 50 年代，伴随着资本主义大萧条，西方国家政府普遍采取了私营企业国有化等方式，以主动纠正市场失灵。国有经济作为政府干预经济的主要手段，在资本主义经济快速恢复过程中发挥了重要作用。20 世纪 50 年代后期到 60 年代，凯恩斯主义成为西方国家主流意识形态，国有经济日益成为政府实施宏观调控、减轻经济周期性波动的重要工具。20 世纪 70 年代到 21 世纪初金融危机，英美等资本主义国家受新自由主义理论影响，又开启了国有企业私有化浪潮，不同程度地降低了国有经济占比。2008 年全球金融危机以来，英美等资本主义国家开始反思新自由主义经济政策，国有经济重新介入金融和基础设施建设、国家战略性新兴产业等关键领域，占比有所增加，在经济结构重塑中再次发挥了重要作用。不过在瑞典等一些北欧国家，国有经济一直占有较大比重且发挥较大作用。总之，尽管经历了私有化浪潮，国有经济特别是国有企业依然是全球资本、投资市场以及劳动力就业市场中一股强大的力量。在能源、基础设施建设等重要行业中，国有企业在各国都扮演着重要角色，是政府和私营企业之外的重要主体。但国外主要国家国有经济占国内生产总值比重总体不高，且主要集中在私人企业不愿或不能投资的领域，如涉及公共物品、国家安全和薄弱环节的行业和部门，但对国民经济有序运行起到了重要调节作用。[①]

《中华人民共和国宪法》第七条明确规定："国有经济，即社会主义全民所有制经济，是国民经济的主导力量。国家保障国有经济的巩固和发展。"[②]可见，在我国，国有经济是社会主义性质的经济成分，是公有制经济的重要组成部分和实现形式。公有制经济不仅包括国有经济和集体经济，还包括混合所有制经济中的国有经济和集体经济成分，其中，国有经济即社会主义全民所有制经济

---

① 张旭、胡乐明、郭迎锋、王世崇等：《国外国有经济的发展历程及六大特点》，《国资报告》2022 年第 12 期。

② 《中华人民共和国宪法》，人民出版社，2018 年，第 11 页。

处于核心地位。全民所有制经济是指社会主义条件下全体劳动人民共同占有生产资料的一种公有制形式，在社会主义初级阶段，社会主义全民所有制经济一般都采取国家所有制的形式。这是因为，只有无产阶级及其政党领导的国家才能承担这个职能，才能代表全体人民的共同利益和愿望。在我国国有经济中，国家作为全民的代表对国有企业的生产资料拥有所有权。具体而言，我国属于国家所有的经济主要有：矿藏、水流、森林等自然资源；国家投资的铁路、通信、电力等基础设施和公用事业财产；科学、文化、教育、卫生等公共事业财产；其他国家投资、入股形成的经营性企业中属于国有资本所有者权益的部分，这些企业包括农业企业，制造业企业，金融、物流等服务业企业，以及新闻出版等传媒类企业，分别由中央及地方国资委、财政部、宣传部门代表国家行使所有权和监督管理权。上述企业又可分为电网、自来水管网、燃气管网自然垄断类国有企业；军工生产、原油开采、原油进口、基础电信、食盐专营、电力购销等行政垄断类国有企业；从事石油、天然气、煤炭等能源和稀有金属矿藏开采及其他重要基础原材料生产的，具有一定垄断性的战略性国有企业；以及非垄断的竞争性国有企业等类型。此外，《关于国有企业功能界定与分类的指导意见》（国资发研究〔2015〕170号）还将国有企业界定为商业类和公益类两大类，其中商业类又区分出一类、二类。可见，我国国有经济规模和比重都比较大，涉及行业领域众多，十分复杂。而且，随着社会主义市场经济体制的建立和完善、市场体系和市场机制的不断健全和非公经济的发展壮大，国有经济的范围也在不断随之动态调整。因此，在研究和落实国有经济功能定位时，既要总体考虑，也要分层分类考虑和推进，而且要考虑市场化的进程和条件，不能静态、孤立地一概而论。

二、国内外国有经济功能的理论探讨与实践情况

根据《现代汉语词典》，所谓功能，即事物或方法所发挥的有利的作用或效能；而所谓作用，就是对事物产生的影响、效果或效用。可见，"功能"和"作用"是内涵相近的两个词汇。但一般而言，功能更正式一些，是更为

重要、更为正面和明显的作用。国有经济功能，就是国有经济的主要作用与效能，也就是国有经济存在的原因；既是对为什么要有国有企业即国有经济存在理由的回答，也是跳出国企看国企的一种理性认知。国有经济既有和民营经济等其他经济成分相同或相似的一般功能，也有相对于其他经济成分的特殊功能。我国国有经济既有和国外国有经济相同或相似的一般功能，也有别于国外国有经济的特殊功能。此外，和其他各种经济成分一样，国有经济既有经济功能，也有非经济功能。总之，无论国内还是国外，与私营企业相比，国有经济和国有企业承担更多非经济目标与社会责任，正因如此其运行效率、盈利能力要相对低于把利润目标放在第一的私有企业。①

（一）国外国有经济功能研究与实践情况

长期以来，国有企业在经济中的功能以及与之相关的国有企业存在的理由等一直是国外学术界关注的主题，在 *The Routledge Handbook of State-Owned Enterprises*（《劳特利奇国有企业手册》）中被广泛讨论。② 经济合作与发展组织（OECD）在 2015 年调查了 24 个国家关于设立国有企业的明确目的，发现在这些国家中国有经济的功能大致可以分为以下六类：（1）服务于国家经济和战略目标；（2）确保国家所有权的持续性；（3）提供特定的公共物品或服务；（4）在自然垄断行业有必要实行国家经营；（5）在市场监管失灵或效率低下的情况下建立或维持国有垄断；（6）承担社会责任。③ 但是这些分析都侧重于西方发达经济体（或经合组织经济体），对于发展中经济体的讨论并不多。

关于是否需要国有企业以及国有企业存在的理由，西方学术界并未达成共识。如阿罗、德布鲁等学者认为，产权的明晰化和可交易化是降低交易费用的关键，而国有企业没有将产权界定到自然人，因此国有企业的产权是模

---

①Putniņš, T.J., "Economics of state-owned enterprises", *International Journal of Public Administration*, Vol. 38 No.11(2015), pp.815-832.

②Bernier, L., Bance, P., & Florio, M. eds., *The Routledge Handbook of State-Owned Enterprises*, New York: Routledge, 2020.

③Organisation for Economic Co-operation and Development, *State-Owned Enterprise Governance: A Stocktaking of Government Rationales for Enterprise Ownership*, Paris: OECD Publishing, 2015.

糊不清的，没有人为其真正负责，所以国有企业必然是效率低下的；无论是在转轨国家还是非转轨国家，私有化都使得企业变得更有效率、利润更多、财务状况好转并且促进创新；这就意味着国有企业的存在是没有意义的。而市场失灵理论的提出者和信奉者则认为，国有企业可以提供无法由私人企业提供的公共物品。一些经济学家也提出了国有企业的重要功能，如芝加哥学派的代表人物亨利·C. 西蒙认为，"就总体而言，国家将面临实质性的接管、拥有、直接管理的必要，无论是铁路还是其他公用事业，以及一切不能保持有效竞争的产业"[1]。英国经济学家盖茨克尔在《社会主义与国有化》一书中对国有化给予了更高赞誉，他认为实现公有财产的高比率是追求社会平等的重要措施，"为了维护公众使其不受私人垄断权的侵害，把企业收归公有是必要的"，"国有化是能达到更高生产力和更大效益以及防止垄断的最好或唯一方法"。[2] 此外，后凯恩斯主义和熊彼特主义学者们从东亚后发国家发展经验中讨论了国家在经济发展和创新中的作用，如大规模工业建设、促进技术引进—消化吸收再创新、创新风险投资等。[3][4][5] 而国有企业作为体现国家意志的重要政策工具则可帮助国家实现一些经济和非经济目标。[6]

从历史上看，全球各国国有企业的功能是随着内外部环境和条件变化不断动态调整和演进的。19 世纪末，西方许多发达国家的国有企业是在私人资本不足时帮助其实现工业化的工具。第一次世界大战后，许多国家的政府为挽救因战争而陷入破产境地的私营企业，开始收购其股份并接管企业，并将其职

---

① Henry C. Simons, *Economic Policy for a Free Society*, Chicago: University of Chicago Press, 1948, p.34, p.51.

② 参见 ［英］盖茨克尔：《社会主义与国有化》，李奈西译，商务印书馆，1962 年。

③ Erlich, Alexander, *The Soviet Industrialization Debate, 1924-1928*, Cambridge Mass: Harvard University Press, 1960.

④ Gerschenkron, Alexander, *Economic Backwardness in Historical Perspective*, Cambridge Mass: The Belknap Press, 1962.

⑤ Cypher, J. M., *The Process of Economic Development*, London: Routledge, 2014.

⑥ Putniņš, T. J., "State-Owned Enterprises and the Public Mission: A Multidimensional Lens", in L. Bernier, M. Florio, & P. Bance, eds., *The Routledge Handbook of State-Owned Enterprises*, London: Routledge, 2020.

能扩展到非经济领域。到 20 世纪 30 年代，受经济大萧条影响，这些国有企业广泛承担了提供社会福利的功能。第二次世界大战后的经济重建，以及随后现代福利国家的形成，要求国家承担更多责任。凯恩斯主义提倡的国家干预模式逐渐占据主导地位，国有企业的功能主要体现在克服市场失灵、完成快速增长的公共服务任务，并以符合国家制定的社会经济目标的方式分配资源。[①] 进入 21 世纪以来，在全球金融危机等重大危机事件冲击下，在世界许多经济体，特别是发展中经济体，国有企业在社会经济中的地位和作用发生重要变化，意味着其功能也产生变化，在传统一般功能基础上演化出一些新的功能。这些功能多种多样、相互交织：除了弥补市场失灵、推动国家经济战略和政策目标的实现、维护经济稳定和实现社会目标、进行逆周期调节、促进经济结构调整和增强市场竞争力、提供公共物品和服务，还有支持中小企业发展、推动科技创新、充当知识探索和传播者、提升国家自主防卫能力等。[②]

①Bałtowski, M., & Kwiatkowski, G., *State-Owned Enterprises in the Global Economy*, London: Routledge,2022.

② 参见 Lazzarini, S. G., Mesquita, L. F., Monteiro, F., & Musacchio, A., "Leviathan as an inventor: An extended agency model of state-owned versus private firm invention in emerging and developed economies", *Journal of International Business Studies*, Vol.52, pp.560-594; Landoni, M., "Reconsidering Innovation in State-Owned Enterprises", in L. Bernier, M. Florio, & P. Bance,eds., *The Routledge Handbook of State-Owned Enterprises*, London: Routledge, 2020; Belloc, F., "Innovation in state-owned enterprises: Reconsidering the conventional wisdom", *Journal of Economic Issues*, Vol. 48, No.3(2014), pp.821-848; Tonurist, P., & Karo, E., "State owned enterprises as instruments of innovation policy", *Annals of Public and Cooperative Economics*, Vol.87, No.4(2016), pp.623-648; Richmond, C., Benedek, D., Cegar, B., Dohlman, P., Hassine, M., Jajko, B., Kopyrski, P., et al., "Reassessing the Role of State-Owned Enterprises in Central, Eastern and Southeastern Europe", *International Monetary Fund European Departmental Paper Series*, Vol.19, No.11,(2019), p.127; Kozarzewski, P., *State Corporate Control in Transition: Poland in a Comparative Perspective*, Cham: Palgrave Macmillan, 2021; Huang, Y., "The Multiple Roles of State-Owned Enterprises in China's Innovation System", *China Review*, Vol.22, No.1(2022), pp.77-105; Arhan M.R., Navalino D.A., Ali Y., "Analysis of the different role of state-owned enterprises (BUMN) and private-owned enterprises (BUMS) in the Indonesia defense industry sector", *International Journal of Arts and Social Science*, Vol.5,No.1(2022),pp.60-66; Cardinale R.,Landoni M., Mi Z.,"Global state-owned enterprises in the 21st century: Rethinking their contribution to structural change, innovation, and public policy", *Structural Change and Economic Dynamics*, Vol.68(2024), pp.468-472。

（二）国内国有经济功能研究与实践情况

国内学者对国有经济（企业）功能问题做了大量研究，迄今仍是研究热点。国内学者的观点总体上可以归结为无功能、单一功能、双重功能、多重功能。只有少数学者坚持认为国有经济和国有企业没有任何功能作用，应该全面私有化。单一功能论认为国有经济和国有企业唯一的功能作用就是弥补市场失灵。[①] 双重功能论认为国有经济具有一般功能和特殊功能[②]、经济功能和社会功能、微观功能和宏观功能等双重功能[③]。比如有学者认为，我国国有经济既有市场经济条件下国有经济应具有的一般功能，又有社会主义要求国有经济所具有的特殊功能。中国特色社会主义市场经济理论赋予国有经济的特殊功能，概括来说，就是保持控制力和起主导作用。[④] 有学者认为，国有经济的普遍功能有弥补市场失灵、提供公共产品、作为政策性工具进行宏观调控、发展特殊产业和保障国家安全；核心功能是发展社会主义生产力，保证人民群众的根本利益和实现共同富裕。[⑤] 多重功能论涵盖面则更加宽泛，例如，有学者提出国有经济具有基础功能、政治功能、经济功能；有学者提出国有经济具有生产功能、盈利功能、控制功能、社会功能；有学者提出国有经济具有服务功能、引导功能、保证功能、调控功能。比较有代表性的学者董辅礽认为，国有经济功能包括公益性、政策性、维护国家和社会安全、追求国民经济整体利益[⑥]；金碚认为，国有经济功能有：弥补市场缺陷、发展战略性民族产业，是公有制的实现形式之一[⑦]。

---

① 国家统计局课题组：《国有经济成为经济发展的控制性力量》，《中国信息报》2000 年 11 月 6 日。

② 参见金碚：《国有企业的历史地位和改革方向》，《中国工业经济》2001 年第 2 期；李政：《"国进民退"之争的回顾与澄清——国有经济功能决定国有企业必须有"进"有"退"》，《社会科学辑刊》2010 年第 5 期；黄速建：《中国国有企业混合所有制改革研究》，《经济管理》2014 年第 7 期。

③ 参见张晨：《以功能评价效率——国有企业定位问题研究》，经济科学出版社，2013 年。

④ 徐传谌：《国有经济功能与国有企业社会责任》，《中国国有经济发展论坛——危机与变局中的国有经济学术研讨会论文集》，2009 年。

⑤ 李政：《中国国有经济 70 年：历史、逻辑与经验》，《社会科学辑刊》2020 年第 1 期。

⑥ 董辅礽：《社会主义市场经济和国有企业改革》，《唯实》1997 年第 10 期。

⑦ 金碚：《三论国有企业是特殊企业》，《中国工业经济》1999 年第 7 期。

　　此外，尽管我国国有经济功能具有一定的稳定性，但也随着时代变迁、经济体制改革与市场化程度的提高、民营经济的发展而不断演进。[1] 因此，有学者提出国有经济或国有企业的动态功能论，或基于不同发展阶段分析国有经济功能。[2] 国有企业可以被作为一段时期内实现国家社会经济发展战略，或是改善一个国家国际市场竞争地位的有效手段；国有企业的定位，应与一个国家的经济发展阶段（任务）相适应；国有企业可以被用于解决某个时点上的经济结构失衡问题，促进经济结构的合理化和优化[3]；国有企业还可以被用作平抑经济周期大起大落的稳定器。国有经济功能定位具有历史性阶段性特征，符合中国国有经济发展的实际情况。总体上，国内学者对国有经济、国有企业功能的理解和认识存在较大差异，但也有一定共识，即除少数学者外，多数学者认为中国国有经济不仅有弥补市场失灵的功能，还有制度功能、政策功能、战略功能等。同时，由于在不同国家或者同一国家不同发展阶段，国有企业功能定位有所不同，在新阶段新征程，中国国有经济要有新的功能使命和责任担当。有学者指出，当前国有经济的核心功能包括创新引领、安全维护和民生保障。[4]

　　党的十八大以来，习近平总书记围绕国有经济和国有企业功能定位与作用发表一系列重要论述，内容十分丰富和全面，是新时代中国特色社会主义政治经济学的重大理论创新。[5] 习近平总书记的相关论述总体上可以归结为以下几个方面：一是"基础"功能，即国有经济是中国特色社会主义的物质基础和政治基础。二是"顶梁柱"和"支柱"功能，即国有经济是中国特色社会主义经济的"顶梁柱"，"是国民经济的重要支柱，在我们党执政和我国社

① 李政：《深化国资国企改革　增强国有经济核心功能》，《光明日报》2024 年 8 月 6 日。
② 参见项安波：《国企改革的制度基础与主攻方向》，《发展研究》2018 年第 1 期；肖红军：《面向"十四五"的国有企业高质量发展》，《经济体制改革》2020 年第 5 期。
③ 黄速建、余菁：《国有企业的性质、目标与社会责任》，《中国工业经济》2006 年第 2 期。
④ 李政：《深化国资国企改革　增强国有经济核心功能》，《光明日报》2024 年 8 月 6 日。
⑤ 李政：《我国国有企业的使命担当与主要任务——深入学习习近平总书记关于国资国企工作的重要论述》，《国家治理》2023 年第 22 期。

会主义国家政权的经济基础中也是起支柱作用的"。三是"依靠力量""重要力量""中坚力量"和战略支撑力量功能，2016 年 10 月，习近平总书记在全国国有企业党建工作会议上强调，要使国有企业成为党和国家最可信赖的依靠力量，成为坚决贯彻执行党中央决策部署的重要力量，成为贯彻新发展理念、全面深化改革的重要力量，成为实施'走出去'战略、'一带一路'建设等重大战略的重要力量，成为壮大综合国力、促进经济社会发展、保障和改善民生的重要力量，成为我们党赢得具有许多新的历史特点的伟大斗争胜利的重要力量[1]；2015 年 7 月，习近平总书记在吉林长春考察调研时还强调，国有企业是国民经济发展的中坚力量，国有企业是推进现代化、保障人民共同利益的重要力量[2]。四是"排头兵"功能，习近平总书记指出，国有企业要做落实新发展理念的排头兵、做创新驱动发展的排头兵、做实施国家重大战略的排头兵[3]。习近平总书记的相关论述为新时代国有经济功能定位提出了理论指导、实践遵循和发展方向，也反映了新时代新征程国有经济功能作用的实际情况和具体表现，是对中国国有经济功能作用的高度概括和深刻总结。

三、国有经济基本功能及核心功能的理论逻辑

综上可见，国有经济和国有企业功能作用在世界各国的实际情况有所不同，国有经济功能在学术界也没有一致的结论，特别是缺乏一个一致的理论解释框架。为此，我们需要在对国有经济功能做出合理的理论解释基础上，构建一个关于国有经济功能的理论体系。在进一步讨论和回答国有经济功能问题之前，有必要先明确以下几点：一是国有经济功能具有历史性和空间性特征，即一个国家或地区的社会制度、发展阶段及经济体制和文化、国情等因素共同影响或决定了该国家或地区的国有经济功能。二是国有经济功能不

[1] 习近平：《坚持党对国有企业的领导不动摇》，《人民日报》2016 年 10 月 12 日。

[2] 习近平：《保持战略定力增强发展自信　坚持变中求新变中求进变中突破》，《人民日报》2015 年 7 月 19 日。

[3] 《习近平广西考察：扎实推动经济社会持续健康发展》，新华社，2017 年 4 月 21 日。

等于国有企业功能，更不等于单个国有企业的功能。国有经济功能是包括国有资本、国有企业等实物形态和价值形态的国有资产、资源的总体功能，国有经济功能不一定都通过国有企业来承担和实现，还可能通过国有资本、混合所有制企业来实现。即便是国有企业功能也有总体和个体之分，不同层次和类型的国有企业功能是不一样的，我们也不能要求每一个具体的国有企业都具有所有功能。三是国有经济理论上的功能不等于国有经济现实中的功能。换言之，国有经济功能具有应然和实然之分，即理论上国有经济具有某一种功能，现实中可能并没有实现，或实现得并不充分。理论上的国有经济功能能否成为现实中的功能，还需要国有经济或企业的能力作为支撑，而能力又是制度和结构所决定的。四是国有经济功能并不具有排他性。也就是说，当我们谈论国有经济功能时，并不意味着其他所有制或其他类型的经济没有这种功能，相反，它们甚至可能在现实中做得更好。但我们所讲的国有经济功能主要是相对于非国有经济而存在的理论上的功能，即，这种功能对于国有经济是一种与生俱来的责任，而对于其他所有制经济则不是必须要有的功能。

（一）国有经济功能的一般理论框架

无论是理论上还是现实中，国有经济的具体功能都是非常复杂、非常丰富的，因此必须将其尽可能抽象化。为此，两分法——国有经济功能的一般性和特殊性，即国有经济存在的一般普遍理由和特殊理由——是比较合理的解释框架。从一般性来看，国有经济的存在都有克服市场失灵、解决外部性问题的目的。任何一种经济体，无论市场化程度如何高，市场体系和市场机制如何完善，总是存在市场失灵和外部性问题，这是各国国有企业设立和存在的一个共同原因。从特殊性来看，国有企业、国有经济都要为体现、贯彻实施国家意图而设立，或者为充当国家一些特别的政策性工具而存在。这是因为，不仅存在市场失灵，政府也有失灵的时候，当某一具有国家或地区利益的目标，既不能通过市场和非国有经济加以解决，也不能通过政府自身加以解决，那就有设立国有企业的必要了。所以，国有企业是介于市场和政府之间的一种存在，既弥补市场失灵、解决外部性问题，也体现政府及其所代表的利益集团或人民的意志和主张。当然，随着市场化程度的提高、其他类型或所有制经济发育的成熟、政府能力的增强、特定政策目标的完成，国有经济存在的必要性可能会随之降低。这就是为什么西方国家在不同历史时期会出现国有化和私有化的反复转换。国有经济功能的特殊性更体现在特定社会制度或特殊国情下，国有经济可能会承担更多更重要的职能。比如，在社会主义制度下，国有经济作为公有制经济的重要组成部分和实现形式，要体现、维护社会主义制度和发展生产力，消灭剥削，实现共同富裕等目标，或体现一种适应社会化大生产需要的、代表先进生产关系和先进组织方式的经济成分或微观主体。概括而言，国有经济功能的特殊性，就是发挥先进性和引领性作用。这种特殊功能，在我国和部分西方发达资本主义国家的国有经济中都实际存在。总体上，国有经济的一般功能是国有经济最基本的功能，是各国各地区国有经济都具有的功能；而国有经济的特殊功能是国有经济的上限和更高要求，只有部分国家和地区的国有经济、部分国有企业才具有这种功能。

由此，我们可以给出一个关于国有经济功能价值的微笑曲线，曲线的左右两端分别为国有经济功能的底线和上限，即一般功能和特殊功能（二者统称为基本功能或核心功能）具有较高的功能价值，但未必具有较高的经济价值；而其他功能则具有较低的功能价值，不排除具有一定的经济价值。当然曲线右端的特殊功能，即上限功能，往往经济价值也是比较高的。具体而言，凡是其他所有制或类型企业由于非竞争性、外部性不愿意做、不能做而只能由国有经济或国有企业做的，即由于以下原因具有高度不可替代性的功能：（1）替代成本较高；（2）如果被替代存在较高风险和不确定性，对人民利益和国家安全构成威胁，都是国有经济的一般功能或底线功能，具有较高的功能价值，也是国有经济的一部分基本功能或核心功能。凡是尽管其他所有制或类型经济也能做，但国有经济做得更优、效率更高、更先进，同时也具有较高不可替代性，且对于国家安全、国家长远发展、国家和人民根本利益具有战略意义的功能，对其他所有制或类型经济具有支持和引领作用的功能，也都具有较高的功能价值，是国有经济的特殊功能或上限功能，也是国有经济的另一部分基本功能或核心功能。而除此之外的其他功能作用都是非基本、非核心的功能，也是可替代的功能，这些功能其他所有制或类型的经济往往做得更优、更有效率、成本更低。我们把一般功能或底线功能概括为兜底保障功能，把特殊功能或上限功能概括为引领示范功能，前者主要存在于非竞争性领域、公益性和公共服务领域，而后者多为竞争性领域。显然，功能价值较高的这部分国有经济应该得到较高评价和激励，而功能价值较低的这部分国有经济应该在公平竞争规则下优胜劣汰。当然，随着市场化程度的提高和其他所有制或类型企业的发展，特别是可替代性和成本的变化，国有经济功能价值也会发生动态调整。

（二）我国国有经济的一般功能和特殊功能

理论上，我国国有经济显然兼具上述一般功能和特殊功能，但现实中不同地区、不同类型、不同层次的国有企业、国有资本在这些功能上有不同程度的承担和体现，具有较大差异性。此外，在不同历史时期和经济发展阶段，我国国有经济功能既具有一定的稳定性，同时又在不断演变，因而上述功能的重要性和发挥程度大小也因内外部环境和条件的变化而有所不同。从新中国成立初期到改革开放之前，我国实行的是计划经济体制，全民所有制和集体所有制两种公有制形式一度达到将近百分之百的比重，国营经济是全民所有制的唯一实现形式，几乎在城市经济社会发展中承担了所有职能。当时的国营经济不仅为我国建立独立完整的工业体系和国民经济体系、迅速实现从传统农业国家转型为工业国家奠定了坚实基础，更为人民（特别是城市居民）生活水平迅速提高和提供全方位保障做出了不可替代的贡献。改革开放之后，随着社会主义市场经济体制和"公有制为主体、多种所有制经济共同发展"等基本经济制度的确立，以及党中央明确提出并坚持"两个毫不动摇"，公有制经济比重逐渐降低，逐步从一些竞争性领域退出，向关系国家安全、国民经济命脉和国计民生的重要行业和关键领域集中，不断增强国有经济活力、竞争力、影响力、控制力、抗风险能力，乃至创新力。在此过程中，国有经济一方面为改革开放保驾护航，另一方面也为民营经济发展输送人才、技术等要素，为经济快速增长和社会长期稳定做出了不可或缺的重要贡献。国有经济的功能作用也逐渐从无所不包、无所不在，到主要承担一般功能和特殊功能转变。也就是说，中国国有经济和其他西方发达国家及发展中国家国有经济功能日益趋近甚至趋同。不同之处在于，由于人口众多、幅员辽阔的国情和作为后发国家处于赶超及经济转型发展阶段等原因，我国国有经济的功能作用更多，规模和范围因而也就更大。

与西方国家总体上相似，我国国有经济的基本功能可分为保障和引领两个维度，一是兜底保障功能，主要弥补市场失灵和解决外部性问题；二是引领示范功能，主要是弥补政府和一般企业的不足，解决先进性问题。其中前者主要是体现国有经济的公共性和公益性，要做其他所有制经济不愿意做、不能做的事；后者主要体现国有经济的战略性和主导性，要做其他所有制经济做不好的事，或要比其他所有制经济做得更好。正是国有经济的引领示范功能在某种意义上成就了"中国奇迹"。当然，兜底保障功能和引领示范功能有时也没有绝对的界限，但前者侧重提供基本公共服务、基本社会保障、大型基础设施，维护社会基本安全稳定；后者侧重发挥战略支撑和主导、引导作用，提高国家和区域竞争力，代表先进生产力和生产关系，特别是提供新质生产力、服务高水平科技自立自强等，同时也引领人类文明新方向，构建人类命运共同体，解决更高层次的市场失灵和外部性问题。现实中，国有经济的上述基本功能分布和体现在政治、经济、文化、生态、社会五大建设和五大文明上。也就是说，国有经济也具有这五大功能，又可以分为经济功能和非经济功能，可以体现在生产力和生产关系两个方面，也体现在安全和发展两个方面。但随着市场化程度的提高，社会主义市场经济体制从建立到完善，再到向高水平发展，国有经济部分功能或者在某些具体领域中的功能可能会被其他所有制经济替代。也就是说，市场化程度或市场经济建设水平本身就是影响国有经济功能的一个重要变量；另一个变量是成本问题，如果国有经济发挥这一功能的成本高于民营经济发挥这一功能的成本，且民营经济也可以或愿意去承担，那就是应该被后者替代的。换言之，我国国有经济要发挥的主要是不可替代的功能作用。

（三）新时代新发展阶段增强我国国有经济核心功能的必要性

进入新时代，我国主要矛盾已经从人民日益增长的物质文化需要同落后的社会生产之间的矛盾转化为人民日益增长的美好生活需要和不平衡不充分的发展之间的矛盾，同时，我国经济已由高速增长阶段转向高质量发展阶段。因此，满足人民对美好生活的需要，使发展更平衡更充分，并在实现自身高质量发展的同时服务高质量发展就成为国有经济的重要使命和任务。随着第一个百年奋斗目标的完成，我国进入以中国式现代化全面推进民族复兴、强国建设的新发展阶段。立足新发展阶段，构建新发展格局，进一步完整准确全面贯彻新发展理念，为中国式现代化发展引领支撑作用，也成为国有经济的重要功能使命。同时，当今世界百年未有之大变局加速演进，大国博弈日益激烈，地缘冲突不断加剧，经济全球化遭遇逆流，单边主义、保护主义抬头，国内外各类风险交织叠加，安全形势十分严峻，风险局面前所未有，防范重大风险和维护国家安全任务艰巨，需要国有经济在国家统筹发展和安全中发挥维护国家安全和稳定、防范化解重大风险的作用。此外，新一轮科技革命和产业革命方兴未艾，数字经济、人工智能等新产业、新业态、新模式蓬勃发展，科技创新、产业创新成为国家之间战略竞争的主战场，也是塑造新优势、新动能和国际竞争力的关键，加快实现高水平科技自立自强，加快培育和发展新质生产力成为我国重要战略导向，我国必须牢牢把握人工智能、数字经济"机遇窗口"，抢占发展制高点，国有经济显然应该冲锋陷阵、责无旁贷。

而近年来，尽管国有经济、国有企业素质和竞争力不断增强，但在以科技创新促进产业创新、引领新质生产力发展方面有较大不足，特别是在重大突破性创新、原始创新，及以此为基础形成的新产业、新业态和发展战略性新兴产业等方面没能充分发挥应有的功能和作用，而在维护国家安全和保障民生、缩小贫富差距和城乡与区域差距、促进社会可持续发展和提高人民健康幸福生活等方面也有待加强。同时对其他所有制经济的支持、协同和引领作用发挥得不够、产业控制力不强，以至于产业链、供应链的安全稳定存在隐患。总之，国有经济基本功能和核心功能发挥得不够、亟待增强。为此，党中央、国务院和政府相关部门强调，要增强我国国有经济和国有企业的核心功能，发挥科技创新、产业控制、安全支撑三大作用，并在党的二十届三中全会再次提出"三个集中"，即"推动国有资本向关系国家安全、国民经济命脉的重要行业和关键领域集中，向关系国计民生的公共服务、应急能力、公益性领域等集中，向前瞻性战略性新兴产业集中"[1]。国有经济的核心功能就是国有经济基本功能中具有时代要求、符合时代精神的主要功能。新时代新发展阶段中国国有经济总体功能和主要任务就是支撑服务以人民为中心的中国式现代化和高质量发展，核心功能是引领科技创新、产业创新和以战略性新兴产业和未来产业为主要载体和表现形式的新质生产力发展，维护国家安全特别是产业安全，服务和保障民生等。[2] 国有经济就是要在国家安全、国民经济命脉、国计民生、国家竞争力和国家战略等方面发挥支撑保障与引领示范作用，具体体现在发展新质生产力、构建现代化产业体系、提高产业基础能力和产业链现代化水平、维护"五大安全"和增进民生福祉、提高人民幸福指数、促进绿色可持续发展、促进高水平对外开放及协同带动民营经济发展等方面。

四、增强国有经济核心功能的基本原则和实践路径

从 20 世纪 80 年代的放权让利、两权分离，到 90 年代建立现代企业制度、"抓大放小"，再到 21 世纪初进行国有资产监督管理体制改革与国有资产重组，以及进入新时代以来全面深化改革国有企业，特别是大力推进分类改革、混合所有制改革，建设和完善中国特色现代企业制度，到今天突出强

---

① 《中国共产党第二十届中央委员会第三次全体会议文件汇编》，人民出版社，2024 年，第 23 页。
② 李政：《深化国资国企改革　增强国有经济核心功能》，《光明日报》2024 年 8 月 6 日。

调增强国有经济核心功能、提升核心竞争力，我国国有经济发展和国资国企改革已经到了一个新阶段。核心功能是关于国有资本和国有企业应该做什么的问题，而核心竞争力是关于具体国有企业有什么能力的问题。增强国有经济核心功能是提高国有企业核心竞争力的目标和归宿，也是评价标准，而提升国有企业核心竞争力则是增强国有经济核心功能的重要途径和保障，二者之间相辅相成。增强核心功能针对的是国有经济和国有企业整体而言，具体到每个国有企业会有所侧重；而提升核心竞争力是针对具体企业而言的一种能力要求。提出和强调增强国有经济核心功能，意味着国资国企改革发展的目标不仅是国有企业和国有资本自身做强做优做大，更不仅是保值增值，而是发挥其战略支撑作用，为国民经济高质量发展和中国式现代化发挥应有作用、做出更大贡献，是跳出国有经济看国有经济，跳出国企改革看国企改革，从国企视角进一步转向国家视角，以系统性、全局性、前瞻性思维来推进国企改革。进一步全面深化国资国企改革要以增强国有经济核心功能、提升核心竞争力为重要抓手，不断做强做优做大国有企业和国有资本，同时也优势互补地做强做优做大民营经济。

（一）增强国有经济核心功能的基本原则

1. 坚持分层分类增强国有经济核心功能

增强国有经济核心功能必须坚持分层的原则。这是因为，不同层次、不同类型国有经济的功能定位是有一定差异的，不能笼统而谈、一概而论。比如分层方面，中央企业的核心功能更突出战略性、长远性和全局性：注重国际竞争和国家战略安全，基础性创新和原始创新，重要产业发展、产业链和供应链韧性与自主可控，高水平科技自立自强，对整个国民经济的稳定作用和对民营经济的支持与带动作用。而地方国有经济功能则侧重服务地方经济社会发展，发挥对本区域的战略支撑作用，为构建具有本区域特色的现代化产业体系、因地制宜发展新质生产力做出应有贡献。分类方面，不同类型、行业的国有企业和国有资本，功能定位会有所不同，比如公益性国有企业主要是兜底保障功能，商业一类国有企业主要发挥引领示范作用，商业二类国有企业主要发挥战略支撑作用。不能把不同层次和类型的国有企业、国有资本按照同一种功能定位去要求。当前，应该更加注重通过国有资本来增强国有经济核心功能，而非通过具体的某一个企业。此外，不同地区国有经济的核心功能也会根据区域优势和特色及经济发展水平而有所不同。

2. 以市场化方式增强国有经济核心功能

增强国有经济核心功能必须坚持市场化的原则和方式。党的二十届三中全会提出，到2035年，全面建成高水平社会主义市场经济体制。聚焦构建高水平社会主义市场经济体制，充分发挥市场在资源配置中的决定性作用，更好地发挥政府作用。公有制为主体、多种所有制经济共同发展的社会主义市场经济是中国经济取得举世瞩目发展奇迹的重要根源，在坚持公有制为主体、做强做优做大国有经济的同时，也要坚持市场在资源配置中的决定性作用，二者并不矛盾，而是相互促进的关系。因此，一定要坚持通过市场化的机制和方式增强国有经济核心功能，绝不能走回头路。事实上，经过四十多年的改革开放，国有经济等公有制经济已经与市场经济深度融合。越是在市场机制健全、市场体系完善、市场竞争公平的地区和发展阶段，国有经济越有活力和竞争力，其功能作用越能够充分发挥。因此，高水平社会主义市场经济体制不仅是中国式现代化的重要保障，也是国有经济高质量发展的保障。为此，要进一步发挥市场机制作用，为国有经济增强核心功能创造更加公平、更有活力的市场环境，更好维护市场秩序，实现资源配置效率最优化和效益最大化，进而激发国有经济和其他所有制经济的内生动力和创新活力。当然，随着市场化程度和水平的提高国有经济有些功能可能会弱化，但却可以在其他方面和领域发挥更大作用。靠政府的呵护和照顾等"家长主义"，是不能够使国有经济增强核心功能和提升核心竞争力的。

3. 对标国际规则增强国有经济核心功能

增强国有经济核心功能必须坚持对标国际规则。毋庸讳言，当前世贸组织中国贸易政策审议和全面与进步跨太平洋伙伴关系协定（CPTPP）等谈判中，国有企业问题是一个焦点和难点。对此，我国一方面要坚持基本原则，另一方面也要在公平公正的基础上对标国际规则。如对于国外关注的所谓"补贴"，可以按照国际通行的规则处理，一部分属于政府购买服务，一部分可以取消，当然事实上可能并不存在的，就要通过公开透明的方式和有关证据予以澄清。取消不必要的市场准入限制、投资限制，取消所谓的优惠待遇，在技术转移转让过程中坚持自主自愿原则，进一步加强知识产权保护。事实证明，我国优秀的国有企业完全可以在国际通行规则下增强核心功能和提升核心竞争力。国有企业越是在国际通行规则下公平参与竞争，不受歧视，就越能够具有竞争力。

（二）增强国有经济核心功能的主要方式和路径

1. 通过高质量发展和提高自身的效率增强国有经济核心功能

增强国有经济核心功能首先要提升国有企业和国有资本自身的能力。国有企业自身能力提高是国有经济增强核心功能的前提，也是国有经济功能从理论成为现实的必要条件。而国有企业自身能力的提高，不管什么层级和类型的企业，首先需要提高效率，并以此为基础不断提高活力、竞争力、创新力、控制力、影响力和抗风险能力。为此，要不断提高国有企业管理水平和公司治理效能，弘扬优秀国有企业家精神、科学家精神和工匠精神，营造良好的企业文化，加快企业数字化和智慧化转型，加快绿色发展。此外，有条件的国有企业要建设产品卓越、品牌卓著、创新领先、治理现代的世界一流企业或国内一流企业，在企业管理、承担社会责任和科技创新等方面对标国内外同类优秀跨国公司和民营企业，打造全球化企业。

2. 通过"国民共进"和优化布局结构增强国有经济核心功能

增强国有经济核心功能，并不意味着"国进民退"，而是要坚持和落实"两个毫不动摇"，根据国有经济功能定位当进则进，当退则退，目的在于促进国民经济高质量发展、支撑和服务中国式现代化。事实上，协调、引领、促进民营经济高质量发展也是新时代国有经济的重要功能。为此，相关政府部门和社会各界都要从思想认识上破除"割裂论"，树立国有经济、民营经济协同发展观，消除国有企业"与民营企业合作说不清"的顾虑，旗帜鲜明地鼓励国有企业支持民营企业发展，鼓励民营企业参与国有经济开发与运作，用业务合作的实际行动为民营企业撑腰。政府相关部门要从产业上对国有企业和民营企业不设禁区，政策上鼓励双方合作，鼓励民营企业参与国有企业为链主的产业链、创新链和价值链，在合法合规原则下，鼓励双方以联合经营、总包分包、股权投资、国有民营合资等多种方式开展多种合作，形成优势互补、特色鲜明、机制灵活、结构多元、身份平等、分配公平的混合所有制经济。此外，国有经济功能需要一定的结构来实现，过去部分国有经济核心功能之所以被弱化、虚化，原因就在于布局结构不够合理。为此，国有资本和国有企业要按照党的二十届三中全会要求，进一步向三大领域聚焦，使国有经济和民营经济在布局结构上更加科学合理，各展所长，相互支撑，协同共生。

3. 通过全面深化改革和加强制度建设增强国有经济核心功能

国有经济功能需要国有企业和国有资本的能力作为支撑，而国有企业和国有资本的能力取决于国有经济布局结构和相关体制机制与制度支持，即结构和制度共同形成的能力决定了国有经济功能是否能从理论成为现实。因此，增强国有经济核心功能归根到底还是要靠全面深化改革，包括体制机制改革和中国特色现代企业制度的建设与完善。党的二十届三中全会对进一步全面深化改革、推进中国式现代化做出战略部署，对国资国企改革具有重要指导意义。增强国有经济核心功能既需要构建高水平社会主义市场经济体制，发展全过程人民民主，提高党的领导水平，也需要财政、金融等领域体制机制改革，还需要进一步完善与增强国有经济功能相适应的国有资产监督管理体制，完善国有资产出资人制度，深化国有资本预算改革，进一步处理好政府和市场的关系、政府和企业的关系，实现政企、政资分开，使国有资产维护国家利益，让人民的资产为人民服务。在企业层面，关键还是要进一步完善中国特色现代企业制度，处理好加强党的领导与科学管理和现代化公司治理的关系，真正实现国有企业治理水平和治理能力的现代化。在经营机制方面，"三项制度"改革是国企市场化改革的"牛鼻子"，要紧紧抓住这个"牛鼻子"，全面构建新型经营责任制，真正按市场机制运营办事。此外，还要完善公司科技创新体制机制，为科技创新提供长效动力保障。其中关键是完善科技创新投资试错机制，降低试错成本，使相关企业敢于投资重要行业、关键领域和新兴产业。同时，加强科技创新激励机制，营造良好的科技创新环境。最后，要根据党的二十届三中全会要求，在进一步明晰不同类型国有企业功能定位基础上，建立国有企业履行战略使命评价制度，完善基于功能定位及实现情况的国有企业分类考核评价体系。

第一章

国有经济布局优化与结构调整的
理论基础、历史脉络与现实需求

国有经济布局优化和结构调整是强化国有企业服务国家战略能力、增强核心功能、应对国际挑战的重要举措，是关乎经济持续高质量发展的有效手段，是关乎中国式现代化全面推进的关键步骤。党的二十大报告明确指出，要将深化国资国企改革，加快国有经济布局优化和结构调整，推动国有资本和国有企业做强做优做大，提升企业核心竞争力，作为国有经济改革的核心目标。

在东北地区经济中，国有经济占据非常重要的战略地位，深化国有企业改革、加快国有经济布局优化和结构调整是加快东北振兴步伐的重要前提。对东北地区国有经济布局优化和结构调整做出科学的研究，需要全面了解国有经济布局的理论基础和东北地区国有企业的改革动向。

第一节　基于功能定位的国有经济布局理论

不同的功能定位会导致国有经济布局方向和重点的差异，深入研究国有经济的功能定位是科学合理进行国有经济布局优化和结构调整的前提。长期以来，国有经济在经济体系中存在的合理性及其功能研究一直是经济学研究的重点课题。其中，当探讨企业的存在合理性问题时，一般以交易成本视角进行解析，而考察国有经济或国有企业的存在合理性问题，多以功能的定位视角进行剖析，二者的核心目标都是指向如何增进社会整体福利。关于国有经济的功能定位研究，学界主要通过两种方式进行研究：一种是演绎主义方法，另一种是历史主义方法。演绎主义方法论是基于抽象原则逻辑推导出结论，其结论是与特定时间、空间无关的具有普遍适用性的方法。就国有经济功能定位而言，纠正市场失灵是国有经济的重要功能。历史主义方法是基于历史逻辑和现实情境，依据不同的历史发展阶段和社会经济背景得出结论。具体到国有经济的功能定位，基于自身的经济社会目标和现实挑战，灵活调整国有经济的战略定位和业务范围。纵观我国经济发展历史和当今世界经济格局，以及当前我国推动经济高质量发展的目标和实现中国式现代化的宏伟蓝图，可以确定当前我国国有经济的功能定位有：弥补市场失灵功能、市场创造功能、创新功能和维护国民经济安全功能。

一、弥补市场失灵功能与国有经济布局

福利经济学第一定理指出，在一定条件下，自由市场的价格机制会自动调整市场供求关系，最终达到帕累托最优的资源配置。这些条件包括：企业之间存在激烈竞争；生产/消费的社会成本/收益等于私人成本/收益；一个人消费一种商品会减少其他消费者对该商品的消费量，并且个人在付费的情况下才能够消费商品；每个买者和卖者都掌握与自己的经济决策有关的一切信息。新古典经济学认为，满足以上四个条件，自由市场不仅可以实现生产要素的最优配置，而且还可以根据边际要素生产率实现产出的帕累托最优。显然，在这个最优的新古典主义世界中，政府无需干预经济活动，政府干预只会导致价格扭曲和资源错配。然而在现实社会中，种种原因将导致市场失灵，即市场机制的运转无法使社会资源达到最优配置，无法实现社会经济福利的最大化目标。导致市场失灵的原因主要有以下几种：垄断的存在；外部性，即决策者不承担他们的选择或行动所造成的全部成本或收益后果的情况；

公共物品，即对整个社会有益，但因不能获得收益或私人成本太高而私人厂商不愿意生产的产品；不完全信息与信息不对称。当以上原因导致市场失灵时，如果没有政府的有效干预，那么有些产品根本不会被私人部门生产或提供，或者会被生产得过少。

某些行业由于其技术特性和规模经济效应，只有一家企业进行生产或提供服务是合理的，这种行业被称为自然垄断行业。比如，水利、电力、天然气供应、电信、铁路运输等行业就具有自然垄断特征。在自然垄断行业中，随着企业生产经营规模的不断扩大，每单位产出的成本呈现递减趋势，由一家企业经营的模式在经济效益上更为优越。进入自然垄断行业的私人企业没有足够的动力去最大化产出，而是保持较低的产量来维持高价格，或是降低产品或服务质量来降低成本，以获取高利润水平，这显然不符合社会最优资源配置的要求。国有企业布局在自然垄断行业中可以承担提供公共服务的责任，在政府指导和监管下，通过合理定价、质量监督等手段，既可以保证经济效益，又能够兼顾社会效益，防止垄断地位被滥用导致资源错配和社会福利损失。

外部性有正负之分，当一个人或企业进行消费或生产活动时，除了自身受益之外，还意外地给其他人或社会带来了好处，而受益者并没有为此支付费用时，就存在正外部性；相反，当个人或企业的消费或生产活动导致他人承担了额外的成本或受到损失，而承担额外成本或受损的第三方并没有为此得到补偿时，就形成了负外部性。正外部性则意味着边际私人收益小于边际社会收益，负外部性意味着边际私人成本小于边际社会成本。在市场机制下，具有正外部性商品的供应量会过少，而具有负外部性商品的供应量会过多，资源配置会偏离帕累托最优状态。除了通过税收和补贴手段解决外部性引起的市场失灵问题外，国有企业供应具有较强外部性的产品或服务也是很好的解决手段。例如，国有资本直接进入教育、医疗、基础科学研究等领域。国有经济部门可以根据社会整体利益而非单纯商业利润来进行决策，确保这些具有正外部性的产品或服务的供给量达到或接近社会最优水平，从而增进全社会福祉。

公共物品具有两种特性，即非竞争性和非排他性。非竞争性是指一个人对该物品的消费不会减少可供其他人消费的数量，换言之，一个人使用公共物品并不会妨碍其他人同时使用，且每个人的消费不影响其他人从中获取效用或利益。非排他性是指在提供某种商品或服务时，很难将一部分消费者排除在消费之外，即无法有效阻止不愿意付费或没有付费的人使用这些商品或服务。国防、公共绿化、环境卫生、港口和公路基础设施等都是具有公共物品性质的领域。在非竞争性和非排他性存在的条件下，由于无法通过收费来收回成本并赚取利润，私营企业往往缺乏足够的动力去提供公共物品，而国有经济部门可以通过财政拨款或其他公共资金来提供公共物品。国有经济部门在提供公共物品时，其首要目标是实现公共利益和社会福利的最大化，而非单纯追求利润最大化。这使得国有经济能够在社会效益和经济效益之间取得平衡，尤其在涉及国计民生的重大事项上，确保公共资源的公平和有效配置。此外，国有经济部门具有更强的规划能力和跨周期的投资视角，可以在长期内持续稳定地提供公共物品，不受短期市场波动影响，确保公共物品的供给质量和连续性。

信息不对称容易造成金融市场失灵，引发长期化导向项目以及中小企业融资难问题。一方面，私营金融机构在面对长期性、高风险项目时，由于信息不对称，很难准确预测项目的潜在收益和风险状况。私营金融机构出于追求利润最大化和风险最小化的行事准则，往往选择较为保守的投资策略，进而导致一些具有长远价值的项目难以获得必要的资金支持。另一方面，对于中小企业而言，由于自身规模较小、缺乏充足的抵押资产，容易在借贷市场中遭遇融资困难。私营金融机构在进行贷款决策时，难以全面了解中小企业的实际经营状况和偿还能力，往往倾向于给予其较低的信贷额度和更高的利率，甚至拒绝贷款。国有金融机构可依靠国家信用背书和国家政策指导，更多地为长期化导向项目和中小企业提供融资服务。

二、市场创造功能与国有经济布局

传统经济学理论中，假设生产函数和生产可能性边界已知，经济学解决的核心问题就是在已知生产资料和生产函数前提下，求解最优的生产要素配置和最优的社会福利水平。然而传统经济学理论中忽略了两个重要因素：一是奈特的不确定性，二是熊彼特的创新功能。奈特认为，由于认知水平或其他不可控因素，事前无法完全确定事后结果，而这种不确定性不能依靠概率学进行估算。因此，按照奈特的理论，甚至不可能存在资源的最优配置。熊彼特创新理论则从另外的角度对传统经济理论做出了突破。按照熊彼特观点，创新是经济发展的核心，创新包括五种状况：一是采用新的产品，二是采用新的生产方法，三是开辟新的市场，四是采用新的原材料供应源，五是实现新的工业组织。本质上，创新是对原有的生产要素、生产方式和社会需求的突破。对于经济发展相对落后的国家，对于私营经济规模和创新能力不强的阶段，国有经济是创新功能的主要实现者。国有经济是拓展市场可能性边界、实现市场创造功能、推动新产业发展的重要力量。

市场失灵理论能够解释国有经济布局垄断性行业、公共服务行业的合理性，但是难以准确评估国有经济在解决复杂经济问题、推动新产业发展方面的潜在价值。政府作为投资者和风险承担者参与并主导了某些产业和技术的发展过程，国家利用政策工具（包括国有经济）对市场的形成和发展产生了深远影响。无论是西方发达国家还是第二次世界大战后新兴国家的发展，都充分说明了国有经济部门在新兴产业发展中的创造性作用，尤其是在航空航天、能源和绿色技术、信息和通信技术（ICT）、生物技术、风险投资等高科技密集型产业发展中的决定性作用（Fagerberg 等，2005）。

意大利工业复兴公司（Istituto per la Ricostruzione Industriale，简称 IRI）作为国有经济实体，在 20 世纪意大利经济发展中扮演了市场创造者的角色。IRI 在意大利经济重建、工业化进程、产业结构调整以及科技创新等多个方面扮演了重要角色。IRI 在意大利经济发展的不同阶段，通过灵活运用国有资本，积极推动了产业的多样化和升级。IRI 主动布局于高技术产业和新兴产业，如电子、核能、信息技术、航空航天、汽车制造等，这些举措不仅丰富了意大利的产业结构，也提升了其在全球产业链中的竞争力。IRI 的积极政策导向不仅限于对国有资产的合理化管理，更扩展至产业结构调整、新兴产业培育、区域平衡发展、人才培养和技术研发等多个层面。通过上述一系列措施，IRI 有效地履行了其作为国家层面推进工业化和现代化的战略工具的职责。韩国政府成立的国家钢铁公司——浦项制铁（POSCO）也是一个典型的政府通过国有企业进行市场创造和推动经济增长的案例。韩国政府通过成立浦项制铁这一国有企业，成功稳固了上游钢铁产业基础，确保了优质钢材的稳定供应，为下游的汽车、造船等行业的发展提供了不可或缺的支持。这一措施实质上创造了新的市场需求，并降低了进入汽车和造船行业的壁垒，促使私营部门基于此基础增加投资、扩展业务，共同推动了这两个产业的蓬勃发展。此外，在拉丁美洲自 20 世纪 30 年代以来的工业化进程和印度尼西亚的经济结构转型中，国有经济都扮演了非常重要的角色。这些实例都展示了国有经济在催生市场、构筑产业链以及促进经济发展过程中所发挥的积极作用。

国有经济的市场创造功能主要依托于其雄厚的资金实力，能够快速整合多样化资源以及拥有众多的专业化人才优势，并具有承担较高风险来进行长期化投资的能力，这在新兴经济体中表现得尤为明显。第一，在政府有意识的引导和扶持下，国有资本能够投向那些具有战略意义、投资周期长、风险较高、市场机制暂时未能有效发挥作用的领域。这为新兴产业的孵化和成长创造了良好的战略机遇期。第二，国有企业的大规模投资和产业基础建设，能够吸引相关产业的企业聚集，形成产业集群，这对于市场来讲，意味着更大的供给能力和消费潜力，同时也降低了产业链各环节之间的交易成本，为市场发展注入活力。第三，国有经济在新兴产业领域的研发投入和技术创新，也可以推动相关技术的普及和应用，促进整个行业的技术进步，为私营企业和中小微企业提供技术转移和学习的机会，从而拓宽市场边界，创造新的市场需求。第四，国有经济通过快速整合多样化资源、协调各方利益，可以有效促进各个生产单元之间的合作，减少重复建设，优化资源配置，提升产业链整体效率，形成协同效应，进一步促进市场的深度发展和细分市场的挖掘。第五，国有经济可以站在更高的层面，积极参与全球产业链重构和国际市场开拓，通过对外投资、贸易合作、技术引进等方式，将国外先进的技术和商业模式引入国内，创造面向全球的新市场和新机遇。第六，国有经济可以基于国家战略和长远发展目标，制订系统化、长期性的人才培养计划，保障新兴产业对专业人才需求的供应。国有企业培养的专业技术和管理人才，在企业内外流动时，可以将先进的理念、技能和管理模式带入其他企业，提升市场整体的人力资本素质。

总之，如新一代信息技术、高端装备制造、新材料、生物、新能源、节能环保、数字创意等战略性新兴产业通常具有较高的技术壁垒、较长的投资回报周期。国有经济在资源配置、风险承受、战略规划、人才培养等方面拥有显著优势，对这类产业进行长期、稳定且有目标导向的投资和培育，能为整个经济体系带来广泛的溢出效应，拓展市场投资机会空间，吸引更多民间资本投入到这些前沿产业中，形成多元化、多层次的投资格局，助力国家经济高质量发展。

三、创新功能与国有经济布局

近年来，国有经济创新问题日益成为国内外学术研究热点。国有经济创新功能是指国有资本和国有企业通过技术创新与制度创新、管理创新提供新产品和新服务的能力。在一些国家的现代化进程中，国有经济作为国家创新体系的关键支柱，展现出了其在驱动技术革新、引领经济结构转型方面的独特价值和重要影响力。

依照西方经济学委托代理理论和软预算约束理论，国有企业存在更复杂的委托代理关系，同时国有企业存在软预算约束问题，相较于私有企业，国有企业经济效率较低，创新能力不强。但是，近期的诸多实例和研究成果则呈现了截然不同的图景，展示出国有经济具备较强的创新能力。一项大规模的创新调查发现，俄罗斯国有企业在开放式创新中发挥着引领作用。与私营企业相比，俄罗斯的国有企业在推动技术进步方面采取了更为积极主动的策略，不仅吸收现有技术，还致力于整合高端科研成果，将合作网络拓展到国家的知识生产机构中。对欧盟 2000 多家国有企业的研究表明，在一些高科技制造业（包括化工产品、汽车制造业等），国有企业的创新绩效优于私营企业。2007—2018 年中国制造业上市公司的数据显示，国有企业相比非国有企业更具创新性。对中国制造业上市企业样本的测算发现，国有企业研发投入所形成的知识溢出要大于私营企业，并且国有企业对私营企业的知识溢出要高于私营企业对国有企业的知识溢出，原因在于国有企业开展了更多的基础研发活动。

从我国具体经验来看，新中国成立以来，国有经济在中国科技创新中发挥了主导和引领作用。在国有经济科技创新推动下，中国在国防、航空和铁路等多个领域取得了如"两弹一星"、C919 大飞机、载人航天工程等一系列举世瞩目的科技创新成果，谱写了辉煌的科技创新篇章。在一些重要关键领域，如国家重大工程、基础设施建设、重要装备制造等，国有经济创新同样发挥着不可替代的作用。长期以来，国有企业特别是中央企业，一直是我国突破关键核心技术、破解"卡脖子"问题的主力军，是我国科技创新的中坚力量。以中国一重为例，该企业是"大国重器"的典范，在自主创新方面取得许多重大成果，如具备核岛一回路核电设备全覆盖制造能力，是全球核岛装备和冶金装备全流程制造技术的领导者，也是世界大型石化锻焊加氢反应器极端装备制造技术的领导者。此外，国有企业还在探月工程、量子科学、深海探测、超级计算等诸多领域取得了一批领先性成果。国有经济不仅创新成果突出，在创新投入方面同样发挥着引领作用。国有资本和国有企业的研发投入占总投入比重一直居于各类所有制企业前列，同时，国有企业特别是中央企业还拥有众多的国家级研发机构和高素质研发人员。"十三五"以来，中央企业累计获得国家科技进步奖、技术发明奖 364 项，占全国同类获奖总数的 38%；累计研发投入 3.4 万亿元，占全国的 1/4；研发经费投入强度从 2015 年的 2.16% 提升到 2020 年的 2.55%；中央企业的国内外研发机构数量达到 4360 个，国家重点实验室 91 个；中央企业从事研发人员达到近百万人，两院院士 229 人，工程院院士占全国的 1/5。

国有经济的创新功能依托于其具备的多个方面的优势。一是承担不确定性优势，创新是一个充满不确定性的活动，尤其是突破性、颠覆性创新过程充满高度不确定性，国有经济凭借其特有的战略定位、政府支持、社会责任、资源网络以及技术人才积累能够很好地应对高度不确定性。二是长期视野优势，国有经济能够采取更为长远的发展策略，不完全受短期盈利目标驱动，更多关注国家利益，这使得国有经济主体能够在高风险、长周期的研发项目上进行投资。三是财务承诺优势，国有经济作为国家创新意志的政策工具，更容易获得国家财务上的支持，使得国有经济在进行大规模研发投资时，相比私营企业有更大的财务灵活性和更低的资金成本。四是知识整合优势，国家作为共同所有者能够促进不同行业国有企业间的沟通与协作，减少了信息不对称和合作壁垒，使得知识在国有企业间更加自由地流动和整合。最新研发成果、行业动态和技术趋势在众多国有企业之间的迅速传播，带来多样性和异质性的知识，不同领域的知识碰撞与融合可以激发创新灵感，促进跨界技术的诞生。五是创新网络构建优势，由于具有独特的体制、规模和信用优势，国有经济相比其他市场主体更加便于建立"政—产—学—研—用—金"协同创新网络，借此连接政府、民营资本、民营企业、高校、科研机构、市场用户、金融部门等各主体开展创新活动。例如，宝武、鞍钢、首钢等龙头企业联合北京、上海等地的高校以及钢铁研究总院等研究院所，组建了钢铁共性技术协同创新中心来开发创新工艺和创新生产装备，实现"钢铁绿色制造"。

高技术产业是研发投入大、产品附加值高、国际市场前景良好的技术密集型产业，具备高智力性、高创新性和低资源消耗等特点。作为国民经济先导产业，高技术产业不仅是用来调结构、惠民生的重要抓手，也是培育发展新动能、获取未来技术新优势的关键领域。高技术产业所具有的扩散性技术创新是蓄力其他各具体产业部门发展的源泉，尤其是高技术产业中出现的技术范式转型能带来很强的溢出效应。一般而言，技术范式转型的关键期伴随高度不确定性，要求持续且大规模的创新投入，使得非国有企业往往对此望而却步。国有经济凭借其对不确定性的高容忍度、雄厚的资本实力和长期的战略视野，能在高风险创新活动中发挥引领作用，助力技术变革。

四、维护国民经济安全功能与国有经济布局

面对国际环境日趋复杂和不稳定性不确定性明显增加的挑战，增强国有经济在保障安全方面的能力成为国有经济布局调整的重要因素。维护国民经济安全功能，要求强化国有经济在关系国家安全和国民经济命脉的重要行业和关键领域的支配地位。强化国有经济对国防安全、能源安全和粮食安全的保障能力，推动国有经济向国防军工、能源资源、粮食供应保障、战略性物资储备、骨干网络、数字经济基础设施等关系国家安全和国民经济命脉的重要行业领域集中，维护国家战略安全。强化国有资本对产业链供应链的控制力，打通相关产业的堵点、断点，提升产业基础能力和产业链现代化水平。国有经济在这些领域的主导作用有助于确保国家对重要战略资源的有效控制与调配、维护国家经济安全，同时也能更好地服务于全体人民的公共利益和长远发展需求。

国有经济维护国民经济安全的功能的核心逻辑在于，如果重要行业是由私人资本或者海外资本控制，会造成严重的经济垄断、资源过度消耗、社会不平等，直接危害公众利益和国家安全。通过国家规划和管理，国有经济能够确保国家对战略性资源和关键行业的控制，可以更有效地分配资源，避免过度消耗和浪费，还能确保以合理的价格供应给消费者。国有经济维护国民经济安全的功能往往在非常时期更能发挥出来，面对经济危机、自然灾害等突发事件时，国有经济能够迅速响应国家调控需求，稳定市场、保障供应，有效应对危机。从 2020 年抗击新冠疫情也能看到，国有经济在生产、提供物

资时，首先满足抗击疫情需要，保障基础性物资的稳定充分供应；而且在复工复产中，又发挥着带头作用，成为经济恢复的主力军，凸显了国有经济应对危机的特殊能力。

第二节　东北地区国有经济布局优化与结构调整的历史脉络

作为"共和国长子"，东北地区曾是中国重要原材料、装备制造、重化工业的基地，对新中国成立后的经济发展起到了举足轻重的作用。改革开放以来，随着市场经济的发展，东北地区经济却出现了增长相对滞后、在全国经济地位相对下降的现象。国有经济在东北地区占有重要地位，国有经济壮大和高质量发展是东北振兴的必要条件。厘清东北地区国有经济的历史发展脉络是东北地区国有经济布局优化和结构调整的前提条件，本节将按照历史发展顺序来梳理东北地区国有经济改革布局以及发展历程。

一、改革开放前的东北地区国有经济情况

新中国成立后，我国长期实行计划经济，国家掌握绝大部分生产资料，地区经济发展与国有经济的发展高度重合。凭借较好的经济基础和良好的战略位置，东北地区被中央政府定位为重工业基地，投入了大量的资源和项目，在苏联的技术援助下，建设了一批规模庞大、技术先进的钢铁、机械、化工、军工等企业。这些企业不仅支撑了国家的经济建设和国防安全，也带动了东北地区的社会发展和人民生活水平的提高。巅峰时期，东北占有全国10%的人口，生产出全国93%的钢材、69%的化工品、95%的机械和78%的电力。

东北地区不仅重工业快速发展，资源开发也走在全国前列。北大荒的开发逐步使东北成为国家重要的粮食基地；大庆油田的开发使东北成为国家重

要的石油、化工基地；林业开发使东北成为国家重要的木材供应基地。这些产业优势都关系国民经济命脉，国家控制这些资源和产业，为计划经济体制建立提供了重要条件，东北地区也因此成为计划经济体系最完备、计划经济体制实施最彻底的地区之一。在一个由国家配置资源的经济体制下，东北地区的特殊优势使其成为国家进行资源配置的重要基地。东北地区在社会主义建设时期，借助计划经济带来的诸多有利条件，成为全国经济的"领头羊"，到1978年改革开放之前，东北地区生产总值占全国的比重达到了18.8%，位居全国第一，较新中国成立初期有了进一步提升。

二、改革开放后的东北地区国有企业改革

国有经济布局优化和结构调整与国有企业改革相伴相生，若想了解国有经济布局优化和结构调整的前因后果，国有企业改革是绕不开的话题。在计划经济体制下，国有经济和集体经济占据国民经济的95%以上，是国民经济无可争议的主体。1978年党的十一届三中全会后，中国开启经济体制改革，并把改革重心集中在国营企业。提升国营企业的绩效是改革最紧迫的目标，从最初的放权让利、承包制到股份制改革，都是寻求国有企业效率提升的有益探索。

在全国一盘棋的统一指导下，东北地区与东部地区的国有企业改革路径并没有本质不同。以辽宁省为例，1979年7月，根据国务院《关于扩大国营工业企业经营管理自主权的若干规定》精神，辽宁省财经领导小组会议确定辽宁省第二建筑工程公司、抚顺市第一建筑工程公司为第一批扩大企业自主权试点单位。1984年，推行厂长（经理）负责制，建立和完善以承包为主的多种形式经济责任制。1987年，搞活企业、完善市场机制和建立以间接控制为主的宏观管理体制三方面协调改革：以改革企业经营机制为重点，进一步增强企业特别是大中型企业的活力；以建立新型企业集团为重点，继续大力发展横向经济联合；以资金市场为重点，加速发展生产要素市场，逐步完善市场体系。1988年，全省绝大多数企业实行了各种形式的承包、租

赁经营责任制，企业活力有所增强，大中型企业开始试行干部招聘制，全民企业招收新职工实行了劳动合同制，推行多种形式的分配制度；在335户企业进行了放开经营的试验，并积极探索企业产权关系改革，同时进行股份制试点。

从绝对意义上来看，这些探索都取得了一定的成绩，从委托代理关系、激励相容原理等现代经济学理论角度来讲，改革也符合经济发展的普遍规律。但是从全国范围来看，1978—1997年，我国国有独立核算工业企业亏损总额由42.06亿元提高至830.95亿元，国有企业亏损问题不但没有得到根本改善，反而亏损规模不断扩大。东北地区也不例外，从1989年下半年开始，东北地区国有大中型企业处于低谷运行，工业产品质量和性能一半以上处于国内一般和落后水平，缺乏竞争能力，企业严重老化。究其原因，与其说是国有企业改革的失败，不如说在市场经济竞争环境下，对手的成长速度更快。经济体制改革以来，在国有经济相对薄弱的领域，被社会主义制度边缘化的经济力量——包括城市中的个体经济、农村的乡镇企业、沿海特区的外资企业——开启了"边缘革命"，在中国迅速催生出一批生机勃勃的私营企业。虽然在技术和设备方面，个体企业或乡镇企业与国有企业有一定差距，但是灵活的劳动合约关系和面对风云变幻市场的快速生产调整能力，使得这些企业比组织僵化的国有企业更具有竞争优势，这方面在距离消费者更近的服装、纺织、食品等轻工业行业表现得尤为明显。从产权理论看，国有企业所有制结构决定了企业内部的多层代理结构，企业内部组织成本要高于相同规模的私有企业，所以在同等条件下，国有企业就必然需要利用规模优势获得竞争优势。因此，在中国进行社会主义市场经济改革过程中，率先受到冲击的是中小型国有企业，处于自然垄断行业的大型国有企业受到的冲击相对较小。

与东北沿海城市不同的是，全国市场放开之后，东部沿海城市乡镇企业的产品畅销全国，在给予东北地区国有企业强大竞争压力的同时，也抑制了东北地区民营经济的发展。在全国改革浪潮下，东北地区并没有发展起来像样的民营经济。而由于东北地区重工业国有企业占据较大份额，受到的市场冲击相对较小，改革的步伐也相对迟缓。

面对国有企业改革出现的困境和民营经济的蓬勃发展，中央政府重新审视了国有企业的改革方向和社会主义基本经济制度问题。1997年党的十五大报告中，将以公有制为主体、多种所有制共同发展的经济制度作为社会主义初级阶段的基本经济制度正式确定下来。同时报告中还指出，要着眼于搞好整个国有经济，抓好大的，放活小的，对国有企业实施战略性改组。虽然学术界对于基本经济制度中公有制主体地位的界定存在分歧，但在实践层面，中央政府主导的国有企业改革思路做出了重大调整，简单概括为"抓大放小"改革，即不再执迷于国有经济对国民经济各个产业的绝对控制，而是以提升效益为核心，在重点扶持大型国有企业的同时积极对中小型国有企业进行改制或重组，实现企业的扭亏为盈。辽宁省政府着力进行主辅分离、下岗分流和分配制度改革，全省有384户国有大中型企业进行了公司制改革；全省市属国有小企业采取改组、联合、兼并、租赁、承包经营和股份合作制、出售等多种形式进行改制。2000年，辽宁全省国有及国有控股大中型企业亏损面控制在30%以内，基本实现了国有大中型企业三年改革与脱困目标。272户国有大中型企业进行了公司制改造，其中100户初步建立起现代企业制度。1998—2002年，辽宁全省实施破产企业291家，5年减员105万人。这次改革虽然出现了国有企业员工的下岗潮、对国有资产流失的质疑等社会和经济问题，但确实达到了改革的效果，产业链上游大型国有企业充分发挥规模优势，竞争力、影响力不断提升，改制为股份制或私有化的小型国有企业迅速扭亏为盈，企业活力再现，国民经济走出低谷，走上新台阶。

2003年10月，中共中央、国务院印发《关于实施东北地区等老工业基地振兴战略的若干意见》，大力推进国有大中型企业公司制改革，培育具有国际竞争力的大公司和大企业集团，鼓励国有企业与国际资本组建合资、合作企业。2004年，辽宁省制定《老工业基地振兴规划》，对大连机床等24户国有大中型企业进行了股份制改造；完成了中石油、铁路等中直企业分离办社会职能以及 91 户国企主辅分离和辅业改制，加快了军工企业分离办社会职能工作步伐；依法破产关闭企业 109 户；国有中小企业累计改制面近 80%；重组成立了东北特钢、沈阳鼓风机等企业集团。2005 年初，吉林省针对 816 户改制企业共涉及金融机构不良债务 270 亿元问题，确定了"政府主导、搭建平台、区分情况、逐户落实、分批处置"的总体思路，成立了 12 个化解改制企业金融债务工作领导小组，搭建了省国资委、各市（州）10 个化解债务平台；省政府筹集了 4.9 亿元拨给各市（州）作为资本金，各市（州）相应匹配部分资金；抽调专人集中组织金融不良资产的回购处置工作等。2004 年底，黑龙江省龙煤集团正式成立，整合了鸡西、鹤岗、双鸭山、七台河 4 个重点煤炭企业优良资产，同时引进鞍钢、华能等优势企业。2008 年，黑龙江省通过划转龙煤集团、4 个矿业集团和省煤机 6 户企业国有股权，组建了龙煤控股集团，为龙煤集团上市奠定了体制基础。2009 年 4 月，龙煤股份成立，引进了鞍钢、华能、宁波港等 7 家战略投资者，通过转让股权和增资扩股等方式共筹资 51 亿元，其中现金 22 亿元，影响股改上市的采矿权处置等大部分核心工作基本完成。2012 年，龙煤集团利税 35.4 亿元，在全省工业企业利税五十强中排名第二。2008—2012 年，促进国有资本向关系国民经济发展和国家安全的关键领域、重要行业和骨干企业集中；推动重点行业进行跨所有制、跨区域重组；巩固推进主辅分离、辅业改制和分离企业办社会改革；积极推进厂办大集体改革试点工作。黑龙江全省国有大型工业企业完成了股份制改造，基本完成中小企业改制任务；严重资不抵债、扭亏无望的企业关闭破产基本完成，大多数企业历史遗留问题得到了有效解决。

三、新时代东北地区国有经济布局和结构调整

进入新时代，国有经济布局优化和结构调整也进入了新的历史阶段。在这一时期的全面深化改革过程中，三项重要改革与国有经济布局优化和结构调整有着重要的直接和间接的联系。首先，以"管资本"为主的国资监管体制改革是国有企业改革过程中的一项重要实践创新。2003 年国资委成立，使

国有资产管理统一出口，改变了过去"九龙治水"、普遍"内部人控制"的现象，企业经营性国有资产得到了相对规范的管理（中国社会科学院工业经济研究所课题组等，2014）。东北地区各国有企业分别划归各级别国资委进行监管，厘清了国有企业隶属问题。党的十八届三中全会提出"完善国有资产管理体制，以管资本为主加强国有资产监管"，国有资产管理进一步完善。依照政企分开、政资分开、所有权与经营权分离原则，国资委授权代表政府履行出资人职责，通过组建国有资本投资、运营公司，行使国有股东职责，履行国有资产监管职能，不再行使社会公共管理职能，不再干预企业依法行使自主经营权。2019年，辽宁省批准设立首家省级国有资本运营公司——辽宁控股（集团）有限责任公司，该公司由7户国有资产管理、经营公司整合而成。新集团主要围绕资产经营与管理，在授权范围内整合资产优化管控体制机制，推动国有企业股份制改革与平稳退出；围绕资本运营与管理，强化国有股权价值管理，实现国有股权合理流动增值增效；围绕债权运营与融资服务，从事市场化债转股和公司并购重组，帮助化解国有企业债务风险；围绕受托管理与运营，接收省属企业剥离非主业资产以及上市后存续企业管理，促进省属企业主业做强做优做大；围绕基金投资服务，致力于新旧动能转换与创新发展，服务辽宁经济结构调整转型升级等。

其次，供给侧结构性改革是新时代与国有经济布局优化和结构调整具有重要相关性的又一重要改革措施。从2015年11月习近平总书记在中央财经领导小组第十一次会议上首提供给侧结构性改革开始，我国开启以"三去一降一补"为标志的供给侧结构性改革，改革的重点是促进产能过剩有效化解，促进产业优化重组，降低企业成本，发展战略性新兴产业和现代服务业，增加公共产品和服务供给，着力提高供给体系质量和效益，更好满足人民需要，推动中国社会生产力水平实现整体跃升，增强经济持续增长动力。东北地区作为老工业基地，过剩产能主要集中在煤炭、钢铁等传统产业。2016年上半年，辽宁化解煤炭产能350万吨、钢铁产能210万吨，辽阳市作为中小钢企的集中城市，一下子要退出16家钢铁企业。2016年，吉林省钢铁行业9个月完成了压减粗钢产能108万吨的全年任务，煤炭行业去产能完成进度达到52.7%。2016年，黑龙江省印发《黑龙江省钢铁行业化解过剩产能实现脱困发展实施方案》指出，到2020年底前压减炼钢产能610万吨。其中，推进研发、制造等环节的智能化水平，加快产品升级换代，提高产品质量，成为"去产能"过程中不可忽视的关键。

第三项重要改革措施是混合所有制改革。与"管资本为主"的监管体制改革相对应，混合所有制改革实现了国有企业股权的多样化和国有资本的优化布局。中国的混合所有制改革开始于国有企业的股份制改革，在"抓大放小"改革过程中，部分改制国企产权中还存留国有成分。新一轮的混合所有制改革有两个主要特征：一是在传统国有经济垄断行业进行混改，并积极吸收私营企业参与到国有企业现代企业制度建设中；二是国有资本积极入股新兴科技领域民营企业，实现国有资本的放大功能。近年来，一汽、华录、沈鼓集团、东北制药、龙煤集团等中央和地方国有企业积极探索混改，出现不少成功案例。辽宁省近3年完成129户企业混改，引入资金123.8亿元，将进一步推动"混资本"与"改机制"同步推进；吉林省重新梳理混改项目，积极引入战略投资者，指导具备条件的企业"一企一策"制定方案，成熟一个、推进一个；黑龙江省2014年以来共完成192户地方国企混改，引进非公资本130余亿元，将持续健全市场化经营机制，注重改革实效。

第三节　东北地区国有经济布局优化与结构调整的现实需求

一、国有经济布局优化和结构调整是发展新质生产力的重要路径

2023年9月，习近平总书记在黑龙江考察期间首次提出"新质生产力"

一词，此后又在多个重要场合做出了深入论述。作为马克思主义政治经济学和历史唯物论的最基本范畴，生产力既是人类历史的物质基础，也是推动社会进步的最活跃的、最革命的要素。新质生产力是由技术革命性突破、生产要素创新性配置、产业深度转型升级而催生的当代先进生产力。2023 年 9 月 7 日，习近平总书记在新时代推动东北全面振兴座谈会上强调，要积极培育新能源、新材料、先进制造、电子信息等战略性新兴产业，积极培育未来产业，加快形成新质生产力，增强发展新动能。战略性新兴产业与未来产业是形成新质生产力的主阵地，战略性新兴产业对新旧动能转换发挥着引领性作用，未来产业代表着科技创新和产业发展的新方向。

当前我国战略性新兴产业发展正处于抢占制高点、向更高位跃升的重要关口，但仍然存在不少卡点、瓶颈。一是产业原始创新能力有待提升。目前我国基础研究能力仍是短板，"从 0 到 1"的原始创新能力瓶颈亟待突破，基础研究投入的整体水平和发达国家相比依然偏低。二是高层次技术人才结构性短缺。战略性新兴产业涉及前沿技术和知识密集型人才，但在人才引进方面，尚未形成全球人才吸纳体系，海外人才回归便利性不足。三是战略性新兴产业培育周期长，资金投入与市场风险大，单纯的民营企业难以满足资金需求。四是产业链协同发展基础仍显薄弱。龙头企业缺乏对上下游企业的整合能力和引领带动作用，产业组织能力不够强。

国有经济作为社会主义制度的重要支柱，是国家意志的重要体现，国有企业作为科技创新的主体，理应担负起强化国家战略科技力量，促进新型举国体制与市场化机制的有机融合，实现组织创新、机制创新、管理创新、商业模式创新等综合创新，积极培育发展新兴产业和未来产业，发挥新质生产力主体力量的作用。战略性新兴产业的发展是新质生产力的集中体现，着力布局战略性新兴产业是践行新质生产力理论和要求的重要举措。党中央高度重视战略性新兴产业发展，2023 年 7 月 24 日召开的中共中央政治局会议提出，要大力推动现代化产业体系建设，加快培育壮大战略性新兴产业、打造更多支柱产业；7 月 31 日召开的国务院常务会议指出，要加快培育壮大战略性新兴产业，打造新的支柱产业，增强我国在全球产业链供应链中的竞争力和影响力。国务院国资委密集部署中央企业加快发展战略性新兴产业，2024年12月国务院国资委召开中央企业负责人会议强调，要坚定履行党中央赋予国资国企在新时代新征程的重大使命，坚持把高质量发展作为硬道理，深入推进布局优化和结构调整，更加注重提升战略性新兴产业收入和增加值占比。

东北地区作为老工业基地，传统产业占据主要份额，优化国有经济布局，提升战略性新兴产业份额对于提升新质生产力的引领作用更具有重要意义。2023年11月14日至16日，国有企业改革发展座谈会召开，会议指出，当前国内外形势发生深刻变化，对国企改革发展提出了新要求。要深刻认识新时代新征程国有企业肩负的重要使命，充分发挥科技创新、产业控制和安全支撑作用，在改革创新中做强做优做大国有企业。东北地区国有企业在新能源、航空工业、光电产业、新材料等战略性新兴产业方面具有一定的产业优势。以航空工业为例，沈飞集团作为我国航空工业的创新主体，肩负着助推航空科技自立自强、打造新质生产力"关键引擎"的重要作用。习近平总书记高度重视航空工业发展并多次作出重要指示批示，在党的二十大胜利闭幕不久后回信航空工业沈飞"罗阳青年突击队"，对航空工业建设给予亲切关怀、寄予殷切期望。航空工业沈飞围绕国防安全和航空产业发展大局，立足航空产业集成驱动和区域辐射优势，积极融入东北振兴发挥"链长"作用，加快推进传统产业转型升级，推动战略性新兴产业布局发展，共促航空产业强基韧链，着力打造航空装备现代化产业体系。此外，中国一汽、中国一重、中车集团等国资央企在新能源企业、装备制造等领域同样肩负着践行新质生产力要求的重任。

二、国有经济布局优化和结构调整是实现东北振兴的重要抓手

自2003年实施东北老工业基地振兴战略以来，东北地区经济综合实力稳步提升，国家粮食"压舱石"地位更加牢固，生态环境质量明显改善，民

生建设迈上新台阶，但在经济结构、发展质量、体制机制等方面仍面临一些亟待解决的深层次困难和挑战。面向新时代新征程，东北地区任重道远，应继续以高质量经济布局构建全面振兴动力源，加快形成高质量发展和可持续振兴的新局面。习近平总书记高度重视东北老工业基地振兴，多次到东北视察，并发表重要讲话。在东北振兴战略实施20周年之际，2023年9月，习近平总书记主持召开新时代推动东北全面振兴座谈会并强调，推动东北全面振兴，根基在实体经济，关键在科技创新，方向是产业升级。习近平总书记指出，东北资源条件较好，产业基础比较雄厚，区位优势独特，发展潜力巨大。尤其重要的是，东北地区国有经济占据重要地位，在全面深化改革、优化国有经济布局、做强做优做大国有企业、建设世界一流企业的背景下，发挥东北地区国有经济优势、全面推动国有经济结构调整，是东北地区产业振兴的重要抓手。

首先，发挥国有经济在产业振兴方面的重要作用。正如习近平总书记所强调，东北振兴的关键是科技创新，方向是产业振兴。东北地区国企资产占比超过整体经济的一半，国有经济占比也远远超过全国平均水平。东北地区的国资国企占据的都是重要的产业，因此国资国企要把握战略机遇，紧紧围绕核心功能建设，优化升级传统产业，积极展现新作为。一是国企应强化企业数字化转型，以数字技术为核心持续提升高端化发展能力，驱动业务模式创新和管理流程创新，打造可持续竞争优势的新路径，标准化大数据分析洞察市场趋势，挖掘利用和循环反馈数据。二是国企要加强新型基础设施建设，构建高速、移动、安全、泛在的新一代信息基础设施，提升网络供给能力；整合数字产业链供应链，牵引产业链上下游协同联动，形成产业集聚带动效应和"乘数效应"。三是国企要坚持绿色化发展。东北作为国家的粮仓，保护环境就是保护国家的未来。国企要做绿色发展的"领头羊"，加快重点产品、重点领域和重点技术绿色低碳化发展，绘制碳达峰碳中和实施方案和路线图，分层次开展绿色创新技术研究，提前布局相关领域创新研究、前沿技术和颠覆性技术研究，推动共性绿色技术研发。积极开展实施节能降碳技术改造，以清洁电能替代化石能源，建设光伏发电、风力发电、地热能等新能源开发基地，增强绿色能源设施供应能力，提升用能效率。

其次，发挥国有经济在战略性新兴产业布局方面的引领作用。习近平总书记高度重视战略性新兴产业的培育，多次强调，要不断以新技术培育新产业，勇于开辟新领域、新赛道，培育竞争新优势，大力推动现代化产业体系建设，加快培育壮大战略性新兴产业、打造更多支柱产业。东北地区资源雄厚，产业基础良好，具有发展战略性新兴产业的良好土壤。特别是航空、新能源汽车、新材料、清洁能源以及高端装备制造业等行业具有比较优势，而这些行业无一例外都是国有企业占据产业优势的领域。因此，东北地区国有企业要围绕国有企业核心功能，加大前瞻优势领域布局力度，优化高端制造业布局，构建优势互补、分工明确、相互衔接的产业布局，准确把握产业发展趋势，及时调整经营发展策略，集中优势资源推进战略实施，打造快速反馈、敏捷响应的新型组织模式。发挥产业链链长作用，培育带动一批"专精特新"企业和"单项冠军"企业发展。

最后，发挥国有技术创新方面的引领作用。习近平总书记指出，现代信息技术飞速发展，颠覆性技术随时可能出现，要走求实扎实的创新路子，为实现高水平科技自立自强立下功勋。科学技术是第一生产力，东北振兴离不开科技的引领，国有企业要发挥企业的创新主体作用，把握产业发展的关键环节，发挥科技重大专项的引领带动作用，围绕经济社会发展重大需求，开展战略性新兴产业关键核心技术攻关和前沿技术研究，集中力量突破产业发展的关键核心技术，紧紧围绕东北地区的产业基础和产业优势，在新能源汽车、航空产业、光电信息、氢能利用以及高端制造等行业超前部署，联合不同创新主体开展交叉领域的技术研究和产品研发。统筹技术开发、工程化、标准制定、市场应用等，推动产业链供应链关键技术研发、核心技术研发，提升产业核心竞争能力，为东北振兴添砖加瓦。

三、国有经济布局优化和结构调整是实现东北地区战略地位的必然要求

东北地区位于东北亚的核心位置，与俄罗斯、蒙古国和朝鲜接壤，通过渤海和黄海与韩国、日本隔海相望，这种地理优势使其成为中国向北开放的重要门户。此外，东北地区是我国重要的农业基地，广大黑土地是我国重要的粮仓。同时，东北地区有着很多关系国家安全、把握着国家经济命脉的大型国有企业，在全国经济发展中占据重要地位，对于全国经济的发展壮大极为重要。习近平在深入推进东北振兴座谈会上强调，东北地区是我国重要的工业和农业基地，维护国家国防安全、粮食安全、生态安全、能源安全、产业安全的战略地位十分重要，关乎国家发展大局。东北地区国有资本占比超过整体经济的一半，国有经济占比超过全国平均水平。对于东北地区而言，国有经济的做强做大是发挥东北地区战略价值的关键。

装备制造业是国之重器，在国家安全和国民经济中具有重要的战略地位。在我国东北老工业基地，集聚着哈电集团、中国一重、沈鼓集团等一批重大装备制造业企业。它们关系国民经济命脉和国家产业安全，是我国国防安全与能源安全的重要保障。东北地区国有企业中的"国之重器"主要集中于产业链上游核心环节，研发的重大技术装备屡次填补国内空白，是国家安全必不可少的产业基础；但是，往往存在投入大量资金和精力研发的重大技术装备，其市场需求和实际用量却很小的窘境，给企业可持续研发投资和发展带来压力和挑战。这些企业不断进行产业结构调整和布局优化，实现企业整体效率的提升，不仅是企业可持续发展的基础，也是保障国家产业安全必不可少的环节。

随着全球变暖，节能环保成为全球共同面对的挑战。中国政府提出了两个阶段碳减排战略目标，即二氧化碳排放力争于2030年达到峰值，努力争取在2060年实现碳中和。双碳战略是我国政府对世界的庄重宣言，也是我国作为负责任国家的重要挑战，因此新能源的发展在我国具有重要的战略价值。

东北地区地广人稀，具有丰富的能源储备，尤其是在风能、氢能以及地热能等方面具有重要的开采价值。东北地区发展清洁能源对国家双碳战略具有重要的战略价值。东北地区国有企业已经大力在新能源产业赛道布局，吉林白城的风能和光伏产业布局、黑龙江大庆"风光气储氢"一体化推进和辽宁大连海上风机等都是国有企业布局新能源的重要体现。

东北地区保障国家粮食安全的地位越发突出。在新时代推动东北全面振兴座谈会上，习近平总书记强调，当好国家粮食稳产保供'压舱石'，是东北的首要担当。要始终把保障国家粮食安全摆在首位，加快实现农业农村现代化，提高粮食综合生产能力，确保平时产得出、供得足，极端情况下顶得上、靠得住。东北地处世界三大黑土带之一，农业资源丰富、生产条件优越、技术水平先进，在实现粮食持续增产方面具有明显优势和潜力。现代农业的发展离不开农业机械化和生产技术化，推进农业科技自立自强，做到"藏粮于技"。坚持把科技创新贯穿农业产业链和生产周期全过程，聚焦全产业链"卡脖子"问题，加强关键核心技术攻关，重点推进种业自主创新，集成推广高产高效技术，推进生物技术在农业领域应用，加快农业装备改造升级，强化农业科技协同创新。这些也是国有企业发挥重要作用的方向。

东北地区对外开放是东北振兴的关键，也是维护国家边疆安全的重要途径。东北地区开放进展不快、步伐不大，融入共建"一带一路"的大格局尚未形成。对外开放是稳定预期、提振信心的关键所在。东北地区国有企业应依托"一带一路"、中日韩自贸区、中蒙俄经济走廊等区位优势，加强中俄全面贸易伙伴关系，大力推进对外开放深度和广度，打破地区封锁，构筑陆海联动通道；积极推动经贸往来，促进旅游、能源、制造业、农业、金融服务等多领域合作，并加强交通、物流等基础设施建设，充分利用"一带一路"的辐射带动作用，发挥东北亚国际大通道作用，促进资源、生产要素合理流动，激发各类市场主体活力，打造东北对外开放新前沿。

第二章

新时代全国国有经济布局优化与
结构调整概况

进入新时代，党中央举旗定向、谋篇布局，以前所未有的决心和力度推进国有企业改革进入新阶段。2013年11月12日，党的十八届三中全会审议通过《中共中央关于全面深化改革若干重大问题的决定》，这是新时代全面深化改革的纲领性文件，国有企业改革又是重中之重。其中所强调的"国有资本投资运营要服务于国家战略目标，更多投向关系国家安全、国民经济命脉的重要行业和关键领域，重点提供公共服务、发展重要前瞻性战略性产业、保护生态环境、支持科技进步、保障国家安全"为深化国企改革定下基调，之后的国有经济布局优化与结构调整基本上是照此展开。2015年8月24日，中共中央、国务院印发的《关于深化国有企业改革的指导意见》（以下简称《指导意见》）明确提出："到2020年，在国有企业改革重要领域和关键环节取得决定性成果，形成更加符合我国基本经济制度和社会主义市场经济发展要求的国有资产管理体制、现代企业制度、市场化经营机制，国有资本布局结构更趋合理，造就一大批德才兼备、善于经营、充满活力的优秀企业家，培育一大批具有创新能力和国际竞争力的国有骨干企业，国有经济活力、控制力、影响力、抗风险能力明显增强。"《指导意见》是新时期指导和推进国有企业改革的纲领性文件，对国有企业改革进行了全面部署和总体设计，提出了国有企业改革的总体目标、原则和路径，明确了国有企业改革的任务和重点，与之后几年相关部门陆续发布的一系列改革文件和措施共同形成了国企改革"1+N"政策体系。

第一节　国有经济整体布局优化与结构调整的举措

为更好推动国企改革"1+N"政策体系落地落实，解决顽疾补齐短板，党中央决定实施国企改革三年行动。2020年6月30日，习近平总书记主持召开中央全面深化改革委员会第十四次会议，审议通过了《国企改革三年行动方案（2020—2022年）》。国企改革三年行动是落实国有企业改革"1+N"政策体系和顶层设计的具体施工图，是可衡量、可考核、可检验、要办事的，也意味着国有企业改革的目标、时间表进一步明确。实施国企改革三年行动的政策目标，旨在形成更加成熟与更加定型的中国特色现代企业制度和以"管资本"为主的国资监管体制，推动国有经济布局优化和结构调整，在提高国有企业活力和效率等方面取得明显成效。为全面贯彻落实党中央关于国企改革的决策部署、增强国企改革三年行动的可执行性，国务院国有企业改革领导小组及各地国有企业改革领导小组多次召开国企改革三年行动部署会、推进会和专题会，各地各级国企改革领导部门和国资国企监管部门也纷纷制定印发了相应的国企改革三年行动实施方案或改革举措，不少国有企业亦发布了企业层面的改革行动三年实施方案。

为加快推进国有经济布局优化与结构调整，2020年11月2日，中央全面深化改革委员会第十六次会议审议通过《关于新时代推进国有经济布局优化和结构调整的意见》，再次强调推进国有经济布局优化和结构调整，对更好服务国家战略目标、更好适应高质量发展、构建新发展格局具有重要意义。要坚持问题导向，针对当前国有经济布局结构存在的问题，以深化供给侧结构性改革为主线，坚持有所为有所不为，聚焦战略安全、产业引领、国计民生、公共服务等功能，调整存量结构，优化增量投向，更好把国有企业做强做优做大，坚决防止国有资产流失，不断增强国有经济竞争力、创新力、控制力、影响力、抗风险能力，并进一步明确和细化了国有经济布局优化和结构调整的方向和目标。

各地各级国企改革领导机构和国资国企监管部门，为深入落实中央全面深化改革委员会第十六次会议精神和国企改革三年行动，既坚持顶层设计、政策引导、强力推动，又坚持基层探索、经验示范、内生动力，形成了一套既具有鲜明国企改革特点又有力保障三年行动主要目标完成的工作机制和改革举措，特别是通过推进传统产业转型升级和发展战略性新兴产业、推动国有企业战略性重组和专业化整合、深化"减压"工作及有序有力处置"两非""两资"等手段，多措并举，协同发力，扎实推进了国有经济布局优化和结构调整。

一、加快推进传统产业转型升级和大力发展战略性新兴产业

传统产业是现代化产业体系的基底，加快传统产业转型升级关系现代化产业体系建设全局，是推进新型工业化、加快制造强国建设的必然要求；战略性新兴产业代表新一轮科技革命和产业变革的方向，是国家培育发展新动能、打造未来新优势的关键领域。党的十八大以来，按照党中央决策部署，国资国企积极把握新一轮科技革命和产业变革趋势，以深化供给侧结构性改革为主线，以改革创新为动力，加快推进传统产业转型升级和发展战略性新兴产业。在推进传统产业转型升级方面，国资央企积极实施产业基础再造工程，大力推进传统产业高端化、智能化、绿色化改造，通过扩大设备更新投资，加大技改力度，全面提升工艺技术、产品质量和本质安全水平，推动传统产业向技术先进、产品高端升级；以智能制造为主攻方向，开展国有企业数字化转型行动计划，推动柔性生产、实时制造等先进生产方式加快落地；大力推进钢铁、有色、建材、石化等行业企业的节能降碳改造，电网企业开展绿电交易试点，电力企业积极参与碳减排市场机制建设，建材企业打造玻璃生产零排放示范线，引领行业绿色低碳转型。在发展战略性新兴产业方面，国资央企持续加大新兴产业投入，国

企改革三年行动以来，在战略性新兴产业领域年均投资增速超过20%，营业收入占比超过35%；在协同发展平台建设上，推动建设新能源汽车、北斗、电子商务、区块链等一批数字创新平台，创建物流大数据、海工装备等协同创新平台，打造自主可控天翼云，发挥了产业引领带动作用；在新型基础设施布局上，近70家中央企业超过700户子企业在新基建领域加大布局。各地国资国企监管部门在推进国企改革三年行动中，也以产业基础高级化、产业链现代化为目标，强龙头、补链条、聚集群，加快推进传统产业转型升级和大力发展战略性新兴产业。部分地区国企改革三年行动期间推进传统产业转型升级和发展新兴产业情况见表2-1-1。

表2-1-1　部分地区国企改革三年行动期间推进传统产业转型升级和
发展新兴产业情况

地区	推进传统产业转型升级和发展新兴产业情况
北京	出台市管企业数字化转型实施意见，推动成立中关村数字经济产业联盟，加快国企数字化转型，智慧公交、智慧地铁、智慧电厂等落地见效；着力发展高精尖产业，通过搭建北京创新产业投资平台，发起设立总规模100亿元的高精尖产业发展基金，分层分类推进高精尖产业发展，全力培育壮大新一代信息技术、机器人、智能制造等战略性新兴产业
河北	大力发展风电、光伏等可再生能源，推动煤炭清洁高效利用；2021年底战略性新兴产业产值达415.33亿元，年均增长率8.3%
山西	推动煤炭智能化开采和清洁高效深度利用，加快传统能源产业绿色低碳转型；围绕服务国家战略、代表未来发展方向、具有比较优势的新兴产业，重点打造先进轨道交通、煤机智能制造、通用航空、半导体、碳基新材料、特种金属、大数据和信创、光伏等10条标志性产业链
吉林	累计发起设立各类基金13支，总规模59亿元，重点投向新材料、生物医药等战略性新兴产业
黑龙江	出台《黑龙江省地方国有企业振兴专项行动方案（2022—2026年）》以及发展"四个经济"和"双碳"指导意见，出资企业"四个经济"资产规模达61亿元，实现营业收入28亿元

续表

地区	推进传统产业转型升级和发展新兴产业情况
上海	加大集成电路、生物医药、人工智能三大重点产业布局，积极发展新能源汽车、新材料等新兴产业；上海国资 85% 的新增投资集中在战略性新兴产业、先进制造业、现代服务业、基础设施和民生保障领域
浙江	开展全省国资国企数字化改革行动，以打造"产业大脑＋未来工厂"为引领建立"1+3+N"国资国企数字化改革体系，在智慧供应链、智慧交通、智慧文旅、未来工厂、产权交易生态链、数字产业化六大重点攻坚赛道发力
江苏	省属企业新增投资 3739.83 亿元，主要集中在基础设施、能源资源、现代服务业、战略性新兴产业等重要领域
安徽	在国有企业传统产业改造升级方面，实施"2215"投资专项行动，推动海螺集团、叉车集团、省能源集团率先建设"双跨型"或特色行业型工业互联网平台，构建点面结合的工业互联网"2+3+N"格局；实施新材料产业强基、新能源汽车和智能网联汽车产业提质、高端装备制造产业升级、数字经济产业培育、绿色环保产业壮大"五大工程"，每年完成 500 亿元以上新兴产业投资
湖北	长江产业集团设立规模 500 亿元的长江创投母基金和长江产投母基金，进一步聚焦新一代信息技术、生物医药、新能源、现代化工、生态环保、汽车及零部件六大实体产业板块；联投集团开工建设华中数字产业创新基地项目，重点聚焦智能制造、通信电子、集成电路、数字计算等核心产业
贵州	成立贵州时代矿业有限公司、贵州磷化新能源科技有限责任公司，打造全国最大、最具竞争力的磷系新能源电池材料前驱体及氟系电解质生产供应商，以此吸引产业链下游企业落户贵州，形成完整的贵州新能源材料产业聚群区
云南	省属企业 3 年累计完成战略性新兴产业投资超 486 亿元，年均增长近 27%
甘肃	实施省属企传统产业"三化"改造提升行动，近三年完成投资 223 亿元，打造了酒钢西沟矿"5G＋智慧矿山"等一批示范项目，建成省级智能工厂和数字化车间 38 个，企业上云率达到 70%；推动新材料、新能源及装备制造、煤基、文旅、中医药、现代农业等特色优势产业和新兴产业率先发展，近三年完成投资 350 亿元，打造有色金属新材料、动力电池材料 2 个千亿级产业集群和先进钢铁材料等 10 个百亿级产业集群

地区	推进传统产业转型升级和发展新兴产业情况
宁夏	抢抓"东数西算"战略机遇，组建数字宁夏建设运营有限公司；加快布局符合区域发展战略的新兴产业、绿色低碳循环产业、优势特色产业，积极谋划实施具有较大发展前景、较强盈利能力的投资项目，其中29个项目已纳入自治区重大基础设施建设项目清单，总投资约1271亿元

资料来源：根据国务院国资委、各地各级国资监管部门和政府相关部门网站信息整理。

二、大力推动国有企业战略性重组和专业化整合

推动国有企业战略性重组和专业化整合，有利于聚焦服务国家和地方战略、加快提升资源配置效率和企业核心竞争力，有利于推动资源向优势企业和主业企业集中，有利于解决同质化竞争和重复建设问题，有利于维护产业链供应链稳定，有利于培育具有全球竞争力的世界一流企业，有利于国有资本进一步向重要行业和关键领域集中。国企改革三年行动以来，国务院国资委深入实施中央企业战略性重组和专业化整合，以市场化方式推进4组7家中央企业战略性重组，新组建、接收8家中央企业，协调推动30余个中央企业专业化整合重点项目，在船舶、钢铁、能源、建筑、水运、装备制造等领域打造了一批具有较强竞争力的行业领军企业，在稀土、物流、通信铁塔、油气管网、电气装备等领域资源整合取得重要成果，涉及国家安全、国民经济命脉和国计民生领域营业收入占总体比重超过70%。各地国企改革领导机构和国资国企监管部门将战略性重组和专业化整合作为推动国有经济布局优化和结构调整的重要手段和措施，全国省属国有企业共实施116组347家重组，开展专业化整合2150次，相继打造了一批有较强竞争力的产业集团，使国有资本向重要行业和关键领域进一步集中。部分地区国企改革三年行动期间战略性重组和专业化整合情况见表2-1-2。

表 2-1-2　部分地区国企改革三年行动期间战略性重组和专业化整合情况

地区	战略性重组和专业化整合情况
北京	8 家市属一级企业实现战略重组；通过专业化整合，组建北京健康养老集团助力首都养老事业和养老产业协同发展，组建首都会展集团成为服贸会市场化运营主体；通过深化企业内部资源整合，首农食品集团将 76 家二级企业整合至 29 家，9 家子企业成为规模超百亿的细分领域龙头
河北	对港口资源实施战略性重组整合，组建新的河北港口集团；新组建地矿集团、地理信息集团；粮产集团对 3 市 6 户市属国有粮食企业进行了整合
山西	煤炭企业从 7 家调整至 2 家能源航母，太钢集团与中国宝武联合重组，改组组建了华新燃气、华远陆港、水控集团等一批引领转型的旗舰劲旅
内蒙古	完成蒙能和能建的重组整合，重组后的蒙能集团成功扭亏；新组建文旅投资、新能源运维公司，在落实地方发展的"五大任务"上发挥了示范引领作用
上海	完成 9 组 17 家企业集团重组整合，改组设立长三角投资公司、国投公司等功能性平台公司，新建成立农投集团、数据集团、康养集团等一批新产业集团，进一步增强国资投资运营功能和集聚产业联动协同效应
浙江	通过推进高速公路、铁路资产和全省港口、机场资源等战略性重组，集中打造了交投、海港、机场三大省级交通产业平台；通过整合省属旅游酒店资产，组建省旅投集团，着力打造了全省旅游产业发展投融资主平台；通过加快实施化工、农业、环保、人才服务、医疗健康等领域专项整合，组建省石油公司和医疗健康、环保、军工、人才发展、种业、自然资源等集团
福建	先后完成港口集团的整合重组，形成福建省港口一体化发展格局；新组建大数据集团，在数字经济领域抢抓机遇；重组组建能化集团，助推能源化工板块一体化延伸发展；重组组建水投集团，推动全省水利资源集约化、规模化、专业化运营；整合重组冶金控股与船舶集团，推动省船舶集团加快转型升级发展
江西	推动完成六大产业集团战略重组，打造形成省投资集团、省国控公司和大成国资公司三大不同功能定位的投资运营平台，先后在新经济新业态领域组建倬云数字产业集团、华赣环保集团、启迪未来科技公司等近 30 家重点骨干企业

续表

地区	战略性重组和专业化整合情况
山东	完成 9 次省属企业战略性重组，涉及省属企业 15 户，减少省属企业 9 户，组建引领型支柱型企业集团 5 户，有力推动了国有资本布局结构不断优化
湖北	通过推进省属企业重组整合，推动形成了公路、铁路、港口、机场一体化运营的"四张网"，补齐了产业发展、金融投资、农业农垦、国际贸易"四个短板"，巩固了文化旅游、建筑施工、产权交易、工程设计"四大行业"
湖南	合并重组 10 户省属一级企业，组建湖南建投集团、湖南农业集团、湖南有色集团、湖南旅游集团、湖南兴湘集团；分拆发展集团，合并新设湖南医药发展集团
广东	将省属企业细分为公益基础、市场竞争、金控投资运营三大类别，分类推进重组整合；对二、三级企业，一方面打破省属企业集团界限，以主业龙头企业为主体，通过股权合作、资产置换、增资扩股等方式，对产业相近、行业相关、优势互补的企业实施专业化整合，另一方面推动省属企业集团内部二三级企业按照突出主业、产业关联的要求，实施合并重组
四川	通过"1+6"重大专项改革，在交通、生态环保、旅游、民航等重点领域推进战略性重组和专业化整合
云南	通过重组整合，推动优质资源向优势企业和主业企业集中，形成了国有资本投资公司、国有资本运营公司、产业集团公司"1+1+X"框架体系
陕西	围绕八大特色产业链，全面推进战略性重组和专业化整合，在不同行业和领域培育了一批自主创新强、可持续发展优、引领带动作用大的龙头企业
甘肃	整合省市国有港口物流企业组建甘肃物流集团，打造面向"一带一路"的港口物流龙头企业；组建国家管网甘肃天然气管网公司，推动"地方管网融入国家管网"，保障国家能源供输安全
宁夏	对资源交叉分散、主营业务和所处行业功能相近的企业、资产、股权进行整合，有效推动了国有资本向重要行业、关键领域和优势企业集中

资料来源：根据国务院国资委、各地各级国资监管部门和政府相关部门网站信息整理。

三、持续深化"压减"工作和有力有序处置"两非""两资"

"压减"（压缩管理层级、减少法人户数）着眼于解决部分企业底数不清、机构臃肿、管理链条偏长等问题，清退剥离"两非""两资"以有效集中优势资源，切实帮助企业减轻包袱负担，实现轻装前行、更好发展。国务院国资委建立了中央企业压减工作长效机制，至国企改革三年行动收官，中央企业法人户数累计压减44%，管理层级普遍控制在四级（含）以内，基本扭转了法人户数无序增长的局面，实现了户数增长与经营发展速度基本匹配、管理链条与资产收入规模基本匹配；中央企业扎实开展"两非"剥离专项治理工作和"两资"清理处置，截至2022年上半年，"两非"剥离完成率达99.7%，中央企业主业投资占比和从事主业的子企业数量占比均超过90%，通过产权市场公开处置企业股权、资产共计9090亿元，以市场化的方式盘活存量资产3066.5亿元、增值234.1亿元；中央企业全面完成"僵尸企业"处置和特困企业治理，实现整体扭亏盈利；全面完成重点亏损子企业专项治理任务，中央企业重点亏损子企业三年减亏83.8%，1400余户亏损子企业整体实现大幅减亏。国企改革三年行动以来，各地国资国企同样持续推进"压减"，加快企业"瘦身健体"，有力有序处置"两非""两资"（见表2-1-3）。"两非""两资"清退完成率超过96%，全国范围纳入名单的"僵尸企业"处置率超过95%。

表2-1-3　部分地区国企改革三年行动期间"压减"和处置"两资""两非"情况

地区	"压减"和处置"两非""两资"情况
北京	市管企业主业已由117个优化至59个，"两非""两资"清单企业清退563户、处置"僵尸企业"889户
天津	企业管理层级大幅压减，总部去行政化、去机关化有力推进，1029户低效无效企业完成处置，列入国家名单的92户"僵尸企业"全部出清，92户重点亏损子企业均得到有效治理

续表

地区	"压减"和处置"两非""两资"情况
河北	企业内设机构精简 19.5%，管理人员压减 45.3%，409 家三级以下企业管理层级压缩至三级以内，列为低效无效资产的 158 户企业和 36 户"僵尸企业"全部完成处置
山西	累计压减省属企业法人户数和分支机构共计 207 户
内蒙古	总部部门机构压减幅度达到 27.7%，员额减少了 23.1%；监管企业累计压减法人 285 户，压减率达 32.3%；6 户集团企业的 188 户"两非""两资"企业，通过资产置换、专业化整合、市场出让等多种方式，全部完成剥离
辽宁	省属企业管理层级三级以内占比达 93.8%
吉林	清理退出非主业子企业 51 户、不符合企业主业且长期不分红的 17 户参股股权，处置"僵尸企业"54 户，盘活、处置"两非""两资"资产 18.6 亿元
黑龙江	完成省级 38 户"两非"企业、245 项"两资"资产、195 户"僵尸企业"处置，累计减少法人 372 户
江苏	累计清理"两非""两资"1512 户、处置"僵尸企业"196 户，实现"僵尸企业"全部动态清零；开展重点亏损子企业专项治理，对省属国有企业子企业亏损金额压降 54.48%
浙江	完成 703 宗、120 多亿元低效无效资产处置，165 宗、50 亿元历史遗留不动产确权
山东	全面完成 398 户省属企业非主业资产清理整合、275 户"僵尸企业"出清，省属企业管理层级基本控制在四级以内
广西	完成 240 户不具竞争优势、缺乏发展潜力的非主营业务和低效无效资产企业清理，完成 171 户国有"僵尸企业"出清
云南	完成省属企业 98 户"两非""两资"清理、229 户"僵尸企业"处置
甘肃	处置低效无效资产变现 237.52 亿元，完成 60 户亏损子企业专项治理和 152 户"僵尸企业"出清

地区	"压减"和处置"两非""两资"情况
宁夏	累计压减企业法人户数 67 户，占比 21.4%；25 户重点亏损子企业治理完成 24 户，完成区属 34 户"两非""两资"企业和 24 户"僵尸企业"出清，共处置 4.1 亿元低效无效资产、清理 8.17 亿元债务

资料来源：根据国务院国资委、各地各级国资监管部门和政府相关部门网站信息整理。

第二节　国有经济整体布局优化与结构调整的成效及存在的问题

党的十八大以来，国有经济保持快速增长，规模持续扩大，在国民经济中的总体比重趋稳，国有资产不断向关系国计民生和国家安全的重要行业和关键领域集中，特别是国企改革三年行动以来，经过布局优化和结构调整，国有经济在战略安全、产业引领、国计民生、公共服务等重点领域的主体作用更加突出。国有企业在推动经济社会发展、抗击新冠疫情的大战大考中"顶梁柱"作用充分彰显，在落实国家重大战略、服务构建新发展格局中主力军作用充分发挥，在承担急难险重任务、保障和改善民生中姓党为民政治本色充分体现，为党和国家事业取得历史性成就、发生历史性变革做出了重要贡献。与此同时，国有经济产业布局分散、运行效率不高、战略布局支撑、引领和带动作用不足以及整体科技创新能力不高等问题依然存在。

一、国有经济整体布局优化与结构调整的成效

（一）国有经济规模持续扩大

党的十八大以来，国有经济保持快速增长，规模持续扩大，全国国有企

业（不包含金融企业，如无特别说明本章下同）的资产、净资产、国有资本及企业数量均呈现持续增长态势。从资产总额来看（见图 2-2-1），截至 2022 年底，全国国有企业资产总额达到 339.5 万亿元，2012 年以来年均增加 25.0 万亿元，2017 年以来年均增加 30.8 万亿元，国企改革三年行动期间年均增加 35.2 万亿元；从净资产总额来看（见图 2-2-2），截至 2022 年底，全国国有企业净资产总额达到 120.8 万亿元，2012 年以来年均增加 8.9 万亿元，2017 年以来年均增加 11.2 万亿元，国企改革三年行动期间年均增加 12.2 万亿元；从国有资本总量来看（见图 2-2-3），截至 2022 年底，全国国有企业国有资本总量达到 94.7 万亿元，2012 年以来年均增加 6.9 万亿元，2017 年以来年均增加 8.9 万亿元，国企改革三年行动期间年均增加 9.9 万亿元；从国有企业数量来看（见图 2-2-4），截至 2021 年底，全国国有企业户数达到 26.7 万户，2012 年以来年均增加 1.3 万户，2017 年以来年均增加 1.9 万户，2020 年和 2021 年两年净增加 5.0 万户。全国国有企业资产总额、净资产总额、国有资本总量在国企改革三年行动期间年均增幅均高于党的十八大和党的十九大之后的年均增幅，全国国有企业数量在 2020—2021 年间的年均增幅也高于党的十八大和党的十九大之后的年均增幅。

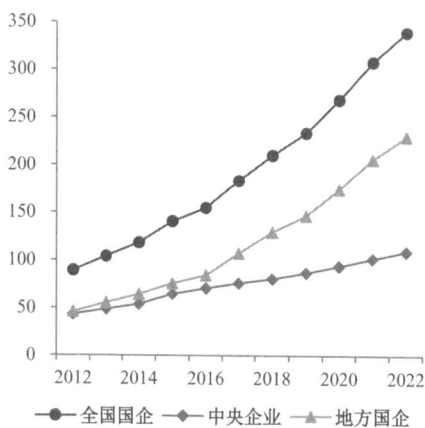

图 2-2-1　资产总额（万亿元）

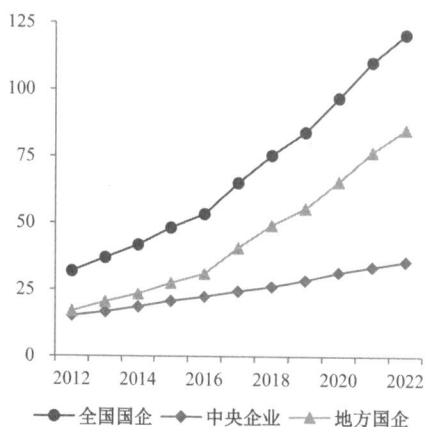

图 2-2-2　净资产总额（万亿元）

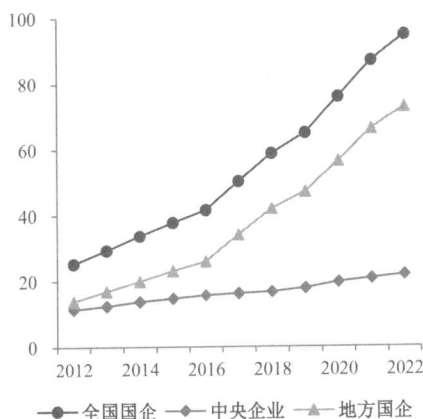

图 2-2-3　国有资本总量（万亿元）　　图 2-2-4　企业数量（万户）

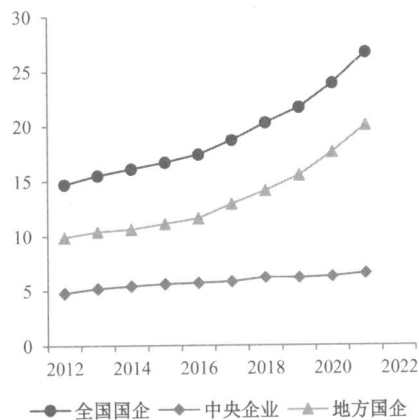

数据来源：历年《中国财政年鉴》及国务院关于各年度国有资产管理情况的综合报告。

相较于中央企业，地方国有企业的规模扩张速度更快，地方国有企业与中央企业的整体规模差距逐渐拉大。地方国有企业和中央企业资产总额分别由 2012 年的 46.1 万亿元和 43.4 万亿元增加至 2022 年的 230.1 万亿元和 109.4 万亿元（见图 2-2-1），年均分别增加 18.4 万亿元和 6.6 万亿元；2017 年以来年均分别增加 24.3 万亿元和 6.5 万亿元，其中国企改革三年行动期间年均分别增加 27.7 万亿元和 7.5 万亿元。地方国有企业和中央企业净资产总额分别由 2012 年的 16.8 万亿元和 15.1 万亿元增加至 2022 年的 85.1 万亿元和 35.7 万亿元（见图 2-2-2），年均分别增加 6.8 万亿元和 2.1 万亿元；2017 年以来年均分别增加 9.0 万亿元和 2.2 万亿元，其中国企改革三年行动期间年均分别增加 9.8 万亿元和 2.4 万亿元。地方国有企业和中央企业国有资本总量分别由 2012 年的 13.8 万亿元和 11.4 万亿元增加至 2022 年的 72.9 万亿元和 21.8 万亿元（见图 2-2-3），年均分别增加 5.9 万亿元和 1.0 万亿元；2017 年以来年均分别增加 7.8 万亿元和 1.0 万亿元，其中国企改革三年行动期间年均分别增加 8.6 万亿元和 1.3 万亿元。地方国有企业和中央企业户数分别由 2012 年的 9.9 万户和 4.8 万户增加至 2021 年的 20.1 万户和 6.6 万户（见图 2-2-4），年均分别增加 1.1 万亿元和 0.2 万亿元；2017 年以来年均分别增加 1.7 万户和 0.2 万户，其中 2020 年和 2021 年两年分别净增加 4.6 万户和 0.4 万户。由图 2-2-1 至图 2-2-4 可清晰看到，无论是资产总额、净资产总额、国有资本总量还是企业数量，地方国有企业和中央企业的差距均呈逐渐拉大之势，地方国有企业资产总额、净资产总额、国有资本总量占全部国有企业的比重分别由 2012 年的 51.5%、52.7%、54.8% 上升至 2022 年的 67.8%、70.4%、77.0%，地方国有企业数量占全部国有企业数量比重也由 2012 年的 67.1% 上升至 2021 年的 75.3%。

国有企业优化重组持续推进，户均规模持续扩大。全国国有企业户均资产总额、户均净资产总额、户均国有资本总量分别由 2012 年的 6.10 亿元、2.18 亿元、1.72 亿元逐年增加至 2021 年的 11.53 亿元、4.13 亿元、3.25 亿元（见表 2-2-1），年均分别增加 0.60 亿元、0.22 亿元、0.17 亿元；无论是户均资产总额、户均净资产总额还是户均国有资本总量，2021 年相较于 2012 年均接近于翻了一倍（2021 年全国国有企业户均资产总额、户均净资产总额、户均国有资本总量分别是 2012 年的 1.89 倍、1.90 倍和 1.89 倍）。

表 2-2-1　国有企业户均资产、净资产和国有资本情况

年份	户均资产总额（亿元）			户均净资产（亿元）			户均国有资本（亿元）		
	全国	中央	地方	全国	中央	地方	全国	中央	地方
2012	6.10	9.00	4.68	2.18	3.14	1.71	1.72	2.37	1.40
2013	6.70	9.40	5.36	2.38	3.21	1.97	1.89	2.40	1.63
2014	7.38	9.97	6.06	2.61	3.42	2.20	2.10	2.55	1.87
2015	8.40	11.54	6.82	2.88	3.68	2.48	2.26	2.62	2.08
2016	8.90	12.28	7.24	3.07	3.88	2.67	2.39	2.72	2.23

年份	户均资产总额（亿元）			户均净资产（亿元）			户均国有资本（亿元）		
	全国	中央	地方	全国	中央	地方	全国	中央	地方
2017	9.81	13.06	8.34	3.48	4.17	3.16	2.69	2.78	2.65
2018	10.36	13.10	9.17	3.71	4.23	3.49	2.89	2.71	2.97
2019	10.79	13.99	9.50	3.88	4.59	3.59	2.99	2.86	3.05
2020	11.24	14.85	9.93	4.06	4.98	3.73	3.18	3.10	3.21
2021	11.53	15.44	10.25	4.13	5.10	3.81	3.25	3.13	3.29

数据来源：根据历年《中国财政年鉴》及国务院关于各年度国有资产管理情况的综合报告数据计算所得。

相较于地方国有企业，中央企业的户均资产规模和户均净资产规模更大，而地方国有企业的户均国有资本总量逐步赶超中央企业。2012—2021年，中央企业户均资产总额和户均净资产总额分别由9.00亿元和3.14亿元逐年增加至15.44亿元和5.10亿元，分别年均增加0.72亿元和0.22亿元；地方国有企业户均资产总额和户均净资产总额分别由4.68亿元和1.71亿元逐年增加至10.25亿元和3.81亿元，分别年均增加0.62亿元和0.23亿元；比较可知，2019年以来，中央企业和地方国有企业户均资产总额差距和户均净资产总额差距均呈不断拉大之势。从国有资本上看，地方国有企业户均国有资本总量由2012年的1.40亿元逐年增加至2021年的3.29亿元，年均增加0.21亿元；中央企业户均国有资本总量整体上看由2012年的2.37亿元增加至2021年的3.13亿元，年均增加0.09亿元；地方国有企业户均国有资本总量的年均增幅高于中央企业，且自2018年起地方国有企业的户均国有资本总量开始超越中央企业。

国有企业海外投资规模不断扩大。2022年末，在中国对外非金融类直接投资存量中，国有企业达到12842.8亿美元，是2012年的4.9倍，且在2012—2022年间呈现出的是连年递增的发展态势（见图2-2-5）。尽管国有企业对外直接投资存量占全部境内企业对外直接投资存量的比重从整体上看在2012—2020年呈下降之势，2020年甚至达到了历史最低点（46.3%），但于2021年（51.6%）和2022年（52.4%）出现了强势反弹；而且，国有企业即便对外直接投资存量占比有所下降，历年来也仍然占据各种登记注册类型企业的"领头羊"位置。2022年末，在非国有企业中，股份有限公司对外直接投资存量占比最高，达到11.0%，有限责任公司对外直接投资存量占比也达到10.2%，而其他登记注册类型的非国有企业对外直接投资存量占比均未超过10%。

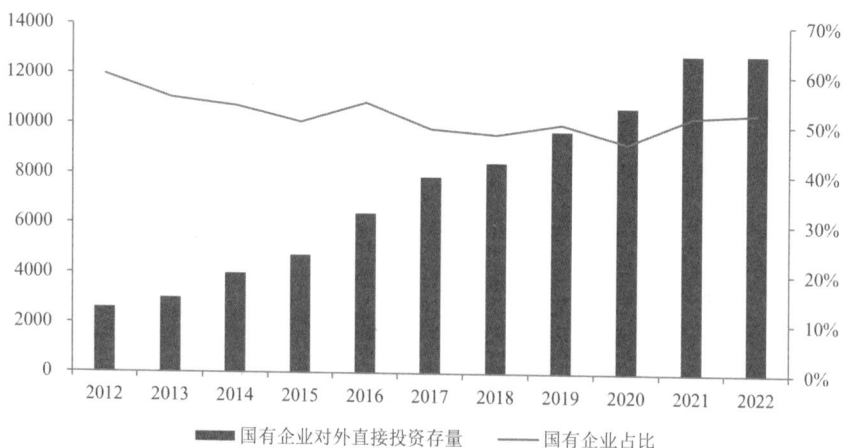

图2-2-5　国有企业对外直接投资存量（亿美元）及占比

数据来源：各年度中国对外直接投资统计公报。

（二）国有经济总体布局比重趋于稳定

随着国有企业改革的不断深化，国有企业数量和就业人员人数在整个国民经济中的比重趋于稳定。尽管自2012年以来国有企业数量和从业人员人数占全部法人单位数和全部就业人员人数的比重整体呈下降趋势，但近年来趋于稳定，其中，国有企业数量占全部法人单位数比重稳定在 0.8% 左右，国有企业从业人员人数占全部就业人员人数比重稳定在 4.7% 左右。国有企业数量和就业人员人数在三次产业中比重于近年来也趋于稳定（见图 2-2-6 和图 2-2-7），其中，三次产业国有企业数量占三次产业法人单位数比重分别稳定在 0.5%、1.2% 和 0.8% 左右，三次产业从业人员人数占三次产业就业人员人数比重分别稳定在 0.7%、8.0% 和 4.4% 左右。[1]

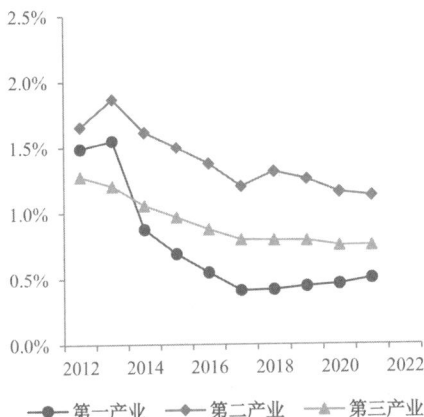

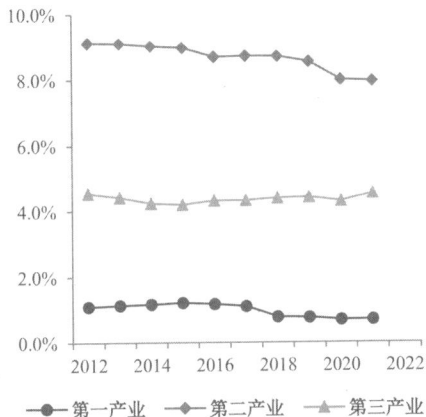

图 2-2-6　国企数量占全部法人单位数比重　图 2-2-7 国企就业人数占全部就业人数比重
　　数据来源：根据历年《中国统计年鉴》《中国财政年鉴》《中国劳动统计年鉴》数据计算所得。

　　规模以上国有控股工业企业的总体规模比重趋于稳定。国有控股工业企业资产总额占规模以上工业企业资产总额比重自 2014 年以来维持在 38.5% 左右，国有控股工业企业净资产总额占规模以上（下称"规上"）工业企业净资产总额比重虽然在 2012—2019 年间有所波动，但自 2020 年以来稳定在 37.2%（见图 2-2-8 和图 2-2-9）。

---

[1] 由于《中国财政年鉴》所给出的全国国有企业按基本行业分类数据并非完全按照《国民经济行业分类》（GB/T 4754—2017）进行划分，本书处理方式是将农林牧渔业视为第一产业、工业和建筑业视为第二产业、其他行业合计视为第三产业，如无特别说明本章下同。

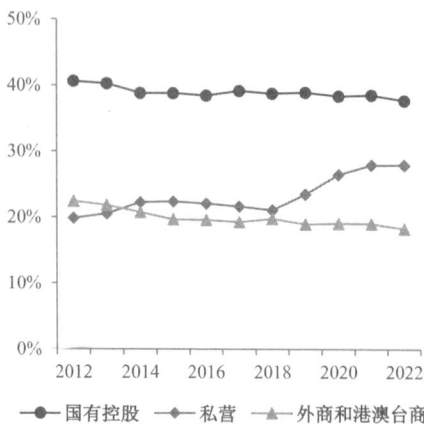

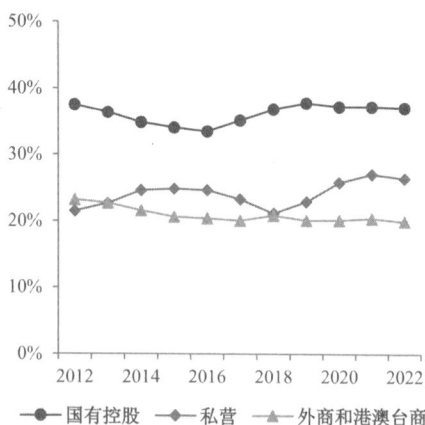

图 2-2-8　规上工业各类企业资产占比　图 2-2-9　规上工业各类企业净资产占比
数据来源：根据历年《中国统计年鉴》数据计算所得。

（三）国有经济产业布局逐步调整

从三次产业看，国有经济不断向第三产业集中。2012 年以来，第二产业国有企业资产总额和净资产总额占全国国有企业资产总额和净资产总额的比重均呈逐年下降的发展态势，截至 2021 年底，二者分别下降至 30.9% 和 31.7%，分别较 2012 年下降了 14.4 和 13.6 个百分点；第三产业国有企业资产总额和净资产总额占全国国有企业资产总额和净资产总额的比重则均呈逐年上升的发展趋势，截至 2021 年底，二者分别上升至 67.9% 和 66.7%，分别较 2012 年上升了 14.0 和 12.6 个百分点；第一产业国有企业资产总额和净资产总额占全国国有企业资产总额和净资产总额的比重相对较小且较为稳定，历年来二者均基本维持在 1% 左右。（见图 2-2-10 和图 2-2-11）

从细分行业看，国有经济呈现出不断向社会服务业、房地产业、建筑业等基础民生和公共服务领域集中的发展态势。社会服务业国有企业资产总额和净资产总额占全国国有企业资产总额和净资产总额的比重自 2012 年以来分别由 12.8% 和 14.8% 上升至 2021 年的 22.9% 和 26.7%，并且自 2020 年以来超越工业成为占比最高的行业领域；房地产业国有企业资产总额和净资产总额占全国国有企业资产总额和净资产总额的比重自 2012 年

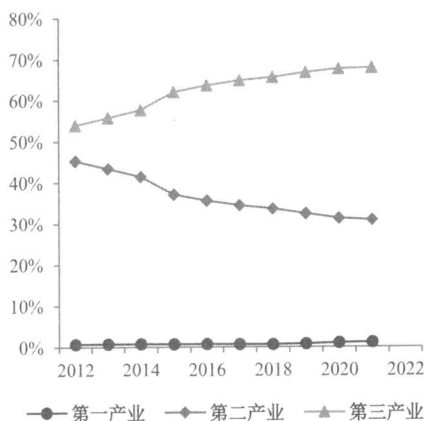

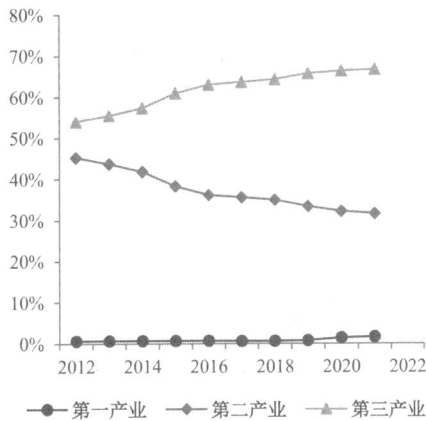

图 2-2-10　国企资产在三次产业中构成情况　图 2-2-11　国企净资产在三次产业中构成情况

数据来源：根据历年《中国财政年鉴》数据计算所得。

以来分别由 7.3% 和 5.4% 持续上升至 2021 年的 12.9% 和 9.9%；建筑业国有企业资产总额和净资产总额占全国国有企业资产总额和净资产总额的比重自 2012 年以来分别由 6.4% 和 4.7% 逐年上升至 2021 年的 8.8%；截至 2021 年底，社会服务业、房地产业和建筑业三者的国有企业资产总额和净资产总额占全国国有企业资产总额和净资产总额的比重分别达到 46.6% 和 45.4%，较 2012 年提高了 20.1 和 20.5 个百分点。此外，在占比较高的行业中，工业国有企业资产总额和净资产总额占全国国有企业资产总额和净资产总额的比重分别自 2012 年的 38.9% 和 40.6% 逐年下降至 2021 年的 20.1% 和 22.8%，交通运输仓储业国有企业资产总额和净资产总额占全国国有企业资产总额和净资产总额的比重分别自 2012 年的 14.1% 和 16.7% 下降至 2021 年的 11.8% 和 13.6%，机关社团及其他国有企业资产总额占全国国有企业资产总额比重由 2015 年的 12.2% 下降至 10.6%，而其净资产总额占全国国有企业净资产总额比重自 2017 年以来保持在 5.5% 上下波动，见表 2-2-2。

表2-2-2　国有企业资产总额和净资产总额在各行业中的构成情况

行业	资产总额占比（%）			净资产总额占比（%）		
	2012年	2017年	2021年	2012年	2017年	2021年
农林牧渔业	0.8	0.7	1.2	0.7	0.7	1.7
工业	38.9	26.3	20.1	40.6	29.0	22.8
建筑业	6.4	8.2	10.8	4.7	6.6	8.8
地质勘查及水利业	0.4	0.6	0.8	0.6	0.8	1.1
交通运输仓储业	14.1	13.6	11.8	16.7	16.2	13.6
邮电通信业	4.3	2.6	1.8	7.6	4.6	3.1
批发和零售、餐饮业	5.8	5.4	4.0	4.7	5.2	3.6
房地产业	7.3	10.6	12.9	5.4	7.8	9.9
信息技术服务业	0.1	0.3	0.3	0.2	0.3	0.3
社会服务业	12.8	18.5	22.9	14.8	21.6	26.7
卫生体育福利业	0.1	0.1	0.2	0.1	0.1	0.3
教育文化广播业	0.5	0.4	1.5	0.7	0.6	1.8
科学研究和技术服务业	0.7	0.9	1.0	0.7	1.0	1.1
机关社团及其他	7.9	11.8	10.6	2.5	5.3	5.4

数据来源：根据历年《中国财政年鉴》数据计算所得。

工业国有资产主要集中于电力工业、石油和石化工业、机械工业、冶金工业、煤炭工业五大领域。截至2021年底，这五大工业领域国有企业资产总额和净资产总额占全部工业国有企业资产总额和净资产总额比重达到七成，分别为 70.2% 和 69.9%（见图 2-2-12 和图 2-2-13）。不过，石油和石化、机械、冶金、煤炭四大工业领域国有企业资产总额和净资产总额占全部工业国有企业资产总额和净资产总额比重于近年来均呈下降趋势，只有电力工业呈不断上升之势。此外，从变化趋势上看，市政公用、电子、建材、医药四大工业领域国有企业资产总额和净资产总额占全部工业国有企业资产总额和净资产总额比重也大体上呈不断上升的发展趋势，分别由 2012 年的 3.5% 和 3.6%、1.9% 和 2.0%、2.4% 和 2.1%、0.8% 和 0.9% 上升至 2021 年的 7.2% 和 6.6%、3.5% 和 3.6%、3.2% 和 3.3%、1.1% 和 1.5%。

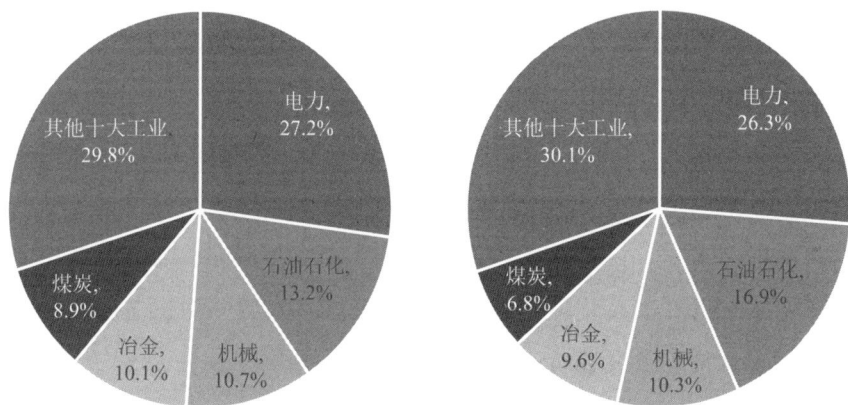

图 2-2-12 2021 年工业国企资产构成情况　图 2-2-13 2021 年工业国企净资产构成情况
数据来源：根据历年《中国财政年鉴》数据计算所得。

在规模以上工业领域，国有控股工业企业主要集中于电力、热力生产和供应业，煤炭开采和洗选业，汽车制造业，计算机、通信和其他电子设备制造业，黑色金属冶炼和压延加工业，化学原料和化学制品制造业，水的生产和供应业，铁路、船舶、航空航天和其他运输设备制造业，石油、煤炭及其他燃料加工业以及石油和天然气开采业 10 个行业领域。截至 2022 年底，这10 个工业行业占据全部国有控股工业企业 74.6% 的资产和 71.7% 的净资产并创造了 70.9% 的营业收入和 65.6% 的利润总额（见表 2-2-3），其中仅电力、热力生产和供应业 1 个行业就占据了超过三成的国有控股工业企业资产总额和接近三成的净资产总额，再加上煤炭开采和洗选业、汽车制造业、计算机、通信和其他电子设备制造业 3 个行业，这 4 个行业占据超过半数的国有控股工业企业资产总额和接近半数的净资产总额，且创造出超过 40% 的营业收入和超过 45% 的利润总额。

表 2-2-3　规模以上各行业国有控股工业企业的资产、净资产、营业收入、利润总额构成

行业	资产 占比 (%)	净资产 占比 (%)	营业收入 占比 (%)	利润总额 占比 (%)
电力、热力生产和供应业	30.3	28.3	22.0	10.1
煤炭开采和洗选业	9.2	8.0	6.3	26.5
汽车制造业	6.3	5.8	8.5	7.5
计算机、通信和其他电子设备制造业	5.0	5.8	4.3	1.8
黑色金属冶炼和压延加工业	4.9	4.8	8.0	0.4
化学原料和化学制品制造业	4.5	4.4	5.5	7.6
水的生产和供应业	3.8	3.7	0.9	0.8
铁路、船舶、航空航天和其他运输设备制造业	3.6	2.8	2.7	1.5
石油、煤炭及其他燃料加工业	3.5	3.5	9.9	1.5
石油和天然气开采业	3.4	4.7	2.6	7.9
其他 30 个工业	25.4	28.3	29.1	34.4

数据来源：根据 2023 年《中国统计年鉴》数据计算所得。

二、国有经济整体布局优化与结构调整存在的问题

（一）国有经济产业布局分散、运行效率不高

国有经济产业布局分散，战线过长。尽管国有企业数量和从业人员人数在国民经济中的比重已不足 1% 和 5%，但国有企业仍几乎遍布于国民经济各个行业领域，行业覆盖面超过 90%[1]，甚至涉及自行车修理、箱包零售等行业领域。在规模以上工业经济领域，截至 2022 年底，国有控股工业企业遍布于除其他采矿业外全部 41 个工业大类行业中的 40 个行业；[2] 截至 2021 年底，国有控股工业企业遍布于全部 207 个工业中类行业中的 185 个行业，在诸如日用杂品制造、针织或钩针编织物及其制品制造等领域均有涉足。[3] 在规模以上工业经济领域，截至 2021 年底，在国有企业涉足的 185 个工业中类行业中，电力生产、电力供应、烟煤和无烟煤开采洗选、汽车整车制造、钢压延加工、精炼石油产品制造等 6 个行业的国有控股工业企业资产总额占全部国有控股工业企业资产总额比重超过 50%，达到 51.1%，表明占 3% 的行业聚集着超过半数的国有资产。这一方面说明国有资产集中程度较高，但另一方面也说明还有约 50% 的国有资产分布于 97% 的行业之中，这其中有 100 个行业的国有控股工业企业资产总额占全部国有控股工业企业资产总额比重不超过 0.1%，合计占比 3%；而仅拥有 3% 国有资产的这 100 个行业却分布着接近 13% 的国有企业，而且这 100 个行业有接近半数属于农副食品加工业、食品制造业、纺织业、纺织服装服饰业、皮革毛皮羽毛及其制品和制鞋业、木材加工和木竹藤棕草制品业、家具制造业、造纸和纸制品业、印刷和记录媒介复制业、文教工美体育和娱乐用品制造业、金属制品机械和设备修理业等竞争性领域。

---

[1] 刘现伟、李红娟、石颖：《优化国有资本布局的思路与策略》，《改革》2020 年第 6 期。

[2] 数据来源：《中国统计年鉴 2023》，本章后文所涉及规模以上工业大类行业方面的数据如无特别说明均来源于此。

[3] 数据来源：《中国工业统计年鉴 2022》，本章后文所涉及规模以上工业中类行业方面的数据如无特别说明均来源于此。

国有企业趋于做大，但运营效率不高，大而不强。如前文所述，全国国有企业自 2012 年以来经过十年的改革、优化和重组，其户均资产总额、户均净资产总额和户均国有资本总量几乎翻了一倍。在规模以上工业经济领域，截至 2022 年底，在除去其他采矿业的 40 个工业大类行业中，国有控股工业企业在所有行业中的户均资产总额、户均净资产总额户均营业收入均高于规模以上工业企业平均水平，其中在 34 个行业中的户均资产总额、在 35 个行业中的户均净资产总额、在 31 个行业中的户均营业收入既高于规模以上工业企业平均水平又高于私营企业及外商投资和中国港澳台商投资企业；截至 2021 年底，在国有企业涉足的 185 个工业中类行业中，国有控股工业企业在 178 个行业中的户均资产总额、在 176 个行业中的户均净资产总额、在 167 个行业中的户均营业收入高于规模以上工业企业平均水平，其中在 147 个行业中的户均资产总额、在 130 个行业中的户均净资产总额、在 116 个行业中的户均营业收入既高于规模以上工业企业平均水平又高于私营企业及外商投资和中国港澳台商投资企业。然而，在规模以上工业经济领域，在除去其他采矿业的 40 个工业大类行业中，国有控股工业企业在 2 个行业中出现亏损，在 32 个行业中的总资产利润率、在 33 个行业中的净资产利润率、在 35 个行业中的总资产周转率低于规模以上工业企业平均水平，其中在 28 个行业中的总资产利润率、在 25 个行业中的净资产利润率、在 30 个行业中的总资产周转率既低于规模以上工业企业平均水平又低于私营企业及外商投资和中国港澳台商投资企业，仅在 5 个行业中的总资产利润率、在 5 个行业中的净资产利润率、在 4 个行业中的总资产周转率既高于规模以上工业企业平均水平又高于私营企业及外商投资和中国港澳台商投资企业。

（二）国有经济战略布局支撑、引领和带动作用不足

国有经济在大多数行业失去控制力。在规模以上工业经济领域，截至 2022 年底，在除去其他采矿业的 40 个工业大类行业中，国有控股工业企业资产总额（相较于私营企业及外商投资和中国港澳台商投资企业）占据优势地位的行业有 17 个，而国有控股工业企业资产总额处于绝对劣势地位的行业有 19 个；国有控股工业企业营业收入占据优势地位的行业减少至 11 个，国有控股工业企业营业收入处于绝对劣势地位的行业同样有 19 个。在规模以上工业经济领域，截至 2021 年底，在国有企业涉足的 185 个工业中类行业中，国有控股工业企业资产总额占据优势地位的行业仅有 55 个，不足三成，而国有控股工业企业资产总额处于绝对劣势地位的行业超过半数，达到 98 个；国有控股工业企业营业收入占据优势地位的行业更是仅有 41 个，刚刚超过两成，而国有控股工业企业营业收入处于绝对劣势地位的行业超过六成，达到 115 个。

国有经济在数字经济及其核心产业领域的布局不够，竞争力不足。由于无法获得数字经济及其核心产业特别是分企业类型的完整数据，本章以规模以上数字产品制造业 ① 为例对此进行分析。截至 2021 年底，在规模以上数字产品制造业领域，国有控股工业企业的资产和净资产占比分别为 15.2% 和 15.8%，均低于私营企业（28.0% 和 27.1%）及外商和中国港澳台商投资企业（31.5% 和 30.6%）；国有控股工业企业的营业收入和利润总额占比仅为 9.2% 和 9.6%，更是远低于私营企业（33.4% 和 31.9%）及外商和中国港澳台商投资企业（36.9% 和 31.4%）。在数字产品制造业所涉及的 20 个工业中类行业中，只有雷达及配套设备制造 1 个行业的国有控股工业企业资产、净资产、营业收入和利润总额占比均高于私营企业及外商和中国港澳台商投资企业，而在 14 个行业中无论是资产、净资产还是营业收入和利润总额均低于私营企业及外商和中国港澳台商投资企业。

国有经济对高技术产业发展的贡献不足。由图 2-2-14 可以看到，在规模以上工业经济领域，国有控股高技术制造业企业的研发经费投入强度高于规模以上企业平均水平，也高于其他内资企业及外商和中国港澳台商投资企

---

① 国家统计局《数字经济及其核心产业统计分类（2021）》将数字经济及其核心产业行业分为数字产品制造业、数字产品服务业、数字技术应用业、数字要素驱动业、数字化效率提升业五大类，并给出了与《国民经济行业分类》（GB/T 4754—2017）对应的行业及说明。由于无法获得小类行业的完整数据，本章将数字产品制造业涉及的小类行业所处的中类行业视为数字产品制造业。

业，说明国有高技术制造业企业具有较强的科技创新能力。然而，从对高技术产业发展的贡献上来看，根据 2021 年国民经济和社会发展统计公报，2021年，高技术制造业增加值较上年增长 18.2%，占规模以上工业增加值的比重为 15.1%，其中国有控股工业企业的贡献仅约为 12%，而其他内资企业、外商和港澳台投资企业的分别约为 48% 和 40%（见图 2-2-15）。[①] 高技术产业是决定国家竞争力的关键行业，发展高技术产业对于改造传统产业、推动产业结构升级、提高劳动生产率和经济效益、减少资源消耗具有不可替代的作用，从国有控股工业企业在高技术制造业发展现状来看，国有企业对其发展贡献明显不足。

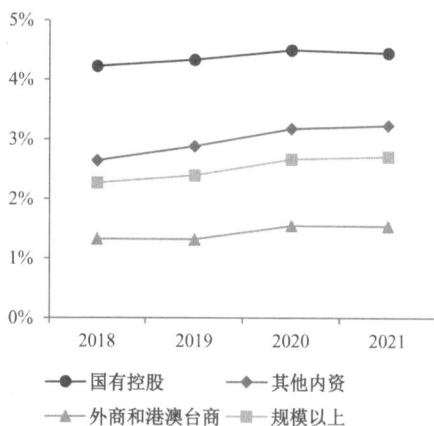

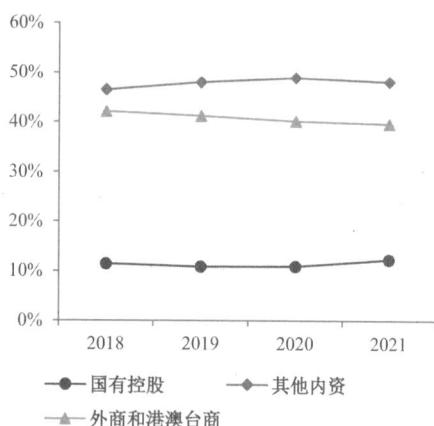

图 2-2-14　高技术制造业企业研发强度　图 2-2-15　规上各类高技术制造业企业贡献
数据来源：根据历年《中国高技术产业统计年鉴》数据计算所得。

　　国有经济在装备制造业领域和战略性新兴产业中的地位不强。截至 2022年底，国有控股装备制造业企业资产总额占规模以上装备制造业企业的比重为 22.6%，低于外商投资和中国港澳台商投资装备制造业企业的 27.3%，更低于私营装备制造业企业的 30.9%，且自 2012 年以来总体上呈下降趋势，较 2012 年降低了 5.1 个百分点（见图 2-2-16），净资产情况与资产相似；截

[①] 由于无法获得工业增加值数据，且通过计算发现，高技术制造业营业收入占规模以上工业营业收入与高技术制造业增加值占规模以上工业增加值的比重较为接近，故本部分通过营业收入的视角计算了三种经济类型企业的贡献，计算所使用数据来源于《中国高技术产业统计年鉴》。

至 2022 年底，国有控股装备制造业企业营业收入占规模以上装备制造业企业的比重为 16.4%，远低于外商投资和中国港澳台商投资装备制造业企业的 32.7% 和私营装备制造业企业的 35.9%，且自 2018 年以来呈现出不断下降的发展趋势（见图 2-2-17），利润总额占比的变化情况与营业收入相似，且截至 2022 年底，国有控股装备制造业企业利润总额占规模以上装备制造业企业的比重已下降至 12.8%。在规模以上高端装备制造业领域[①]，截至 2021 年底，国有控股企业的资产总额和净资产总额占比分别为 26.4% 和 22.7%，虽略高于外商投资和中国港澳台商投资企业的 20.6% 和 21.9%，但低于私营企业的 32.8% 和 34.4%；国有控股企业的营业收入和利润总额占比分别为 16.2% 和 10.3%，远低于外商投资和中国港澳台商投资企业的 25.6% 和 26.2% 以及私营企业的 41.1% 和 29.8%。装备制造业发展水平是一个国家综合国力的重要体现，其中的高端装备制造业更是战略性新兴产业的重要组成部分，可见国有企业在其中的地位不强，支撑和引领作用不够。

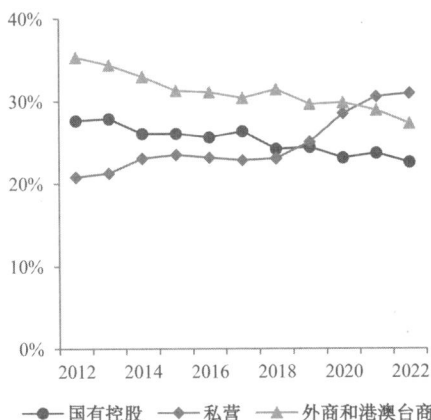

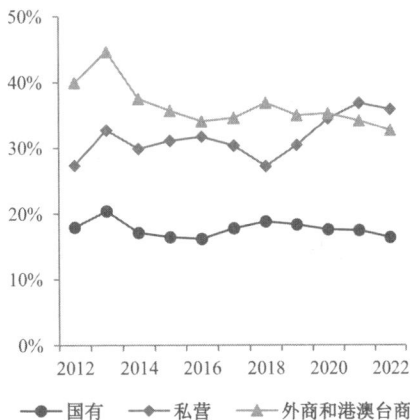

图 2-2-16　规上各类装备制造企业资产占比　　图 2-2-17　规上各类装备制造企业营收占比
数据来源：根据历年《中国统计年鉴》数据计算所得。

[①] 由于无法获得高端装备制造业的完整数据以及规模以上不同类型企业在高端装备制造业所在小类行业的相关数据，通过比对《战略性新兴产业分类（2018）》中高端装备制造业与国民经济各行业的对应关系可知，高端装备制造业处于装备制造业 66 个中类行业中的 34 个行业，本书对高端制造业是依此 34 个中类行业的数据进行分析的。

（三）国有经济整体研发经费投入强度不高

国有经济整体研发投入力度不大、研发投入强度不高。在规模以上工业经济领域，2016年以来，国有控股工业企业研发经费内部支出增长速度低于规模以上工业企业的平均增速，也低于其他内资企业及外商投资和中国港澳台商投资企业，截至2022年底，国有控股工业企业研发经费内部支出占全部规模以上工业企业研发经费内部支出比重仅为22.7%，略高于外商投资和中国港澳台商投资企业（19.0%），但远低于其他内资工业企业（58.3%），且自2016年以来总体上呈下降趋势（见图2-2-18）。从研发经费投入强度上看，在规模以上工业经济领域，尽管国有控股工业企业在高技术制造业领域的研发经费投入强度明显高于规模以上企业平均水平，也高于其他内资企业及外商和中国港澳台商投资企业，但从工业领域整体上看，2022年，国有控股工业企业的研发经费投入强度为1.17%，低于规模以上工业企业的1.39%，也低于其他内资企业的1.66%及外商投资和中国港澳台商投资企业的1.32%；从变化趋势上看，国有控股工业企业的研发经费投入强度没有显著提升，大体维持在1.17%上下波动，而其他内资企业及外商投资和中国港澳台商投资企业则有显著提升，二者在2018年以前还不及国有控股工业企业，但现已超越国有控股工业企业，且差距有拉大之势（见图2-2-19）。

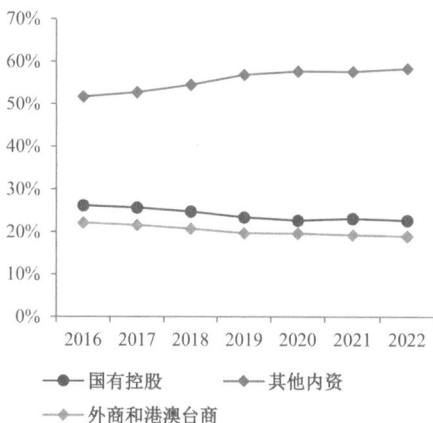

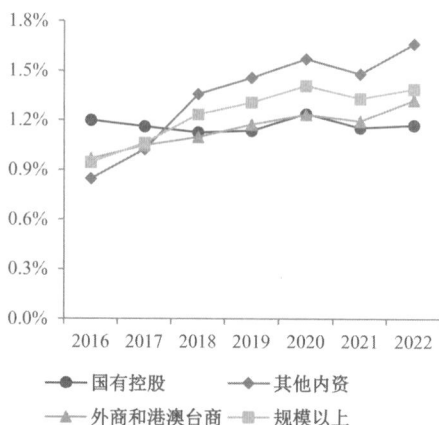

图2-2-18 规上各类企业研发经费投入占比　　图2-2-19 规上各类企业研发经费投入强度

数据来源：根据历年《企业研发活动情况统计年鉴》和《中国统计年鉴》数据计算所得。

第三节　国有企业改革深化提升行动及其对国有经济布局优化与结构调整的新要求

2022 年底，国企改革三年行动完美收官，国有经济布局优化和结构调整取得明显成效。国有经济在关系国家安全和国民经济命脉的重要行业和关键领域中的地位得到了巩固，在创新型国家建设和前瞻性战略性产业领域的投入得到了加强，对基础民生和公共服务体系的支持保障能力得到了提升，在竞争性领域的合理有序流动得到了促进；国有企业战略性重组和专业化整合得到了持续深化，布局战略性新兴产业步伐加快，"两非""两资"清退任务基本完成。可以说，党中央、国务院关于实施国有企业改革三年行动的决策部署，扎实推进了各项改革任务的落地，取得了一系列重大成果，积累了一大批宝贵经验，为新一轮深化国资国企改革奠定了坚实基础。

一、国有企业改革深化提升行动的提出和部署

国企改革三年行动并不是国企改革的终点，国企改革永远在路上。为此，党中央继续谋划和推动国企改革，决定实施新一轮国企改革深化提升行动。党的二十大报告指出，要深化国资国企改革，加快国有经济布局优化和结构调整，推动国有资本和国有企业做强做优做大，提升企业核心竞争力。2023 年 2 月，《求是》杂志刊发的习近平总书记在中央经济工作会议上的讲话《当前经济工作的几个重大问题》再次强调要"深化国资国企改革，提高国企核心竞争力"，并指出"国企改革三年行动已见成效，要根据形势变化，以提高核心竞争力和增强核心功能为重点，谋划新一轮深化国有企业改革行动方案"。党的二十大报告和中央经济工作会议上的讲话是习近平总书记对深化国资国企改革做出的重大部署，提高国有企业核心竞争力和增强国有企业核心功能则是对实施新一轮深化国有企业改革行动提出的重要目标。

通过实施国有企业改革三年行动，国有企业改革发展固然取得了重大成果，但一些长期制约国有企业发展的体制机制弊端尚未彻底破除，一些国有

企业仍存在大而不强、运行效率不高、创新能力不足等问题。因此，国有企业必须通过不断深化改革，抓重点、补短板、强弱项，提高国有企业治理水平和核心竞争力，促进企业高质量发展。由此，承接国有企业改革三年行动，基于习近平总书记对深化国资国企改革做出的重大部署，新一轮的国有企业改革深化提升行动于 2023 年正式开启。

2023 年 6 月，中共中央办公厅和国务院办公厅联合印发《国有企业改革深化提升行动方案（2023—2025 年）》，对新一轮国有企业改革深化提升行动提出了全面和具体的要求；之后，多省多地结合自身实际，制定印发了各地 2023—2025 年国有企业改革深化提升行动方案，意味着新一轮国有企业改革深化提升行动正式全面启动。

2023 年 7 月，中共中央政治局委员、国务院副总理张国清在全国国有企业改革深化提升行动动员部署电视电话会议上指出，要"以服务国家战略为导向，以提高核心竞争力和增强核心功能为重点，扎实推进国企改革深化提升行动，坚定不移做强做优做大国有企业，切实发挥国有经济主导作用，为构建新发展格局、推动高质量发展、推进中国式现代化作出更大贡献"，并强调"要优化国有经济布局结构，促进国企突出主业、聚焦实业，发展壮大新兴产业，加快传统产业转型升级，更好服务建设现代化产业体系""要强化国企在能源、资源、粮食等重点领域布局，更好服务保障国家战略安全"。

2023 年 7 月，国务院国资委举办的地方国资委负责人国有企业改革深化提升行动研讨班指出，要坚持和加强党对国有企业的全面领导，坚定不移做强做优做大国有资本和国有企业，积极服务国家重大战略；要不断提高企业核心竞争力、增强核心功能，推动国有企业把科技创新摆在核心位置，构筑竞争新优势；推动国有资本向关系国家安全、国民经济命脉的重要行业集中，向提供公共服务、应急能力建设和公益性等关系国计民生的重要行业集中，向前瞻性战略性新兴产业集中，坚守主责、做强主业，当好"长期资本""耐心资本""战略资本"；要在建设现代化产业体系、构建新发展格局中充分发挥科技创新、产业控制、安全支撑作用，强化企业科技创新主体地位，促进产学研用深度融合；积极培育"链长"企业，确保产业链供应链自主可控；聚焦重点领域，提升产业链韧性、释放科技创新活力，推动国资国企真正成为堪当时代重任的大国重器、强国基石。

2023 年 9 月，国务院国资委召开的国有企业改革深化提升行动专题推进会进一步指出，要深刻认识领会深化提升行动的新要求，始终坚持正确改革方向；要区分功能使命性任务和体制机制性任务的不同特点，采用不同路径方法；要全面落实避免遗漏，突出重点凸显自身特色；要更加注重分类改革，鼓励精准化差异化个性化改革探索。

2023 年 10 月，国务院国资委党委指出，实施国有企业改革深化提升行动，是以习近平同志为核心的党中央站在党和国家工作大局的战略高度，继部署实施国有企业改革三年行动之后，面向新时代新征程作出的一项全局性、战略性重大决策部署，强调要切实把思想和行动统一到党中央关于实施国有企业改革深化提升行动的重大决策部署上来，牢牢把握国有企业改革深化提升行动的方向目标，突出抓好以更好服务国家战略为导向的功能性改革，着力打造发展方式新、公司治理新、经营机制新、布局结构新的现代新国企，在深化改革中全面加强国有企业党的领导和党的建设，并具体提出推动国有企业在建设现代化产业体系、构建新发展格局中充分发挥科技创新、产业控制、安全支撑作用，是国有企业改革深化提升行动的鲜明导向。

二、国有企业改革深化提升行动对国有经济布局优化与结构调整的新要求

与国企改革三年行动相比，国有企业改革深化提升行动对国资国企改革提出了更高的要求：一是特别强调要突出抓好以更好服务国家战略为导向的功能性改革，切实把充分发挥战略功能价值放在优先位置，突出重点、综合施策、全面发力，要区分功能使命性任务和体制机制性任务的不同特点，采用不同路径方法；二是突出指出完善科技创新机制，更好服务实现高水平科技自立自强，优化国有经济布局，更好促进现代化产业体系建设；三是重点

强调强化重点领域保障，更好支撑国家战略安全；四是将完善中国特色现代企业制度，形成科学有效的公司治理机制上升为推动中国特色国有企业现代化公司治理和市场化经营机制制度化长效化；五是将积极稳妥推进混合所有制改革，激发国有企业的活力，健全市场化经营机制提升到以市场化方式推进整合重组的高度；六是以管资本为主的国有资产监管体制要实现从"形成"到"健全"的转变；七是将推动国有企业公平参与市场竞争，强化国有企业的市场主体地位，营造公开、公平、公正的市场环境提升为营造更加市场化、法制化、国际化的公平竞争环境；八是将"加强"国有企业党的领导和党的建设提升至"全面加强"的高度。（见表 2-3-1）

表 2-3-1 国企改革三年行动方案与国有企业改革深化提升行动方案
重点任务对比

国企改革三年行动方案 （2020—2022 年）	国有企业改革深化提升行动方案 （2023—2025 年）
完善中国特色现代企业制度，坚持"两个一以贯之"，形成科学有效的公司治理机制	优化国有经济布局结构，加快建设现代产业体系
推进国有资本布局优化和结构调整，聚焦主责主业，发展实体经济，推动高质量发展，提升国有资本配置效率	完善国有企业科技创新机制，加快实现高水平自立自强
积极稳妥推进混合所有制改革，促进各类所有制企业取长补短、共同发展	强化国有企业对重点领域保障，支撑国家战略安全
激发国有企业活力，健全市场化经营机制，加大正向激励力度，也由此提高效率	以市场化方式推进整合重组，提升国有资本配置效率
形成以管资本为主的国有资产监管体制，着力从监管理念、监管重点、监管方式、监管导向等多方位实现转变，进一步提高国资监管的系统性、针对性、有效性	推动中国特色国有企业现代化公司治理和市场化经营机制制度化长效化
推动国有企业公平参与市场竞争，强化国有企业的市场主体地位，营造公开、公平、公正的市场环境	健全以管资本为主的国资监管体制
推动一系列国企改革专项行动落实落地	营造更加市场化、法制化、国际化的公平竞争环境
加强国有企业党的领导和党的建设，推动党建工作与企业的生产经营深度融合	全面加强国有企业党的领导和党的建设

资料来源：根据各级党政部门对两个方案的政策解读整理所得。

　　国有经济布局优化与结构调整依然是深化国资国企改革的重中之重，本轮国有企业改革深化提升行动也对国有经济布局优化与结构调整提出了更加全面和具体的新要求：一是准确把握国有企业在我国科技创新全局中的战略定位，强化企业科技创新主体地位，提升企业科技创新引领力和全球竞争力；二是坚守实体经济根基，积极布局产业新赛道，大力培育发展新动能，促进加快形成自主可控、安全可靠、竞争力强的现代化产业体系；三是更大力度布局前瞻性战略性新兴产业，加大在新一代信息技术、人工智能、生物技术、新能源、新材料、高端装备、绿色环保等产业投资力度，在集成电路、工业母机、关键软件等领域补短板强弱项；四是充分发挥国有龙头企业在产业链循环畅通中的支撑带动作用，启动产业链融通发展共链行动，推动基础固链、技术补链、优化塑链、融合强链；五是推动数字化技术与企业生产经营管理深度融合，加大绿色低碳技术研发和推广力度，推动传统产业数字化、智能化、绿色化转型升级；六是把维护产业链供应链和能源资源安全作为重大使命责任，推动国有资本进一步向关系国家安全、国民经济命脉和国计民生的领域集中；七是要强化重点领域布局，通过市场化方式，强化国有经济在国防军工、能源资源、粮食供应等领域的控制地位，增加医疗卫生、健康养老、防灾减灾、应急保障等民生领域公共服务有效供给；八是增强重要能源资源托底作用，加强重要能源、矿产资源国内勘探开发和增储上产，推进油气资源进口多元化，提升对运输通道的掌控力；九是强化重要基础设施建设，加大对新型基础设施建设的投入，维护能源、交通、通信等基础网络安全；十是坚持以企业为主体、市场化为手段，突出主业、聚焦实业，更加注重做强和做专，推进国有企业整合重组、有序进退、提质增效，从整体上增强服务国家战略的能力；十一是完善主责主业动态管理制度，引导企业做强主业，坚决遏制部分国有企业盲目多元化、"铺摊子"倾向；十二是加快推动集成电路、工业母机、装备制造、电子信息、医疗健康、检验检测等关键领域整合重组，加大新能源、矿产资源、主干管网、港口码头等领域专业化整合力度，促进国有资本合理流动和配置优化。

第三章

新时代东北地区国有经济布局优化与结构调整的重要举措、成效与问题

东北地区国有经济曾为新中国经济建设做出巨大贡献，特别是在能源、装备制造和粮食储备方面，提供了强大的物质保障。但由于布局僵化等问题，东北地区国有经济逐渐成为东北振兴的羁绊。可以说东北振兴的关键就在于国有经济的振兴，而国有经济的振兴一方面要通过国有企业改革实现传统领域国有经济提质增效，另一方面则是要通过国有经济的布局优化与调整，改善国有资本配置，进一步释放和发挥国有资本效能。为此，党的十八大以来，国家不断出台支持和引导东北地区国有经济布局优化的政策，东北三省一区地方政府也因地制宜，紧紧围绕国家发展战略和地区发展需求，出台配套措施，积极推进国有经济战略调整和布局优化，并取得了积极效果。

党的二十大又对东北地区国有经济发展提出了新的、更高的要求，东北地区国有经济不仅要成为国家经济发展的经济保障和安全保障，更要积极参与和布局新质生产力的发展，积极布局战略性新兴产业和未来产业。这就要求东北地区国有经济布局仍然要持续优化与调整，以适应国家经济发展的总体战略，既要做好存量国有资本的提质增效，又要把握好增量国有资本的投资方向，不断进行体制机制创新。东北三省一区政府和国资监管部门在深刻领会党的二十大精神基础上，紧紧围绕习近平总书记提出的"五大任务"和

地方经济发展战略，持续推动新时代国有经济布局优化和结构调整工作，不断增强国有经济的服务能力、支撑能力、保障能力。与此同时，东北三省一区国资委还积极布局战略性新兴产业和未来产业，并取得显著成效，极大地优化了地区产业结构。

为了充分发挥"集中力量办大事"的体制优势，进一步推动国有经济布局优化与结构调整，中央全面深化改革委员会第三次会议提出了"三个集中"，即推动国有资本向关系国家安全、国民经济命脉的重要行业和关键领域集中，向关系国计民生的公共服务、应急能力、公益性领域等集中，向前瞻性战略性新兴产业集中。可以说，"三个集中"既凸显了国有经济的使命性要求，又体现了改革的纵深性要求，是全局性要求。

东北三省一区国有经济布局应不断加大调整力度，尽早实现"三个集中"，维护国家经济发展的"五大安全"。为此，详细梳理东北三省一区国有经济布局相关举措、认真总结经验并发现问题，对东北三省一区进一步实施国有经济布局优化与结构调整具有重要意义。

第一节　新时代辽宁省国有经济布局优化与结构调整的重要举措、成效与问题

一、新时代辽宁省国有经济布局优化与结构调整的重要举措

（一）科学制定国企改革和结构调整战略规划

为加快辽宁省国有经济布局优化与结构调整，辽宁省委发布《加快推进全省国资国企改革专项工作方案》（中共辽宁省委办公厅、辽宁省人民政府办公厅，2018），以提升国有企业竞争力、优化国有经济布局、推进混合所有制改革和完善辽宁省国有企业公司治理结构。工作方案要求国企改革和结构调整围绕"推动国有企业战略性重组和专业化整合""深化混合所有制改

革，引入各类资本参与国有企业改革""加强科技创新和人才队伍建设""完善市场化经营机制，提高企业经营效率"开展改革。随后，辽宁省国资委根据国家政策要求和辽宁实际情况，制定《省国资委以管资本为主推进职能转变方案》（辽政办发〔2020〕1号），以进一步推进国资国企改革和结构调整工作。

辽宁省委发布《辽宁省深入推进结构调整"三篇大文章"三年行动方案（2022—2024年）》（辽政办发〔2022〕22号），提出战略目标：加快建设"具有国际影响力的先进装备制造业基地（10000亿元）""世界级石化和精细化工产业基地（13000亿元）""世界级冶金新材料产业基地（10000亿元）"3个万亿级产业基地。并提出具体任务：一是改造升级"老字号"，围绕老企业智能升级等5项任务展开，到2024年建成200个数字化车间、200个智能工厂。二是深度开发"原字号"，围绕延长石化产业链等4项任务展开，到2024年成品油产量占原油加工量比重下降到40%以下，化工精细化率达到48%。三是培育壮大"新字号"，围绕高端装备等7个领域展开，到2024年高端装备占装备制造业比重提高到27.5%。

以上政策文件高屋建瓴，明确提出国企改革和结构调整的总目标是做强做优做大国有资本，通过深化改革，优化国有经济布局和结构调整，提升国有企业的核心竞争力和盈利能力；增强国有企业和增强国有经济战略支撑作用，确保国有经济在辽宁经济社会发展中发挥重要作用，为辽宁全面振兴提供有力支撑。

（二）优化国有经济布局和结构调整，推进战略性重组和专业化整合

围绕产业布局，依托优势龙头企业，推动全省范围内国有经济优化配置，减少重复建设和同业竞争；培育新增上市主体，研究组建数智集团、科创集团、发展集团、先进制造业集团等业务板块，整合优质资源，培育新增上市主体；清理无业务、无贡献企业，大力推进"瘦身健体"。

一是加快推进省属企业重组整合。认真谋划实施重组方案，坚持提升核心竞争力、增强核心功能原则，立足比较优势、围绕功能定位、聚焦主责主业、优化资源配置，推进现有 14 户省属企业重组整合至 10 户左右，推动形成国有资本投资公司、国有资本运营公司、产业集团组成的功能鲜明、分工明确、协调发展的国家出资企业格局。

二是加强稳增长防风险工作。把握质的有效提升和量的合理增长，加强经济运行动态监测。围绕重点产业领域加大重大项目投资力度，省属企业 2023 年 1—6 月完成固定资产投资 61 亿元，同比增长 66%。建立健全多层次债务风险预警机制，加强企业负债规模和负债率双约束，省属企业平均资产负债率 52.9%，好于全国省级国有企业平均水平 19 个百分点。[①]

（三）积极稳妥推进混合所有制改革

引入各类资本参与改革，通过改制重组、企业上市、项目投资、市场化法治化债转股等方式，引入各类资本参与国有企业改革；做强做优国有控股上市公司，加大上市公司资本运作力度，推进现有国有控股上市公司并购重组优质资产，支持集团整体上市。

实施国企改革三年行动，增强改革系统性、针对性，对省属各级企业国企改革推进情况开展督查评估，并全面整改问题。完善现代企业制度，推动党的领导全面融入公司治理各环节。辽宁省国资委统筹谋划，坚持问题导向，在充分调研的基础上大力推动国企改革三年行动，促进辽宁全面振兴。通过找准制约高质量发展的主要矛盾和短板弱项，坚持"不破不立"，精心组合改革"工具箱"，研究形成国企改革深化提升的实施意见和三年行动实施方案（2023—2025 年）。方案明确了"一二三四五"的总体思路："一"是坚持以高质量发展为主题，加快转变国有经济发展方式，实现质的有效提升和量的合理增长；"二"是抓住提高国有企业核心竞争力和增强核心功能"两条主线"；"三"是"三个牢记"，即牢记习近平总书记殷殷嘱托，牢记党中央、国务院决策部署，牢记省委、省政府工作要求；"四"是实现"三突破一加强"目标，即做强做优做大国有企业实现新突破、中央企业与地方融合发展实现

---

① 《辽宁国资国企奋力开创改革发展新局面》，2023 年 8 月 3 日，http://www.sasac.gov.cn.

新突破、国资监管效能实现新突破、国有企业党的领导和党的建设全面加强；"五"是实施国有经济布局优化和结构调整、企业管理、央企地方合作、国资监管效能、国企党建"五个提升工程"。

辽宁省坚持把混合所有制改革作为深化国有企业改革的重要路径，构建了包括指导意见、实施方案、操作指引的混改制度体系，一企一策积极稳妥推进。其中，东北特钢、北方重工分别引入沙钢集团、方大集团等民营战略投资者，完成破产重整。环保集团、沈鼓集团、瓦轴集团等企业探索推进集团层面混改。在试点工作方面，大连冰山、东北制药以及国家第三批混改试点企业混改工作取得积极进展，员工持股试点工作稳步推进，渤海轮渡等5户企业完成员工持股试点，凌钢集团等6户"双百企业"加速推进各项改革措施落地。①

（四）健全国有企业市场化经营机制

第一，创新监管方式，提升国资监管效能。完善公司治理结构，加强董事会建设，规范董事会议事规则和决策程序，推进市场化选聘职业经理人工作；深化薪酬制度改革，推动企业完善差异化薪酬分配办法，薪酬分配向高科技研发、高技能、营销、艰苦岗位以及优秀管理者倾斜。聚焦更好发挥国有经济优势，实现国资监管的新突破。相关央企和东北地区国资国企通过深化"三项制度"改革，全面落实市场化用工制度，以市场化经营机制不断增强企业内生动力与活力。

第二，加快建立职业经理人制度。推进经营层市场化选聘，按照"市场化选聘、契约化管理、差异化薪酬、市场化退出"的原则，由董事会市场化选聘经营管理者，畅通市属国有企业领导人员身份转换通道，加快建立职业经理人制度，完善管理办法和配套制度，实行契约化、任期制管理，健全考核退出机制，实现"能上能下"。

第三，全面落实市场化用工制度。建立职工择优录取、职工能进能出的

---

① 《聚焦重点领域　奋力攻坚破冰：辽宁省国资委推动国有企业实现高质量发展》，2020年12月8日，
　 http://www.sasac.gov.cn.

用工制度。多渠道安置富余人员，推广机床集团双创模式，鼓励企业通过内部转岗、支持职工自主创业、培训再就业等方式安置富余职工。对实施减员增效的企业，按照减人员不减工资总额的原则给予政策支持。"三能机制"建设攻坚任务，由"1"个攻坚计划和"9"场攻坚战组成。通过改革攻坚，各省属企业在人事管理方面，将分层分类落实管理人员经营管理责任制，真正实现管理人员"契约化"；在劳动用工方面，建立健全效率决定用工机制，真正实现员工管理"合同化"；在收入分配方面，健全以效益增长和效率提升为核心的收入决定机制，真正实现薪酬激励"价值化"。

（五）加强国有企业科技创新能力

培育科技创新主体，研究制定加强企业科技创新支持措施，引导科技人才"孔雀向北飞"，整合企业创新资源，推动创新链和产业链精准对接；完善科技研发投入体系，支持企业构建多元化、多层次、多渠道的科技投融资体系，通过拨投结合投入机制等方式，引导企业加强科技创新投入。

一方面，辽宁省围绕打造先进装备制造、石化和精细化工、冶金新材料、消费品工业 4 个万亿元级产业基地和 22 个重点产业集群，辽宁充分发挥中央企业资本、科技、管理、人才、市场和产业链供应链等优势，搭建技术交流合作平台，推进产业链供应链合作，加强人才交流，推动辽宁产业基础再造、结构转型升级、产业配套完善，构建现代化产业体系。[1]

另一方面，加快清洁能源强省建设，推进工业领域低碳化转型。2022年，为深入贯彻落实党中央、国务院关于碳达峰碳中和的重大战略决策，辽宁省印发《辽宁省加快推进清洁能源强省建设实施方案》，推进煤炭清洁高效利用，推进工业领域低碳化转型，积极推行绿色制造，深入推进清洁生产。充分发挥能源领军企业作用，积极参与风光火核储一体化基地建设，助力辽宁建设清洁能源强省。充分发挥在辽高校和龙头企业的科研优势，推动科技创新与产业发展深度融合，助力辽宁打造重大技术创新策源地。进一步发挥

---

[1]《辽宁着力在自主创新中实现产业升级》，《人民日报》2024 年 7 月 1 日。

"链长"企业辐射带动效应，依托大型先进压水堆核电站、重型燃气轮机两个国家科技重大专项，在研发、制造、应用等领域深化合作，推动形成更为完善的产业链，引领能源装备制造产业向中高端发展，助力辽宁建设现代化产业体系。

（六）推动省属国企与央企合作

习近平总书记 2023 年 9 月主持召开新时代推动东北全面振兴座谈会时强调，创新央地合作模式，促进央地融合发展，更好带动地方经济发展。辽宁省坚持国资、民资、外资"三资联动"，把深化国有企业改革和促进央地融合发展作为关键之举。深化央地融合发展，充分发挥央地合作领导小组统筹协调作用，推动央企与辽宁地方国企开展战略合作，共同推进重点项目建设；搭建合作平台，搭建央地合作项目对接平台，引入市场机制，通过大数据绘制产业链图谱，实现精准招商。

第一，辽宁省国资委整体谋划，夯实工作基础。建立驻辽央企信息库，收集央企在辽 2046 个重要分、子公司所在地区、主营业务、联系方式等信息，形成国务院国资委监管的央企集团行业分类、主业范围、在辽重点企业和重大项目信息的"央企白皮书"。建立央企在辽重点项目库，动态跟踪项目进展，调度制约项目推进的困难问题。建立驻辽央企重大服务事项清单，建立即时收集、即时督办的工作机制。

第二，打造国资国企投资基金。辽宁省国资委作为辽宁方代表，牵头省属企业辽控集团、省属金融类企业金控集团，与中国诚通、中国国新两家央企共同谋划发起设立了辽宁振兴发展基金，以股权投资基金带动省内优质项目投资，初期规模 100 亿元。基金注册后将发挥带动作用，吸纳各类资本投资兴业。

第三，持续深化央地合作，共同推进重大项目建设。辽宁依托"振兴东北央地百对企业协作行动"，积极推动 31 户地方国企与中央企业开展多领域深入合作，促进强强联合、优势互补。辽宁整理 96 户央企集团的行业分类、主业范围、在辽重点企业和重大项目等信息，提供给省直单位和各地市，同时与国务院国资委研究中心等智库合作，通过大数据分析，精准谋划项目。地方国有企业与中央企业整合重组内容包括：鞍钢与本钢、凌钢重组，打造世界第三、中国第二钢铁企业；中国通用技术集团与沈阳机床、华润健康与辽宁健康产业集团、招商局集团与辽宁港口企业实现重组。

【资料】辽宁不断深化与央企合作[①]

2023年3月，辽宁与央企深化合作座谈会在北京成功举办；同年6月，国资央企助力东北全面振兴座谈会成功举办。两次座谈会的规模、层级空前，全面展示辽宁振兴发展的良好势头，充分展现新时代辽宁真抓实干、昂扬向上的精神风貌，释放辽宁振兴的强烈信号。两次活动中，央企与辽宁省集中签约89个合作项目，其中与省属企业签约辽宁振兴发展基金、中智辽宁人力资源建设、中咨工程咨询合作、大东沟金矿开发等项目，着力实现合作共赢。2023年，为攻克实验钢方坯焊接工艺，鞍钢集团与鞍山市属国企鞍山冶金工业集团联合组成攻关团队；浑南区政府提供土地和基础设施配套保障，由中国航空发动机集团市场化引入8家战略供应商，建成了沈阳航空动力产业园浑南片区。2023年，央企在辽宁共有各级企业1846户，实现营业总收入2.4万亿元，实现利润总额610.7亿元。

第四，辽宁省国资委聚焦重点，狠抓项目落实。跟踪已签约项目落实落地，加快储备一批新的合作项目，强化供应链协同等，协调相关部门打通项目落实"最后一公里"，运营并完善央地合作项目谋划和落地协调保障机制，积极对接央企开展的战略性新兴产业焕新行动、未来产业启航行动。统筹发展和安全，牢牢把握在维护国家"五大安全"中的重要使命，辽宁谋划推进

①《服务国家战略　推动产业升级　促进融合发展：央地合作开创辽宁振兴发展新局面》，《人民日报》2024年3月19日。

央地合作重点项目，2023年洽谈签约实施的央地合作重点项目156个，总投资近1.3万亿元。2024年，辽宁共有重大央地合作项目182个，年度计划投资超过1100亿元。

二、新时代辽宁省国有经济布局优化与结构调整的成效

新时代辽宁省国有经济布局优化与结构调整的重要举措取得了显著成效，不仅提升了国有企业的盈利能力和市场竞争力，还有力推动了地方经济的持续健康发展。

（一）国有经济效益显著增长

截至2024年5月末，辽宁省属企业累计实现利润总额显著增长，同比增长119.4%，这表明国有经济布局优化与结构调整有效提升了企业的盈利能力。[1]一方面，企业并购可以化危为机，盘活已有沉淀资产，缓释债务压力，把"死"资产变为"活"资产；另一方面，企业并购可以取长补短，增强核心竞争力，发挥协同效应，引入变化进而推动企业变革与发展。以鞍钢集团重组本钢集团为例，提升了钢铁产业集中度，粗钢产能达到6300万吨，居国内第二、世界第三，重组当年，本钢集团实现利润总额70亿元。通用技术集团重组沈阳机床集团，破解经营困境，2022年沈阳机床实现利润总额3389万元。招商局集团主导完成大连港、营口港、盘锦港、绥中港等港口整合工作，成立辽港集团，有效解决了港口同业竞争问题。

【资料】从"蓄势待发"走向"谱写新篇"把"攻坚起势"变为"振兴胜势"[2]

在推动产业结构调整的过程中，鞍山重点抓好科技创新推动产

---

[1]《前五月辽宁14户省属企业利润总额同比增长119.4%》，2024年6月13日，http://liaoning.nen.com.cn.

[2]《辽宁代表团接受中外媒体记者集体采访：从"蓄势待发"走向"谱写新篇" 把"攻坚起势"变为"振兴胜势"》，《辽宁日报》2024年3月7日。

业创新，深化鞍山和鞍钢融合发展，实施工业技术改造、数字化改造、节能改造、环保改造工作。鞍钢建设了国家级钢铁新材料创新研发平台，开发了高端钢材。与高校合作建设矿业实验室，推动矿产业新质生产力加快发展。鞍山两年新增产品 100 余种，建成绿色矿山 45 个、绿色工厂 70 个，未来鞍山将打造成为全国最大的铁矿石生产基地。2023 年，鞍山地区生产总值突破了 2000 亿元，增长了 5.7%；装备制造、消费品和新兴产业三大行业合计占比由 2020 年的 15% 提高到 25%。

（二）有效解决了辽宁省国有经济经营规模偏小、行业分散等问题

针对地方国企规模偏小、行业分散等现象，辽宁省基本完成经营性国有资产集中统一监管和事转企改革；辽宁省国资委在省属企业层面推动组建了交投集团、辽水集团、环保集团等 10 户企业集团，整合 9 户省属能源类企业组建能源控股集团，整合 8 户省属企业组建辽宁控股集团。省属企业累计压减法人 345 户，压缩比例 33.5%。国有资本加快向优势产业、优势企业、主业企业集中，资源配置效率明显提升。地方骨干企业整合重组步伐进一步加快。近年来，省、市两个层面按照"产业相近、主业相同"原则，培育了一批定位清晰、主业突出、行业竞争力强、综合实力领先的国有骨干企业。省属煤炭等 9 户能源类企业整合为省能源产业控股集团，打造省级能源产业投资平台，培育发展新能源产业。沈阳市将 20 户市属企业调整优化为 9 户企业集团和 1 个托管中心，全面实现资本集中，有力有效服务城市发展战略。目前各项重组基本完成，新整合的集团均已形成改革发展方案。大连市"动真碰硬"，推出市属国有企业战略性布局优化总体实施方案。鞍山市围绕经济发展战略需要，推进鞍勤集团等 4 户市属企业整合重组，打造集旅游健康、资产运营、公共服务于一体的企业集团。将 11 户鞍钢厂办大集体企业转制重组成鞍山冶金产业链集团，重点发展高端钢材深加工处理等支柱产业，形成产

业集群效应。[①]

（三）妥善解决辽宁省国有企业的历史遗留问题

针对省级国有企业老旧项目经济效益低下问题，通过退出、重组等整合方式，经济效益显著提升。作为东北地区唯一以海洋经济为主责主业的省属国有企业，辽渔集团围绕聚焦主责主业，整合 5 家单位并压减 30% 以上总部机构，主动退出没有发展前景的金枪鱼围网、鱿鱼钓和西非项目，完成 10 艘老旧远洋捕捞船舶淘汰处置，预计全年营业收入增长 10% 以上，利润总额增长 100% 以上。大连市的重工装备集团由重工·起重、大橡塑、金重 3 户百年"老字号"国企于 2022 年 5 月重组而成，重组后，大橡塑、金重两户企业从濒临破产转入良性经营。重工装备集团 2023 年 1—11 月完成销售收入同比增长 20%，利润总额同比增长 173.3%。针对辽宁地方国企历史悠久、包袱沉重的现象，辽宁省推动 2472 户厂办大集体企业实施关闭或重组，国有企业 560 个"三供一业"项目全部完成管理权移交和资产划转，136 万名国有企业退休人员社会化管理顺利完成，企业卸下历史包袱公平参与市场竞争。鞍山冶金工业集团有限公司前身是鞍钢集团的厂办大集体企业，2020 年，鞍钢在推动厂办大集体改革中组建鞍山冶金集团，并将其划转鞍山市国资委管理，同时给予"1+N"支持政策。2021 年，鞍山冶金集团推动实施战略性重组整合，构建完成五大主导产业。[②]

（四）战略性新兴产业布局加快

辽宁国有经济在布局上更加注重向重要行业和关键领域集中，通过市场化手段推进国有企业间的战略性重组和专业化整合，打破区域及隶属关系壁垒，实现国有资本的优化配置；形成一批具有产业控制力、科技创新力和安全支撑力的国有大型企业，为战略性新兴产业的发展提供有力保障。另外，国有资本在新能源、先进装备制造等战略性新兴产业领域的布局加快，增强

---

① 刘青山：《国企改革加速　助推辽宁全面振兴》，《国资报告》2024 年第 1 期，https://www.sohu.com。

② 刘青山：《国企改革加速　助推辽宁全面振兴》，《国资报告》2024 年第 1 期，https://www.sohu.com。

了国有经济的战略安全、产业引领和基础保障功能。

优化产业结构。辽宁在国有经济结构调整中，注重发展高端装备制造、新材料、新能源等战略性新兴产业，通过政策引导和市场机制，推动国有资本向这些领域集中，直接促进了战略性新兴产业布局的加快和产业链的完善。

科技创新引领。科技创新是提升国企竞争力和推动战略性新兴产业发展的关键。辽宁通过加强企业科技创新支持措施，完善研发投入体系，加强技术攻关和成果转化协同创新，以科技创新促进战略性新兴产业的快速发展。

辽宁战略性新兴产业保持持续增长。例如，2022 年全省战略性新兴产业实现增加值 2212.2 亿元，同比增长 7.4%；战略性新兴产业产值占地区生产总值比重达到 7.7%，占比持续提高。[①]

辽宁省不断加大新兴领域投资力度，积极布局新质生产力。2022 年，辽宁省高技术产业投资比上年增长 16.3%。其中，高技术制造业投资增长 4.9%，高技术服务业投资增长 35.8%。在高技术制造业中，航空、航天器及设备制造业投资增长 2.4 倍，医疗仪器设备及仪器仪表制造业投资增长 13.7%，电子及通信设备制造业投资增长 9.9%，医药制造业投资下降 48.6%。[②]

（五）央地融合发展持续深化

央地合作项目不断推进，落地资金持续增加，为地方经济发展注入了新的活力。同时，央企与地方政府在多个领域的合作不断深化，共同推动了区域经济的协调发展。在沈阳、葫芦岛、盘锦，围绕航空航天、船舶与海工装备、核电装备等"大国重器"，完善生产布局，全力推进辽宁建设国家战略备份基地；中粮油脂大连饲料蛋白加工、中国中化扬农葫芦岛大型精细化工等项目落地，进一步巩固提升辽宁粮食综合生产能力和粮食主产省地位，打造现代化大农业发展先行地，夯实我国粮食安全根基；中国中化、中交集团等央企深度参与辽宁生态环境开发项目，推动区域生态环境高水平保护和社会

---

① 《高质量发展调研行 | 辽宁战略性新兴产业迅猛增长》，《人民日报》2024 年 6 月 15 日。

② 《二〇二二年辽宁省国民经济和社会发展统计公报》，2023 年 3 月 16 日，https://www.ln.gov.cn。

经济高质量发展，筑牢中国北方生态屏障；本溪大雅河、葫芦岛兴城抽水蓄能电站等一大批重大能源工程开工建设，华电风电离网储能制氢一体化项目成功制氢、辽河油田储气库平稳运行，强化了国家能源安全保障；瞄准世界先进水平，鞍钢集团西鞍山铁矿、五矿集团陈台沟铁矿陆续开工，为国家产业链供应链安全可控贡献力量。

【资料】中核集团徐大堡核电厂迈入两种机型、四台机组全面建设阶段 ①

"围绕'双碳'目标和维护国家能源安全，央企和辽宁都需要实现能源绿色低碳转型"。徐大堡核电项目是辽宁"十四五"期间投资最大的清洁能源项目之一，是葫芦岛打造清洁能源产业集群的核心支撑。徐大堡核电站规划建设 6 台百万千瓦级压水堆核电机组，预计每两台机组建成后，年发电量超 160 亿度。其中，1、2 号机组项目总投资超 480 亿元，1 号机组核岛工程开工后，项目将进入全面建设阶段，两台机组计划分别于 2028 年、2029 年投产发电。目前，3、4 号机组项目各项工作正在按计划顺利推进中。华能东北分公司新能源项目 2023 年新开工容量 162 万千瓦，超额完成年度开工目标。

（六）企业创新能力提升

通过优化国有经济布局与结构调整，辽宁省国有企业的管理水平和创新能力得到显著提升。企业更加注重科技创新和人才培养，推动了企业核心竞争力的增强。

辽宁省一直把装备制造业的转型升级作为重中之重。以沈阳市为例，沈阳市坚持强链建群，加快建设现代化产业体系，重点打造十大产业集群，目

---

① 中国核工业集团有限公司：《中核集团徐大堡核电厂迈入两种机型、四台机组全面建设阶段》，2024年7月29日，http://www.sasac.gov.cn。

前已有高端装备、汽车、食品、新一代信息技术 4 个产业集群产值超过千亿元。沈阳市坚持创新驱动，以科技创新推动产业创新，实质性产学研创新联盟达到 325 家，国家级创新平台达到 76 个，突破关键核心技术 178 项，一批"大国重器"相继问世；同时还强化数字赋能，推进数字经济与实体经济深度融合，已建成智能工厂 45 个、数字化车间 70 余个，建设了"星火·链网"超级节点、15 个标识解析二级节点，共接入企业超过 3600 家，在数字沈阳建设上取得明显成效。[①]

新兴产业和现代服务业加速拓展。充分发挥"两类公司"和基金作用，重点投向前瞻性战略性行业领域。交投集团积极拓展新一代信息技术、新材料、节能环保以及相关服务业，2021 年新兴产业和现代服务业实现营收 4.1 亿元。辽水集团助力辽宁省构建绿色低碳循环发展体系，水电发电量较组建时增长 4 倍。辽控集团完成轻工科学研究院提级管理，与省科技创新投资基金深度融合，围绕功能性陶瓷产业等新材料开展合资合作。工程咨询集团布局智力密集型现代服务业。环保集团优化资本布局和调整业务结构，实现环保类战略性新兴产业占比 100%。

（七）国有经济对国计民生保障作用充分发挥

国有企业在提供公共服务方面发挥着重要作用。辽宁通过优化国有经济布局和结构调整，加强了对公共交通、供水供电、环保等公共服务行业的投入和管理，提高了公共服务的供给质量和效率，保障了人民群众的基本生活需求。交投集团聚焦改善和提升交通及相关基础设施服务国计民生的能力，沈四、铁本等一批项目建成通车；进一步落实铁路项目资金保障，完成沈白、朝凌、蒙辽客专等铁路项目出资，在公路、铁路两个国计民生关键领域和服务经济社会发展方面发挥了重要支撑保障作用。如辽渔集团聚焦辽鲁两地经济民生保驾护航，拓展客滚运输、货滚运输兼营以及公铁水滚装联运业务，布局 4 条国内航线，占据渤海湾黄金航线 60% 以上市场份额，成为连接

---

① 《辽宁代表团接受中外媒体记者集体采访：从"蓄势待发"走向"谱写新篇"　把"攻坚起势"变为"振兴胜势"》，《辽宁日报》2024 年 3 月 7 日。

东北和华东两大经济区的重要海上通道的主要载体，发挥了在保障国防交通战备应急能力建设和国家重要交通骨干网络上的积极作用，并为疫情等特殊时期重要救援和物资保障运输通道。[①]

（八）产业链供应链韧性和安全水平明显提升

加速钢铁、煤炭等战略性资源重组整合，巩固关系国家安全和国民经济命脉的重要行业，完成鞍本重组。能源控股集团省内原煤产量占比90.3%，积极开发省外资源，提升储煤能力，加快融入"气化辽宁"战略。沈鼓集团在能源和化工核心动力设备领域成为国内唯一一家能与国际一流公司抗衡的企业，为国家能源、产业安全提供坚实保障。加速交通、水资源、粮食等民生保障领域布局，交投集团沈山改扩建和阜奈、本桓（宽）、凌绥高速公路项目加快推进；机场集团旅客吞吐量排名全国第19位、东北第1位，二跑道建设稳步推进；辽渔集团渤海轮渡并购威海海大客运项目，占渤海湾航线60%以上市场份额；辽水集团构筑东西调配、南北互济、覆盖全域的辽宁水网，保障3540万人生活及工业、400万亩[②]水田及主要流域水生态环境安全、粮食生产安全；辽粮集团优化省储品种结构，连续五年轮换完成率和质量达标率"双百"，成品粮应急储备和响应能力不断提高；城乡建设集团将城市更新和乡村振兴作为企业两条主要发展战略。

以"股权"之道促发展降杠杆打造国资投资基金。一方面，股权是资产负债表的"基石"，因无偿还义务股权资本具有稳定性，加大股权意味着降低财务风险；另一方面，股权具有分散风险的作用，股权资本可以推动技术创新。辽宁利用"股权"之道打造国资国企投资基金，既能够降低国有企业总体杠杆率即财务风险，又能够为创新事业提供适配的融资渠道，更重要的是，国资投资基金具有撬动民间资本的功能。辽宁省国资委作为辽宁方代表，牵头省属企业辽控集团、省属金融类企业金控集团，与中国诚通、中国

---

① 《牢记嘱托显担当　首战之年建新功·重振辽宁国企雄风 | 辽渔集团今年营收和利润预计实现双增长：向海图强绘"蓝"图》，2023年12月27日，https:// http://liaoning.nen.com.cn。

② 1亩≈666.67平方米。

国新两家央企共同研究发起设立了辽宁振兴发展基金，以股权投资基金带动省内优质项目投资，初期规模100亿元，已正式签约。基金注册后将发挥带动作用，吸纳各类资本投资兴业。

三、新时代辽宁省国有经济布局优化与结构调整存在的主要问题

（一）辽宁国有经济固定资产投资乏力

国有经济固定资产投资持续低迷。从辽宁省国有经济固定资产投资变化态势来看，明显存在持续低迷现象和问题。历年统计显示，2004年以前，国有经济年固定资产投资持续低于1000亿元，从2003年开始有所改善，到2013年达到最高值5160.31亿元，随后出现下降态势，到2016年固定资产投资下降到1089.4亿元；而从国有经济固定资产投资占省域全社会固定资产投资比重来看，则存在持续下降态势，从1992年的83.07%下降到2016年的16.28%。可见，在国有经济总资产占较大份额而固定资产投资占较小份额的状况下，存在国有经济资产陈旧、老化、技术落后等问题，也将会进一步影响国有经济运行效率。

（二）辽宁省国有经济布局重化工业化特征仍较为突出

从20世纪90年代中期，国有企业改制推动国有企业"技术红利"释放，辽宁形成大量的私营企业，促进了辽宁非国有经济的快速发展。但随着技术、人才的跨域省外流动，辽宁本地承接的"技术红利"水平、层次降低，所形成的工业企业多围绕在国企周围，多为处于价值链低端、从事简单粗加工的配套企业，辽宁非国有经济形成了对大型国有企业较高程度的依赖。2003年国家实施东北老工业基地振兴战略以来，普遍解决了众多国有经济历史遗留问题，比如企业办社会的分离与剥离、政企企事分开改革、困难企业退出和转换经营方式等，但一些问题仍没有根本解决，国有企业仍在依赖自身优势，争取国家特殊政策，进行规模扩张的重化工业发展。例如，辽宁省除农产品加工业以外，各大支柱产业的龙头企业都是国有企业，其中冶金产

业占 70% 左右，石化产业尤其是原油产业占 90% 左右，装备制造业更是国企云集，包括沈阳机床、北方重工、沈阳鼓风机、华晨汽车、大连船舶等。毋庸置疑，这种结构的产业布局很容易受到国际国内市场环境冲击和影响。

（三）辽宁国有经济区域发展不平衡，产业布局不合理

从区域布局看，辽宁省国有经济布局失衡现象比较明显。以辽宁省沈阳市为例，沈阳市作为沈阳经济区的中心城市，2018 年生产总值、第一产业增加值、第二产业增加值、第三产业增加值占沈阳经济区的比重分别达到 47.7%、29.6%、44.0%、52.9%，除第一产业外，其余各项指标均接近或超过沈阳经济区的一半，形成一家独大的产业格局。铁岭市作为沈阳市的"后花园"，经济总量不足沈阳市的 1/10，三次产业的发展水平也与沈阳市相距甚远，沈阳市的产业带动效果极不明显。若不将沈阳市计算在内，以沈阳经济区 7 个地级市来做横向比较，鞍山市的经济总量为 1751.1 亿元，排在所有地级市的首位；阜新市的地区生产总值仅为 446 亿元，约为鞍山市的 1/4，区域内产业发展水平严重失衡。从产业布局角度看，辽宁省国有资产的产业布局不尽合理。煤炭、钢铁、有色、普通装备等传统产业比重较高，而生物医药、新能源、新材料、新一代信息技术等新兴产业比重较低。

（四）央地融合程度不够

中央企业在辽宁较为集中，涉及产业领域广泛，对辽宁经济社会发展贡献较大。然而，驻辽央企仍存在着与地方经济融合度偏低、协同创新联动不紧等问题，中央企业在辽宁的二三级子公司改革不到位，与地方民企的合作存在管理权限等方面的制约。

第二节　新时代吉林省国有经济布局优化与结构调整的重要举措、成效与问题

自党的十八大以来，为配合国家整体的经济发展战略，加快建立现代化

产业体系，构建国内国际双循环的新发展格局，吉林省不断加快国有经济布局调整步伐，通过完善国有经济布局调整机制、国有企业资产重组、强化战略支撑、混合所有制改革、强化央地合作、培育新兴产业等一系列举措，不断优化吉林省国有经济布局，并取得积极效果。

一、新时代吉林省国有经济布局优化与结构调整的重要举措

（一）乘混改之势，吉林省不断优化国有经济存量布局

从微观角度看，混合所有制改革是国有企业改革，通过调整国有企业内部的股权结构，进一步激活国有企业；从宏观角度看，混合所有制改革则是存量国有资本与优质非国有资本的深度融合，从而实现存量国有资本的提质增效，进一步放大国有经济功能。吉林省充分借助国有企业混合所有制改革契机，积极推动吉林省国资委监管原则实施混改。2015 年 11 月，吉林省国资委根据《国务院关于国有企业发展混合所有制经济的意见》（国发〔2015〕54号）和吉林省的经济发展决策部署，发布了《吉林省人民政府关于国有企业发展混合所有制经济的指导意见》（下称《指导意见》）。

依据《指导意见》，吉林省国资委将吉林省国有资本划分为三类：一类是"以增强国有经济活力、放大国有资本功能、实现国有资产保值增值为主要目标"的国有资本；二类则是关系国家安全和经济命脉的重要行业和关键领域的国有资本；三类则是"以保障民生、服务社会、提供公共产品和服务为主要目标"的民生类国有资本。根据《指导意见》，对这三类国有资本采取不同的控制方式实施混合所有制改革：对于第一类，适合"以提高经济效益和创新商业模式为导向，充分运用整体上市等方式，积极引入其他国有资本或各类非国有资本实现股权多元化"的方式；对于第二类，则应该"保持国有资本控股地位，支持非国有资本参股"；对于第三类，则可以采取"国有独资"和"投资主体多元化"两种方式，也可以通过"购买服务、特许经营、委托代理等方式，鼓励非国有企业参与经营"。

与此同时，吉林省还针对上述不同类型的国有资本，提出了分层的混改

思路，对集团公司和二级及以下企业采取不同的混改方式。在集团公司层面，除在特定领域坚持国有控股外，在其余领域则鼓励"整体上市、并购重组、发型可转债"；在二级及以下企业层面，则以实体企业为重点，按照公司法的要求实施混改。

此外，2020年，根据国务院国资委的要求，吉林省国资委印发了《吉林省国企改革三年行动实施方案（2020—2022年）》，任务之一就是稳妥推进混合所有制改革，放大国有资本功能，促进各类市场主体优势互补共同发展。2021年，中共吉林省委、省政府发布了《关于新时代加快完善社会主义市场经济体制的实施意见》（下称《意见》），《意见》专门对吉林省国有企业混改机制、政策措施、监管等方面给出了进一步明确指示，旨在进一步放大国有资本功能。

（二）完善国有资本投资机制从制度上强化和规范国有资本投向

国有资本投资与民营资本投资截然不同，民营资本投资主要注重投资回报，而国有资本投资不仅要注重投资回报，更要兼顾地区经济发展乃至国家整体经济发展大局。因此，国有资本的投资方面对实现国有经济使命，履行国有经济责任至关重要。2018年，吉林省国资委参照2017年国务院国资委发布的《中央企业投资监督管理办法》（国资委令第34号），制定了《吉林省国资委监管企业投资监督管理办法》及《省国资委监管企业投资项目负面清单》。吉林省国资委以吉林省发展战略规划、省属国有资本总体布局及监管企业发展规划为引领，以把握投资方向、优化资本布局、严格决策程序、规范资本运作、提高资本回报、维护资本安全为重点，依法建立信息对称、权责对等、运行规范、风险控制有力的投资监督管理体系，推动监管企业强化投资行为的全程全面监督管理。根据文件精神，吉林省国有企业在把握投资方向上，既要落实国家和吉林省产业政策、发展规划及投资项目负面清单，体现出资人投资意图，符合企业发展战略，又要坚持做强主业，聚焦吉林省重点发展的支柱产业、特色优势产业、战略性新兴产业及基础设施、民生保障等领域，严格控制非主业投资。

（三）强化央地合作，弥补吉林省国有经济短板

党的十八届三中全会提出以央企作为控股方，作为主投资方，吸引地方国有企业、民营企业进入，组建规范的股份制公司，可以说，央地合作是国有经济布局优化与调整的又一重要举措。党的十八届三中全会以来，央地合作陆续在东北三省一区以及西部不发达省份开展。地方国有企业有资源优势，中央企业有技术和资金优势，二者实施战略合作，对于落实国家经济发展战略具有重要意义。对吉林省而言，央地合作更加具有战略意义。吉林省国有资本体量相对较小，仅依靠吉林省国有企业自身的资本实力，去推动和落实吉林省经济发展规划，力量比较单薄；相比之下，央企拥有雄厚的资本实力、技术实力，吉林省通过中央企业与吉林省地方企业合作或者向地方领域投资的方式，加大对吉林省直接投资，共建产业园区、布局重大项目，可以有效地弥补吉林省国有经济在数量与质量上的劣势。中国企业改革与发展研究会研究员吴刚梁指出，新阶段央地合作将更加注重围绕打造产业链进行专业化整合，更加注重以市场化方式推进中央企业与地方国企之间在股权重组、资源整合方面的合作。

为此，吉林省通过发布相关政策和举行座谈会、论坛等方式，大力支持中央企业、域外国有企业、其他所有制企业与吉林省国有企业深化合资合作，进而实现优势互补和产业融合配套。例如，2020 年，吉林省国资委与中国东方资产管理股份有限公司吉林分公司签署战略合作协议，旨在助力吉林省国有企业资产整合、国有经济布局优化与结构调整、国有资本提质增效；2021 年 6 月，吉林省召开了央企助力吉林振兴发展座谈会，旨在"共商合作，共谋发展"，最终吉林省国有企业与中央企业签署了 49 项战略合作协议；2023 年 2 月，吉林省国资委有召开了 2023 年度驻吉央企座谈会，旨在借助央企优势，发展吉林省新能源产业，助力吉林省经济高质量发展；2023 年 3 月，吉林省委、省政府牵头赴北京与国务院国资委举行务实会，旨在进一步加强吉林省与国务院国资委的合作广度与深度，争取更多中央企业来吉林省投资；2023 年 11 月，吉林省在长春再次召开了央地合作论坛，在论坛上，吉林省与

参会央企总计达成了 48 个合作项目，签约项目金额达 1783.41 亿元；2024 年 3 月，中国能建中电工程与吉林市人民政府签订绿色甲醇与绿色航煤一体化项目投资合作意向协议。

（四）牢牢把握东北全面振兴新机遇，内生式推动国有经济布局优化与调整

在我国发展全局中，东北具有举足轻重的地位。这不仅是因为东北为新中国的经济建设做出过贡献，更是因为东北对我国发展具有战略保障作用，尤其是在"五大安全"领域。早在 2018 年，习近平总书记就曾深刻地指出，东北地区是我国重要的工业和农业基地，维护国家国防安全、粮食安全、生态安全、能源安全、产业安全的战略地位十分重要，关乎国家发展大局。时隔五年，2023 年，习近平总书记再次强调，新时代推动东北全面振兴，要坚持把维护国家'五大安全'作为全面振兴的重要使命，要继续深化国有企业改革，实施国有企业振兴专项行动，提高国有企业核心竞争力，推动国有资本向重要行业和关键领域集中，强化战略支撑作用①。习近平总书记高屋建瓴的论断，不仅为东北振兴提供了理论依据和现实路径，同时也为东北三省一区国有经济布局优化与结构调整指明了方向。

为了充分抓住新一轮东北振兴机遇，吉林省政府认真学习和领会习总书记讲话精神，审议通过了《中共吉林省委关于深入贯彻落实习近平总书记在新时代推动东北全面振兴座谈会上的重要讲话精神，推动吉林全面振兴率先实现新突破的决定》（下称《决定》）。《决定》特别对新一轮吉林省国有经济布局优化与结构调整给出了明确的指示：不断推进吉林省国有经济布局优化，深入落实制造业重点产业链高质量发展行动，发挥"链主"企业引领带动作用，全链条拓展应用场景，发展壮大装备制造业，做优做强战略性新兴产业，超前布局人工智能、生物制药、元宇宙等未来产业，提高产业核心竞

---

① 《习近平主持召开新时代推动东北全面振兴座谈会强调：牢牢把握东北的重要使命　奋力谱写东北全面振兴新篇章》，2023 年 9 月 9 日，https://www.gov.cn/yaowen/liebiao/202309/content_6903072.htm。

争力。

（五）紧紧围绕吉林省国民经济和社会发展"十四五"规划，推动国有经济布局优化和结构调整

吉林省国民经济和社会发展"十四五"规划最大的亮点在于"三大板块"和"一主六双"。"三大板块"是指将吉林省经济和社会发展从空间上分为东部、中部和西部三个板块，三个板块相互之间具有高度的协同性和互补性；"一主六双"是指充分发挥长春经济和社会发展的辐射主导作用，利用东中西的高度协同性与互补性构筑六条经济带。可以说，在两大亮点中，"一主六双"是核心内容，这也为"十四五"时期吉林省国有经济布局优化划定了范围。2021年，吉林省委、省政府发布了《关于新时代加快完善社会主义市场经济体制的实施意见》（吉发〔2021〕5号），指出"十四五"期间，吉林省国资部门要着眼于中东西"三大板块"和"一主六双"产业空间布局思路，持续推进吉林省国有经济布局优化和结构调整，具体内容包括以下五个方面：（1）制定规划。通过科学编制吉林省国有资本布局优化和结构战略性调整规划，制定具体实施方案，推动国有资本更多投向粮食安全、能源安全、公共服务、基本民生以及现代产业等重点战略性领域，不断强化国有经济的安全保障和服务能力。（2）推动和加快省属企业综改方案出台、落地。建立"一企一策一案一专班"工作机制，加快吉能投集团、省旅控集团等4户企业综改方案的实施，推动吉高集团、水投集团等7户国有企业综改方案尽快出台，并抓好组织实施；积极培育上市后备资源，推进具备条件的企业上市。（3）积极贯彻落实国企改革三年行动方案，聚焦主业，盘活存量资本。积极盘点各业务板块资产和业务状况，梳理低效无效资产和非主营业务，推进企业内部和企业间的专业化重组整合；清理不具备竞争优势、缺乏发展潜力的非主营业务，制定标准，列出清单，力争到2022年基本完成全省国有企业低效无效资产清退处置任务；加快推进"僵尸企业"处置工作。（4）完善中国特色公司治理机制。制定国有企业党委会、董事会、经理层议事决策清单，推动国有企业把加强党的领导和完善公司治理统一起来，把党的领导融入公司

治理各环节；进一步加强外部董事制度建设，不断壮大外部董事规模；选择具备条件的省属、市属竞争类国有企业，探索推行职业经理人制度。（5）完善国资监管体系。加快形成以管资本为主的经营性国有资产监管体系，各级政府明确国资监管责任主体，完善国资监管机构设置，夯实国资监管管理基础；深化政企分开、政资分开，国资监管机构立足国有资产出资人代表职责定位，专司国资监管，不行使社会公共管理职能；深化授权经营体制改革，持续推进经营性国有资产集中统一监管；健全国有金融、类金融企业风险防控机制，清理整顿主业经营效益不佳、产融结合效果不明显、风险隐患较大的存量金融业务。[①]

（六）开展"摸家底"式调研，制定新一轮国有经济布局优化调整方案

为了能够制定科学合理的国有经济布局优化与调整方案，2021年，吉林省国资委成立专项课题组，实地走访了长春等7个地市，吉林旅投等17个重点企业和重大工程项目，详细摸排了吉林省国有经济布局情况，结果显示：总体而言，截至2020年底，吉林省3412户地方国有企业主要分布在国民经济的13个领域中，其中有75.1%的企业集中在社会服务业（23.1%）、工业（14.4%）、建筑业（12.0%）、商贸业（8.9%）、农林牧渔业（8.7%）、房地产业（8.0%）6个领域，其余领域合计占比24.9%。就全省国有经济行业分布而言，社会服务业（45.9%）、建筑业（17.7%）、金融业（11.2%）、房地产业（9.0%）、交通运输业（5.2%）、工业（3.9%）6个领域地方国有企业国有资本总量的合计占比达92.9%，其余领域合计占比仅为7.1%。从地区分布上看，截至2020年底，吉林省9个地市州和长白山管委会共有地方国有企业2479户，其中长春（27.6%）、吉林（20.4%）、通化（12.1%）3市国有企业户数占比均超过了10%，且合计占比为60.2%。就地区国有经济分布而言，截至2020年底，上述2479户国有企业的国有资本总量为7066.23亿元，这些国有

---

① 参见《吉林省委省政府关于新时代加快完善社会主义市场经济体制的实施意见》第二条第一款。

资本主要集中在长春（44.8%）、吉林（16.4%）、松原（15.6%）3 市，合计占比达 76.7%，其他 7 个地区的合计占比为 23.3%，且每个地区的占比均未超过 10%。

从摸排的实际情况看，吉林省国有经济能够紧紧围绕服务区域发展重大战略不断进行优化，总量偏小、布局不尽合理的问题也正在逐步得到改善，传统产业比重过大、新兴产业比重过小的结构性矛盾有所好转，但并没有得到根本性解决。国资国企的牵引力在新兴产业发展中正在汇聚，但尚未形成。国资服务发展的平台框架搭建完成，功能性、引领性的软实力与发展需求仍然不相匹配，国有经济在事关全局性、战略性、安全性的领域的支撑度仍然处于较低水平。当前，坚定不移地实施国有经济结构调整已经成为全省国资系统的共识。为此，吉林省国资委深度挖掘吉林省国有经济对"一主六双"的支撑优势，充分借鉴兄弟省份和典型企业的经验，聚焦吉林省"十四五"规划和新发展理念，围绕"五者定位"①"三个突破"②，设定新一轮吉林省国有经济布局优化与调整的目标，将加快结构调整、增强发展韧性、构建动力系统、再造转换载体、完善激励机制作为主攻方向，通过打造"六大创新工程"③，再造国有经济新优势。同时，吉林省国资委还聚焦国企改革，挖掘国有经济发展新动力，实施"巩固、增强、提升、畅通"四大举措，坚定不移地深化国有经济改革，加快国有经济布局优化和结构调整与转型升级，破解产业结构"一业独大""一柱擎天"的根本性、长期性矛盾；战略性新兴产业培育不足、总量不大，面临系统性风险；国有经济运行整体仍未走出低位运行区间，国有经济新动能对经济支撑作用尚未高效释放。

---

① 五者定位是指充当高质量战略发展的引领者、公共服务保障的担当者、新兴产业发展的主导者、体制机制创新的先行者、风险防范化解的先行者。

② 三个突破是指国有经济发展质量实现新突破、国有经济结构调整实现新突破、国有企业深化改革实现新突破。

③ 六大创新工程有新能源产业创新工程、装备制造业创新工程、新材料产业创新工程、商用卫星产业创新工程、通用航空产业创新工程、数字经济产业创新工程。

二、新时代吉林省国有经济布局优化与结构调整的成效

在上述举措的加持下，吉林省国有经济布局不断得到优化，服务地方能力、支撑能力、保障能力不断加强，不断加大战略性新兴产业和未来产业布局力度。

（一）国有经济布局更加优化，服务地方经济社会发展的能力持续增强

对地方国企的评价要平衡好经济效益和社会效益的关系，努力当好基础设施建设和民生保障领域的"主力军"，是地方国企的重要职责使命。吉林省"十四五"规划发布以来，省国资系统紧紧围绕"一主六双"高质量发展战略谋篇布局，努力推进"万亿产业有声音，千亿产业有身影，战略性新兴产业有支撑"，构建了三级战略协同的规划体系，在服务保障全省经济社会发展中不断壮大。

【资料】当好在基础设施建设和民生保障领域的"主力军"，是地方国企的重要职责使命[①]

截至 2022 年底，吉高集团运营高速公路里程 4315 公里，全省中东西三大板块实现高速公路连通；吉林水投集团中部引水工程全线正式运营，服务全省 1060 万的工农业人口，破解了长春、四平等重点城市以水定城、以水定产的发展瓶颈；长白山森工集团和吉林森工集团辖区森林覆盖率保持在 93% 左右，为生态强省建设作出突出贡献。各市（州）地方国有企业围绕管网路网、轨道交通、旧城改造、环保设施等领域共实施各类重大投资 239 项，完成投资 1513亿元。在当好"幕后英雄"的同时，吉林国资国企不断加力新兴产业培育，力争成为推动发展的"领头雁"。富维公司和富奥公司千亿

[①] 国资小新：《改革创新谋发展，吉林国资国企以"新变化"迎来"新春天"》，2023 年 3 月 6 日，https://news.qq.com。

级汽车零部件产业的目标已接近达成；富维公司智能工业园项目建成投产，具备 170 万辆汽车座椅的生产能力，是全球最大的座椅数字化和智能化单体工厂；吉能集团通过央地合作加快新能源产业发展，60 万千瓦风电项目已部分并网发电；长春市积极引导国有资本支持和服务一汽集团发展，投资 80 亿元建成年产 20 万辆的红旗新能源工厂；吉林市集中优势发展碳纤维产业，产能排名全国第一。2022 年 12 月 10 日，吉林省能源投资集团与中国华能合作开发的首个新能源项目启动并网投产运行。2022 年，全省地方国有企业战略性新兴产业年度投资计划总额 129 亿元，较 2019 年增长近 14 倍；省国资委监管企业实际完成战略性新兴产业投资 20 亿元，较 2019 年增长 16 倍。省国资委监管的工业企业研发费用支出较 2019 年增长 68%。吉林省国资委监管企业发起设立各类基金 13 支，总规模 59 亿元，重点投向了新材料、生物医药等战略性新兴产业。

（二）吉林省国有经济从建筑业和服务业逐渐向工业领域集中

从绝对量上看，2018 年至 2022 年，吉林省工业领域国有企业总资产由 97039508 万元，增长至 122851821 万元，增幅达 26.6%；建筑业国有企业总资产由 588094 万元下降至 139408 万元，降幅达 76.29%；住宿餐饮业国有企业总资产由 181302 下降至 161478，降幅达 10.93%；批发零售业国有企业总资产由 1541146 万元下降至 760208 万元，降幅达 50.67%。（见表 3-2-1）

表 3-2-1 2018 年至 2022 年吉林省工业等四大领域国有经济布局情况

年份	工业（万元）	建筑业（万元）	住宿餐饮业（万元）	批发零售业（万元）
2018	97039508	588094	181302	1541146
2019	96547842	634946	227911	1135397

续表

年份	工业 （万元）	建筑业 （万元）	住宿餐饮业 （万元）	批发零售业 （万元）
2020	98225832	623856	295154	1919060
2021	116177254	1998948	191152	1377449
2022	122851821	139408	161478	760208

数据来源：2019—2023 年《吉林省统计年鉴》。

总体上，吉林省国有经济呈现出由建筑业、住宿餐饮业和批发零售业向工业领域集中的态势。从变化趋势上看，国有工业企业总资产一直呈现增长态势；国有建筑企业总资产在 2021 年出现异常后，重新回归下降趋势，并且降幅非常显著；国有餐饮企业总资产呈现先升后降趋势，这主要是疫情所导致的非国有住宿餐饮业歇业、国有住宿餐饮业弥补市场缺口所致，总体上依然呈现下降趋势；批发零售业表现出与住宿餐饮业相同的变化趋势，变化的原因也与住宿餐饮业相同。（见图 3-2-1 至图 3-2-4）

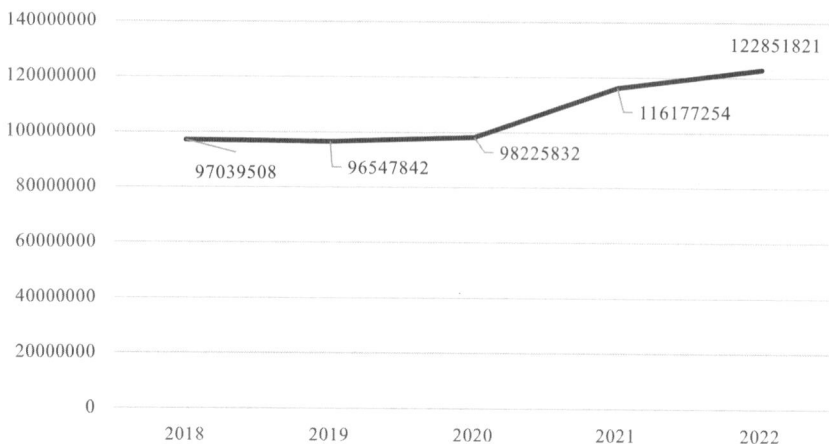

图 3-2-1　2018—2022 吉林省工业领域国有企业总资产变化情况（万元）

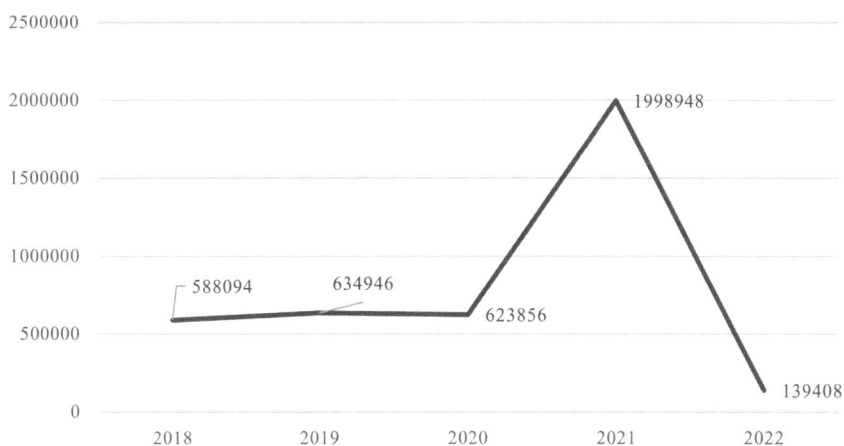

图 3-2-2　2018—2022 吉林省国有建筑企业总资产变化情况（万元）

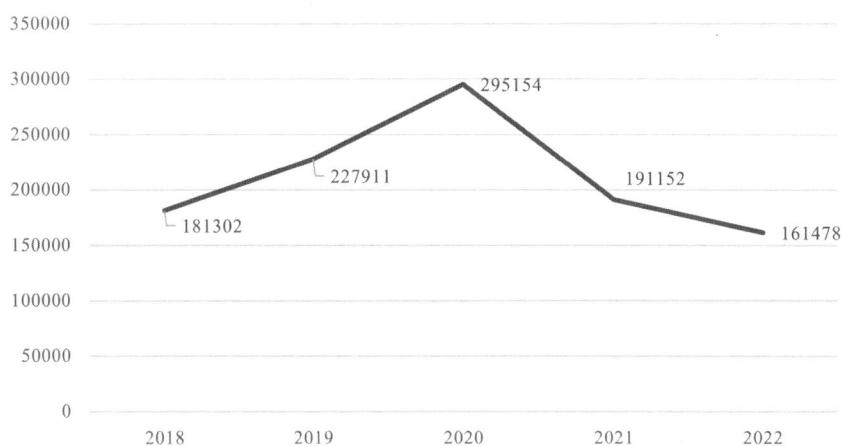

图 3-2-3　2018—2022 吉林省国有住宿餐饮企业总资产变化情况（万元）

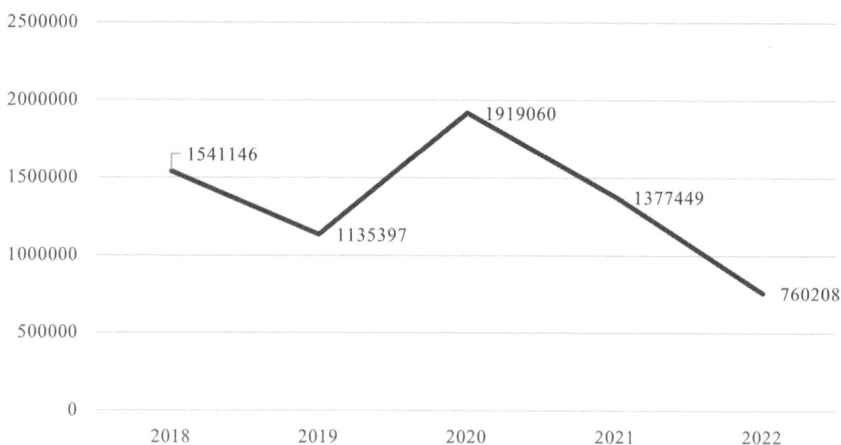

图 3-2-4　2018—2022 吉林省国有批发企业总资产变化情况（万元）

（三）吉林省工业领域国有经济逐渐向功能性和重点领域集中

根据表 3-2-2，2018 年至 2022 年，吉林省各行业国有经济占工业领域国有经济比重排名前四的行业位次毫无动摇，它们是汽车制造业、电力等生产和供应业、铁路等运输设备制造业、石油和天然气开采业。

其余行业排名则呈现不同程度的波动，表明吉林省国有经济布局正在不断发生深刻的变化。其中，化学原料和化学制品制造业，煤炭开采和洗选业，非金属矿物制品业，烟草制品业，有色金属矿采选业，酒、饮料和精制茶制造业，木材加工和木制品业，开采辅助活动，黑色金属采矿业，食品制造业，金属制品业等行业国有经济总量位次排名显著下降；相反，化学纤维制造业、煤气生产和供应业、医药制造业、黑色金属冶炼和延压加工业、专用设备制造业、电气机械和器材制造业等排名位次显著上升。

需要特别指出的是，2018—2022 年，吉林省工业领域国有经济在 4 个行业全部退出，它们是造纸和纸制品业、非金属矿采业、文教等娱乐用品制造业、家具制造业；但是，吉林省于 2022 年开始将国有经济布局在其他制造业领域，从表 3-2-2 中可以看到，2022 年，其他制造业在全省工业领域中的国有经济比重排名为 24。

另外，还有 3 个行业，吉林省早已实现了完全退出，它们是其他采矿业、纺织业、皮革等制品和制鞋业。其余行业排名位次相对稳定。

表 3-2-2　2018 年至 2022 年间吉林省工业领域各行业国有经济总量吉林省
工业领域国有经济比重排名情况

行业	2018 年	2019 年	2020 年	2021 年	2022 年
汽车制造业	1	1	1	1	1
电力、热力生产和供应业	2	2	2	2	2
铁路、船舶、航空航天和其他运输设备制造业	3	3	3	3	3
石油和天然气开采业	4	4	4	4	4
化学原料和化学制品制造业	5	6	5	5	11
煤炭开采和洗选业	6	8	7	9	10
非金属矿物制品业	7	7	9	6	9
烟草制品业	8	9	12	12	13
有色金属矿采选业	9	19	24	25	27
化学纤维制造业	10	10	8	10	6
酒、饮料和精制茶制造业	11	16	16	16	16
木材加工和木、竹、藤、棕、草制品业	12	12	20	21	23
开采辅助活动	13	21	18	18	19
水的生产和供应业	14	11	10	11	14
黑色金属矿采选业	15	15	17	17	21
燃气生产和供应业	16	13	13	13	13
通用设备制造业	17	18	18	15	18
农副食品加工业	18	18	14	19	20
医药制造业	19	14	17	7	5
食品制造业	20	22	0	32	32
金属制品业	21	20	25	24	25
有色金属冶炼和压延加工业	22	24	21	23	26
黑色金属冶炼和压延加工业	23	5	6	8	9
造纸和纸制品业	24	23	23	0	0
计算机、通信和其他电子设备制造业	25	27	27	27	29
专用设备制造业	26	25	18	14	15
仪器仪表制造业	27	26	26	26	28

续表

行业	2018年	2019年	2020年	2021年	2022年
纺织服装、服饰业	28	28	28	28	30
废弃资源综合利用业	29	30	0	32	33
电气机械和器材制造业	30	31	22	22	17
石油、煤炭及其他燃料加工业	31	33	31	30	8
印刷和记录媒介复制业	32	32	30	34	34
橡胶和塑料制品业	33	29	29	29	31
非金属矿采选业	34	0	0	0	0
文教、工美、体育和娱乐用品制造业	35	35	0	0	0
家具制造业	36	34	32	33	0
金属制品、机械和设备修理业	37	0	0	20	22
其他采矿业	0	0	0	0	0
纺织业	0	0	0	0	0
皮革、毛皮、羽毛及其制品和制鞋业	0	0	0	0	0
其他制造业	0	0	0	0	24

数据来源：2019—2023年《吉林省统计年鉴》。

从总量上看，2018年至2022年，吉林省工业领域国有经济资产总量分别为97039508万元、96547842万元、98225832万元、116177254万元、122851821万元，总量呈现逐渐增长的态势；但是在国有经济占全行业国有经济比重排名前18的行业，国有经济累计比重相对稳定，分别为94.08%、96.87%、97.09%、97.46%、96.7%。

从2018年吉林省工业领域各行业国有经济占工业领域国有经济总量比重排名前18位的行业分类看，除了一些行业顺位有所变化外，还有一些行业出现了位次大幅跳跃情况：医药制造业在2018年排名位于18名之外，于2022年开始排名上升至第5名；开采辅助活动曾于2019年排名跌出前18名；有色金属矿采选业在2018年排名第9名，但是从2019年开始跌出了前18名；木材加工和木、竹、藤、棕、草制品业在2018年、2019年排名第12名，从2020年开始跌出前18名。

（四）吉林省国资委围绕国家和省的"十四五"规划加快推动产业升级

吉林省以中国一汽为核心，全方位向新能源汽车转型，将技术创新投入、新增产能全部用于新能源汽车。2023年，一汽红旗新能源零售销量增长势头迅猛，奔腾品牌新能源销量创出新高。与此同时，中国一汽聚焦新能源汽车，着力在"三电"（电池、电机、电控）、"五智"（智联、智舱、智驾、智算、智能底盘）关键技术上实现一系列开创性突破：国内首款市域C型动车组在上海亮相；全球首列氢能源市域列车诞生；哥伦比亚麦德林DLS项目开工；等等。未来，吉林省将进一步加速推动现代科技与实体经济融合，助力新时代老工业基地发展，围绕汽车、医药、装备、食品、石化、原材料等领域，重点支持300个以上"智转数改"示范项目，建成1至2家"灯塔工厂"、100个智能制造示范工厂等。①

【资料】吉林省国有资本运营公司积极推进所属企业转型升级②

2022年，吉林省国有资本运营公司所属富维公司智能工业园项目建成投产，具备170万辆汽车座椅的生产能力，是全球最大的座椅数字化和智能化单体工厂。至今，企业已为一汽红旗、一汽解放、一汽大众、一汽丰田、沃尔沃、长城汽车、中国重汽、蔚来汽车、小鹏汽车、理想汽车等国内多家整车厂商提供配套，销售收入和利润保持稳定增长。

（五）吉林省国资系统积极布局和推动新质生产力发展

围绕"一主六双"高质量发展战略，吉林省国资委编制《吉林省"十四五"国有经济布局优化与结构调整规划纲要》，用以指导监管企业和市

---

① 《率先突破，吉林新质生产力"新"在何处？》，《吉林日报》2024年3月11日。

② 《当好吉林全面振兴的"顶梁柱"：从"四变"视角看我省国企改革向纵深推进》，《吉林日报》2023年10月30日。

（州）国资部门编制规划，积极推动国有经济向省"十四五"规划提出的万亿产业、千亿产业和战略性新兴产业集中。

第一，战略性新兴产业获得快速发展。吉林省结合自身优势，实施了"路上风光三峡"工程，由此提升了吉林省新能源产业链的优势，一些新能源领域实力雄厚的中央企业纷纷加入，例如中国中车集团、三一集团、华能、大唐等行业龙头企业。由此，风电产业的相关环节也开始落户吉林省，从而形成了近乎完整的产业链，也使得清洁能源成为吉林省经济转型发展的新动力。

第二，积极碳纤维产业，不断提升"黑色黄金"产能。碳纤维被誉为"黑色黄金"，是吉林化纤集团新研发的具有国际领先水平的高科技产品。2023 年，吉林化纤集团一次性投入 12 条生产线，其年产量突破 40 万吨，其市场地位一跃成为国内第一，世界第二，并且形成了碳纤维全产业链。据不完全统计，到 2025 年底，吉林化纤集团的碳纤维全产业链年产值可能会突破300 亿元。

第三，深耕卫星制造、卫星服务领域国有经济布局。长光卫星公司由吉林省政府、中国科学院长春光学精密机械与物理研究所、社会资本以及技术骨干出资成立，是一家国有控股的商业遥感卫星公司，总注册资金为 19.7 亿元，拥有卫星研发、卫星制造、运行管理和信息服务等全部产业链。多年来，长光卫星不断加大在中国航天领域的资本布局，提高投资力度，取得了傲人成绩。仅 2023 年，长光卫星就发射了"1 箭 41 星"，此举将"吉林一号"组网卫星数量大幅提升至 108 颗，并打造了世界最大的亚米级商业遥感卫星星座，使得吉林省在遥感信息服务上占据优势地位，逐渐成为全球重要的航天遥感信息来源。

【资料】加速孵化氢能、储能等未来产业

2023 年 12 月，吉林省人民政府办公厅印发《抢先布局氢能产业新赛道实施方案》，旨在抢占氢能产业新赛道，打造"中国北方氢谷"。根据这一方案，到 2025 年，吉林氢能产业布局初步成型，产业链逐步完善，产业规模快速增长，氢能产业产值达 100 亿元，带动新能源装机规模 500 万千瓦。到 2030 年，氢能产业产值将达 300 亿元。

目前，吉林省白城市吉电股份大安风光制绿氢合成氨一体化示范项目已落成，吉林省查干湖地区中能建松原氢能产业园项目正在加紧施工，三一吉林长岭风光氢储氨数字化示范项目、上海电气洮南市风电耦合生物质绿色甲醇一体化示范项目等多个项目蓄势待发。

（六）央地合作模式多样化，合作项目进展顺利

在促进吉林省国有经济布局优化方面，央地合作呈现出多样化特征，不仅有直接投资，也有与地方政府或地方国有企业的战略合作。

在直接投资方面，中国石油、中国能建、中国中车、中国华能等中央企业不断加大投资力度。到目前为止，吉林油田已建成单体规模最大的集中风电项目；中国石油吉林石化公司完成了 28 套炼油化工转型升级项目，24 套新建和改（扩）建装置已开工；总投资 296 亿元的中能建松原氢能产业园项目已开工建设；中国中车在松原建成了新能源装备产业园，并将风电整机、电机、叶片、储能等 4 家子公司落户在该园区，三一集团、华能、大唐等行业龙头企业也陆续进驻。

在与地方政府或地方国有企业合作方面中国一汽与吉林省科技厅、长春市科技局签订了重大技术转型项目任务书，与长春市政府、中国移动、国汽智联签署了"车路云一体化"战略合作框架协议；中国电力建设集团中国水电一局与吉林省交通建设集团、中庆集团、吉电股份等分别签署了战略投资协议，根据协议，中国电建集团在"十四五"期间向吉林省投资不低于 3000 亿元，在长春市的投资不低于 1000 亿元；中国能建与白城市人民政府、长春市九台区人民政府分别签订了可再生绿色能源一体化项目和抽水蓄能综合能

源开发项目，总签约额高达 365 亿元。①

三、新时代吉林省国有经济布局优化与结构调整存在的主要问题

吉林省国有经济布局虽然在重大基础设施建设取得了一些新进展，在战略性新兴产业领域加快了布局，并且谋新了一批具有新质生产力特征的产业。但是，在发展上依然存在一些阻碍。

（一）经营性国有资产多，优质资产相对少

吉林省国资委召开全省国资系统工作会议发布数据显示，截至 2023 年，吉林省省属国资委监管企业资产总额、所有者权益、营业收入、实现利润都呈现显著增长态势，分别为 5298.3 亿元、1903.1 亿元、703.8 亿元、17.5 亿元。其中实现利润更是在总量上扭亏为盈，但仍难以掩盖吉林省国有经济盈利能力不足问题。2023 年，吉林省国资委监管企业营收利润率为 2.5%，而净资产收益率仅为 0.92%，还不及当期银行存款利息率。考察投资项目的具体情况、市场环境的变化、政策支持的力度等因素对投资效率均会产生影响，但吉林国企如此低的资本收益率充分表明，吉林省省属国有经济亟待扭转投资领域、方向和结构。在这种情况下，吉林省通过自己的力量实现国有资本投资增长甚至加速增长几乎是不可能的。

另据 2023 年吉林省统计年鉴，截至 2022 年，吉林省规模以上国有工业企业资产总额为 12285.18 亿元，所有者权益为 5464.65 亿元，营业收入为 8313.86 亿元，利润总额为 584.62 亿元，净资产收益率为 10.7%，营业收入利润率为 7.03%。这说明，吉林省工业领域国有资本收益能力较强，但是其他领域收益能力较弱。即便在工业领域中，也存在大幅亏损的行业，例如电力、热力生产和供应、汽车。② 从盈亏损覆盖面看，在全部 41 个行业中，有 8 个

---

① 《央企在吉林：打造多元发展的现代化产业新格局》，《企业观察报》2024 年 8 月 14 日。

② 2022 年，电力、热力生产和供应业亏损 93.15 亿元，吉林省汽车制造业国有控股企业亏损 35.15 亿元，黑色金属冶炼和压延加工业亏损 19.65 亿元。详见《吉林省统计年鉴 2023》。

净亏损行业，8个净盈利行业，其余行业均存在不同程度的亏损情况。这些亏损企业汇集了庞大的国有资产，不仅削弱了国有资产的盈利能力，更加抑制了国有资产的流动能力。低效的国有资产很难带来持续的整体盘活，需要不断通过深化国有企业改革，提升公司治理能力，提高企业运行效率。

从总量上看，全省国有企业资产总额26038.76亿元，国有资本权益总额9211.11亿元；而全省国有控股工业企业资产合计为12285.18亿元，所有者权益为5464.65亿元。这意味着，在工业以外的其他领域13753.58亿元的资产对应于3746.46亿元的所有者权益，而在这部分资产的资产负债率高达73.76%。

（二）传统产业比重过大、新兴产业比重过小

吉林省国有经济大多分布于传统民生、设备制造、能源、农业、建筑业等传统领域，而在战略性新兴产业和未来产业等领域布局较少。当前吉林省战略性新兴产业的规模较小。根据吉林省第四次全国经济普查公报（第五号），2018年末，全省从事战略性新兴产业生产的规模以上工业企业法人单位554个，占规模以上工业企业法人单位的13.5%。其中，生物产业302个，占工业战略性新兴产业企业法人单位的54.5%；新能源产业83个，占15.0%；节能环保产业61个，占11.0%。从产值上看，还没有形成一定能力。2023年，全省高技术制造业增加值占全部规上工业增加值的比重为12.3%，战略性新兴产业产值占全部规模以上工业总产值的比重为16.8%，而东部地区发达省份战略性新兴产业产值占地区生产总值已达四成左右，占工业增加值比重会更大，例如广东省①。因此，总体上吉林省战略性新兴产业发展速度较慢，尽管白城等一些地区纷纷引入了风能等清洁能源，但只是刚刚起步阶段。

（三）吉林省国有经济在"五大安全"领域的支撑度仍然处于较低水平

吉林省不仅有丰富的农业资源，又蕴藏着丰富的自然资源，同时还有大

---

① 《广东新质生产力：20个战略性产业集群增加值占GDP四成》，《广州日报》2024年3月29日。

面积天然的生态地貌，也是国家装备制造业重要基地之一。2023 年 9 月，习近平总书记在主持召开新时代推动东北全面振兴座谈会时强调，牢牢把握东北在维护国家"五大安全"中的重要使命。具体来看，粮食安全是国家安全的重要基础，是治国理政的头等大事，事关国运民生。当好国家粮食稳产保供"压舱石"，是东北的首要担当。产业安全是国家经济安全中的重要构成，是衡量国家发展水平和质量的重要指标。推动东北全面振兴，根基在实体经济，关键在科技创新，方向是产业升级。能源安全是国家安全的重要支撑，是社会向前发展进步的必要动力。生态安全是人类生存发展的基本条件，指的是一国具有较为稳定的、完整的、不受或少受威胁的、能够支撑国家生存发展的生态系统。国防安全是国家安全体系的重要组成部分，是维护国家其他安全领域的坚实保障。

从存量看，吉林省国有经济主要集中在汽车产业、石化新材料产业、装备制造产业，同时还广泛布局在基础设施建设和公共服务领域。例如，交通、水利、能源等基础设施项目多由国有企业承担建设和运营任务。但是由于长期处于低效状态，现有的国有资本很难满足国家战略发展要求，需要从根本上盘活存量资产，并不断发展壮大。2023 年 10 月 10 日，东北三省一区国资国企交流合作联席会议在长春举行。会上，各地方国资委纷纷表示，在接下来的国有经济发展中，要进一步强化国资国企在东北振兴中的战略支撑地位，牢牢把握东北在维护国家"五大安全"中的重要使命，提升国有企业核心竞争力，更好发挥在国民经济中的"压舱石"作用。这表明，提高国有经济对"五大安全"的支撑力度是东北地区接下来国有经济布局优化调整的重要方向。

（四）国资国企监管分散，监管体系尚需优化

吉林省国资国企监管系统分为省级国资系统、市区级国资系统，各自有分属国有资产，各自管理；一些国有资产依然隶属于一些行政事业单位。这就导致吉林省国资委干预市区级国资部门和相关职能部门的具体工作，只能起到引导和协调作用，这也给省国资委在全省范围内推进经济布局大调整造成了极大的阻碍。从而造成了省属国有资产只能在省属国有企业之间进行重新布局调整，很难真正发挥出国有经济布局调整的全部效能。

第三节　新时代黑龙江省国有经济布局优化与结构调整的重要举措、成效与问题

一、新时代黑龙江省国有经济布局优化与结构调整的重要举措

（一）积极推进混合所有制改革，调整和优化国有经济存量布局

国有资本、集体资本、非公有资本等交叉持股、相互融合，放大了国有资本的功能，提高了国有资本的效率，增强了国有经济的竞争力、创新力、控制力、影响力、抗风险能力，有利于各种所有制资本取长补短、相互促进、提高国有企业的经济效益，有力促进了国有企业高质量发展，有助于打造具有国际竞争力的国有企业。黑龙江省国资系统通过认购可转债、收购股权等方式引入非国有资本，同时鼓励国有资本通过入股、联合投资、并购重组等方式融入非国有资本，大力发展混合所有制经济。同时，以深入实施国企改革三年行动为契机，持续深化多层次多领域开放合作，通过国有企业战略性重组和专业化整合，促进国有资本向重点行业、关键领域和优势企业集中。进一步加大技术创新投入，以科技创新催生发展新动能、提升新势能。

此外，黑龙江省国资监管机关制定混改台账，始终把企业转换经营机制、提高运行效率作为混改的工作重心。陆续出台《关于黑龙江省国有企业发展混合所有制经济的实施意见》《黑龙江省国有企业混合所有制改革实施方案》，确定131户企业重点推进。在混改进程中，采取分类推进改革的方式，同时邀请国内外专家进行培训学习，通过项目推介会、对接会等渠道向社会推介黑龙江省混改项目，其中商业类企业混改比例已超过60%，推介重点在

农业、新能源、制造业的一类国企。当前，黑龙江省混合所有制改革已经进入新阶段，混改对国有经济的改革成效不断显现，积极影响着全省经济社会的运行。

（二）实施重点领域攻关，升级传统优势产业，提升存量国有资本效能

黑龙江省与东北地区其他省份一样，传统产业国有经济成分较多，对传统产业升级，在某种意义上就是对传统产业中的国有经济转型升级。为了能够尽快实现转型升级，黑龙江省实施重点领域攻关策略，锚定产业升级方向，推进新型工业化，以科技创新推动产业创新，发挥科技创新增量器作用，突破"卡脖子"技术难题，组织实施揭榜挂帅项目，实施智能农机、页岩油、人工智能等重点领域攻关项目 70 项。扎实推进环大学大院大所创新创业生态圈建设，高水平建设哈大齐国家自主创新示范区和佳木斯国家农业高新技术产业示范区。通过加强传统产业向高端化、智能化、绿色化转型的示范引领，协同推动产业数字化和数字产业化的进程，促进数字技术与实体经济的深度融合。

为了推动出资企业数智化绿色化转型发展，黑龙江省国资系统制定了《出资企业数智化转型三年专项行动方案》（下称《方案》）。根据《方案》，黑龙江省国资系统将不断加快煤炭、建筑、化工等传统产业绿色低碳转型，严控"两高一低"项目盲目发展，狠抓绿色低碳技术研发和推广应用；加大项目建设力度，出资企业要保持 300 亿元左右的有效投资强度；立足服务地方经济发展，谋划推进一批大项目；支持交投集团、航运集团、建投集团等出资企业加快推进对俄贸易和沿边口岸开发建设，为新质生产力的形成和"开放龙江"做出贡献。

（三）以央地合作为契机，培育壮大现代产业群

国资央企是国民经济的重要支柱，是国有经济的骨干力量，也是黑龙江省经济振兴的重要支撑。近年来，黑龙江省委、省政府与国务院国资委、中央企业不断深化合作，以加强合作推进项目建设为抓手，出台一系列举措推

动央地合作迈上新台阶，从而进一步服务于全省国有经济布局优化与结构调整。2017 年以来，黑龙江省委、省政府主要领导赴京拜会和在哈会见国务院国资委及央企主要领导 80 余次，赴驻省央企实地调研百余次，与国务院国资委、央企总部建立了良好的合作关系。实现了大庆石化炼油结构调整转型升级、大庆页岩油勘探开发、国能神华宝清煤电一体化、五矿鹤岗云山石墨深加工等项目相继落地投产，有力促进了黑龙江省产业结构优化升级。

黑龙江省充分发挥央企产业发展主力军作用，推进产业链上下游配套，加力打造汽车、现代玉米精深加工、中高端食品等支柱型产业集群，航空航天、电力装备、关键基础材料等引领型产业集群，婴幼儿配方奶粉、石墨及精深加工、农机装备等特色型产业集群。为了能够扩大有效投资，黑龙江省国资系统聚焦构建"4567"现代产业体系，深化产业项目建设年活动，推动建设一批高技术、高成长性、高附加值项目，建设省级重点产业项目 1000 个，力争新引擎和战略性新兴产业项目占比超过 50%。此外，黑龙江省国资系统还谋划推动了一批重大基础设施项目，统筹推进粮食产能提升、重大水利工程、中小河流综合治理、防灾减灾能力提升等项目建设。例如佳木斯至同江铁路扩能改造项目、哈尔滨都市圈环线等高速公路和亚布力至雪乡等旅游公路改造工程、哈尔滨机场二跑道工程、亚布力机场前期工程，等等。

（四）以"十四五"规划和全省地方国有企业振兴专项行动方案为牵引，推动国有经济向重要行业和关键领域集中

第一，黑龙江省围绕保障"五大安全"和"六个龙江"建设，推进"五头五尾"，发展农林绿色生态产业、能源资源与化工、交通与基础设施、战略性新兴产业、旅游和现代服务业"五大板块"，强化国有企业在健康养老、应急保障、社会服务等民生领域有效供给，提升供水、供气、供暖及城市交通等公共服务体系支撑保障能力，积极服务"幸福龙江"建设。

第二，把国有资本更多投向实体经济，突出主业，加快打造板块清晰、产业先进的实体企业。2022 年，省内推荐 15 户（7 户控股、8 户参股）省级

上市挂牌后备企业，新产投集团所属基金参股企业科能熔敷于 7 月底在新三板挂牌。

第三，组建省级国有资本运营公司，推动有效运行、发挥国有资本作用。聚焦主责主业，推进企业间战略性重组，企业内部资源资产、业务板块专业化整合，适时开展企业间专业化整合。截至 2023 年 10 月中旬，随着黑龙江省政通大数据（集团）有限公司正式开始运营，标志着齐齐哈尔市国有企业整合重组工作取得阶段性成果。齐齐哈尔市国资委出资企业由 33 家整合为 9 家，国有资本向城市运营，向农业、建筑、文旅、园区开发管理等重点领域聚集。

第四，建立了新业态项目储备库。围绕"瞄准自身短板弱项、未来发展方向、高校科研院所前沿科研成果、重大基础性项目"谋划新业态项目 71 个，总投资 561 亿元。梳理小而肥"金豆子"企业 13 家。组建完成黑龙江省航空货运发展有限公司、黑龙江省数字安全运营有限公司、黑龙江用友网络科技有限公司 3 家新业态公司。

（五）不断推动、形成和发展新质生产力

基于国有经济布局与结构优化的新战略导向，以及党中央最新指导精神，黑龙江省国资系统性地实施了一系列举措，旨在加速新质生产力的形成与发展。

第一，为了加快落实新质生产力"新引擎"，黑龙江省国资系统着力加大国企科技创新投入和工作力度。国有企业落实创新驱动发展战略，坚持巩固优势、补上短板，推动创新链、产业链、资金链、人才链深度融合，加快提升国企科技创新能力。突出企业科技创新主体地位，加大多元化研发投入。2023 年，重点工业企业研发投入强度达到 2.5%，科技研发强度纳入当年出资企业负责人经营业绩考核指标。国有企业争创省工程技术研究中心和省级企业技术中心。推动已出台的国企原创技术策源地实施意见落地，具备条件的企业要制定具体的实施方案，充分发挥企业创新主体作用，提高自主创新能力。加强产学研合作，促进科技成果高质量转化，为形成和发展新质生产

力提供强劲动能。结合企业科技创新需要，积极申请建设现代农业、寒地施工、寒地试车、煤矿灾害治理等重点实验室。

第二，黑龙江省推动发展"四个经济"和"双碳"指导意见实施，进一步加大在"四个经济"以及新能源、新材料、高端装备制造等领域投资力度，积极培育战略性新兴产业。通过企业振兴推动产业振兴，按照"做大一批、做优一批、做强一批、育新一批"的思路，推动《黑龙江省地方国有企业振兴专项行动方案（2022—2026年）》落地。同时，地方国有企业加强与一重、哈电等驻省央企战略合作，推动战略性新兴产业融合集群发展。发挥国有资本投资公司作用，更多利用市场化手段和平台加大对前瞻性战略性新兴产业的投入。

（六）政府主动出击，搭建对接平台，创新央地合作模式

央地合作不仅为黑龙江省国有企业注入了活力，更为黑龙江省经济振兴提供了强劲的动力。因此，2018年和2020年，黑龙江省委、省政府与国务院国资委先后两次举办合作交流活动，围绕做好"三篇大文章"，抓好"五头五尾"和"深化国企改革、助力龙江振兴"共谋合作发展，为黑龙江省与央企合作搭建了高端化对接平台。在合作交流的过程中，双方还就"深化国企改革、助力龙江振兴"这一主题进行了深入的探讨与合作。这一系列合作，不仅为黑龙江省与中央企业之间的合作搭建了一个高端化的对接平台，也为双方的互利共赢开辟了新的路径。此外，黑龙江省委、省政府更是紧密围绕推动重大项目的落地实施，与中央企业不断加强顶层设计和整体规划。双方积极融入彼此的重要规划布局，通过科学规划引领项目投资建设，确保项目顺利推进。在这一过程中，一批批重大项目如"油头化尾"、页岩油开发、电力外送通道、中俄石油天然气管道等得到了加速推进，为黑龙江省的经济社会发展注入了新的活力。

二、新时代黑龙江省国有经济布局优化与结构调整的成效

黑龙江省以保障"五大安全"、建设"六个强省"、聚焦"十个新突破"

为导向，围绕"三篇大文章"和"五头五尾"，分级建立了招商引资重点项目库，不断优化与调整国有经济布局，特别是党的十八大以来，进一步聚焦战略安全、产业引领、国计民生、公共服务等功能，调整存量结构，优化增量投向，推动国有经济进一步向能源资源、交通水利、农业产业、生态林业、旅游康养和战略性新兴产业等关系国民经济命脉的重要行业和关键领域集中，推动国有企业战略性重组和专业化整合。形成了区域协调、产业集聚、优势互补、动能转换、活力增强、融合发展新局面，不断增强国有经济竞争力、创新力、控制力、影响力、抗风险能力，充分发挥国有经济在黑龙江经济中的主力军作用，为实现黑龙江全面振兴全方位振兴做出新的贡献。

（一）黑龙江省国有经济混合所有制改革成效凸显

自 2016 年以来，全省地方国有企业完成混改 100 户，共引进非国有资本 90 多亿元，促进了国有资本和民营资本取长补短、共同发展。2017 年省国资委出资企业营业收入同比增长 16.3%、上缴税费同比增长 39.3%；2018 年 1—8 月省国资委出资企业累计实现营业收入同比增长 1.1%，利润总额增长 7%，实际上缴税费同比增长 47.4%。2020 年 1—9 月，在新冠疫情的影响下，省国资委出资企业在严峻的经济形势下依然实现正增长，实现营业同比增长 19.37%，三季度营业收入较二季度环比增长 40.63%。截至 2022 年底，全省地方国有企业资产总额同比增长 7.43%，首次突破 2000 亿元，同比增长 13.44%；利润同比增长 55.23%。其中，省国资委出资企业资产总额同比增长 9.84%，各项指标创历史新高，营业收入和利润总额增长率位居全国省级监管企业前列，省地方国企净利润实现正增长。投资拉动作用有效发挥，税收贡献保持两位数增长，地方国有企业上缴税费同比增长 53.35%。其中，省国资委出资企业已缴税费同比增长 73.96%，首次突破 100 亿元，占全省税收收入的 6.82%。2023 年，黑龙江省地方国企实现营业收入进一步增长，其中黑龙江省国资委出资企业实现营业收入占全省 63%，实现利润 34.15 亿元，占全省 74%，切实发挥了主力军作用。

（二）黑龙江省国有经济产业布局得到显著优化

黑龙江省国有经济的布局现状主要体现在加快发展战略性新兴产业、优化产业布局、加强科技创新和投资，以及提升国有企业的核心竞争力和影响力。

黑龙江省国有企业在布局战略性新兴产业方面取得了显著进展。例如，黑龙江航运集团有限公司、哈尔滨电气集团有限公司、哈尔滨工程大学等联合研发的纯电动新能源客船"领航之星"号，标志着北方船舶工业公司这家具有百年历史的"老字号"国企迎来了未来 40 年船舶迭代的转型机遇，为装备制造业再添新动力。此外，发电装备智能制造创新中心成立，成为黑龙江省首家省级制造业创新中心，旨在引领产学研用协同创新，解决发电装备领域共性关键技术问题，推动产业转型升级。

在优化产业布局方面，黑龙江省国有企业积极调整产业结构，推进国有经济布局优化和结构调整，加速传统产业转型。例如，通过加大战略性新兴产业投入力度，培育动能优势，加快形成新质生产力，加快科技创新步伐，加大招商引资力度，拓展央地合作领域。

加强科技创新和投资是黑龙江省国有企业发展的重要方向。例如，新产业投资集团积极以投代引，投资 5.7 亿元、带动投资 19.3 亿元，成为黑龙江省"4567"现代化产业体系建设最可信赖的"长期资本""耐心资本"和"战略资本"。

在提升国有企业的核心竞争力和影响力方面，黑龙江省国有企业通过实施国有企业改革深化提升行动，加强调度，坚持问题导向强化治亏工作，以创新为驱动力，用增量创新破除存量瓶颈赢得发展先机。同时，聚焦债务风险，压控存量严控增量，关注经营风险，加强贸易管理，建立止损机制，严抓安全风险，提高安全生产水平。

综上所述，黑龙江省国有经济的布局现状体现了对战略性新兴产业的重视、产业布局的优化、科技创新和投资的加强，以及核心竞争力和影响力的提升。

（三）央地合作在带动黑龙江省百大项目投资建设上颇具成效

截至 2020 年底，黑龙江省共推动建设百大项目 658 个，总投资 14653.2

亿元，其中央企投资建设项目 81 个，占比 12.3%，总投资 2237.5 亿元，占比 15.3%。从进展情况来看，央企投资项目已完工 55 个，在建 26 个，完工率 67.9%，比百大项目整体完工率高 34.9 个百分点，央企项目累计完成投资 1129.3 亿元，投资完成率 50.5%，比百大项目整体投资完成率高 12 个百分点。（见表 3-3-1）

表 3-3-1 央企百大项目投资主体所属央企集团分布

央企集团	总投资额（亿元）	项目数（个）	央企集团	总投资额（亿元）	项目数（个）
国铁集团	819.6	7	中能建	23.8	2
中石油	520.8	18	一重集团	21.6	2
国家电网	170.0	5	华电集团	19.5	1
国家电投	100.1	4	国家能源	14.3	2
中铝集团	73.3	1	中粮集团	13.9	2
五矿集团	60.0	1	兵工集团	13.2	1
中铁建	50.0	1	国机集团	12.0	1
中建材	36.0	4	中节能	7.8	2
国家管网	34.7	3	中广核	7.8	1
国投集团	31.1	3	中国电子	5.0	1
哈电集团	24.9	5	三峡集团	3.9	1
中国移动	24.9	2	华润集团	2.5	1
兵装集团	24.8	1	中林集团	2.0	1
大唐集团	24.7	3	宝武钢	2.0	1
华能集团	24.3	3	中国铁塔	1.1	1

从项目类型来看，基础设施项目 20 个，占 24.7%，主要是铁路、电网、油气管网、通信和民生基础设施等项目；产业项目 61 个，占 75.3%，其中新

能源项目 24 个，占产业项目总数 39.3%；"五头五尾"项目 22 个，占产业项目总数 36.1%，其他产业项目 15 个，占 24.6%。（见图 3-3-1）

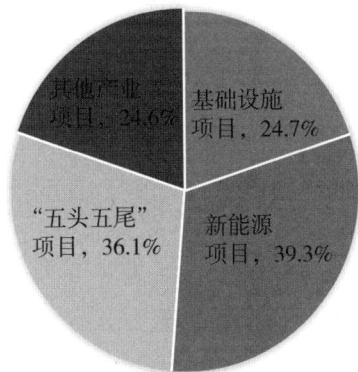

图 3-3-1　中央企业在黑龙江投资不同类型项目占比情况

从所在市地看，除七台河以外，其他 12 个市地都有央企百大项目，项目数前 3 位分别是：大庆 18 个、哈尔滨 16 个、绥化 11 个（见图 3-3-2）。国投海伦、国投鸡东玉米燃料乙醇项目、国能神华宝清电厂及朝阳煤矿、五矿萝北云山石墨深加工、哈电抚远生物质热电联产项目为县域经济发展做出了贡献。

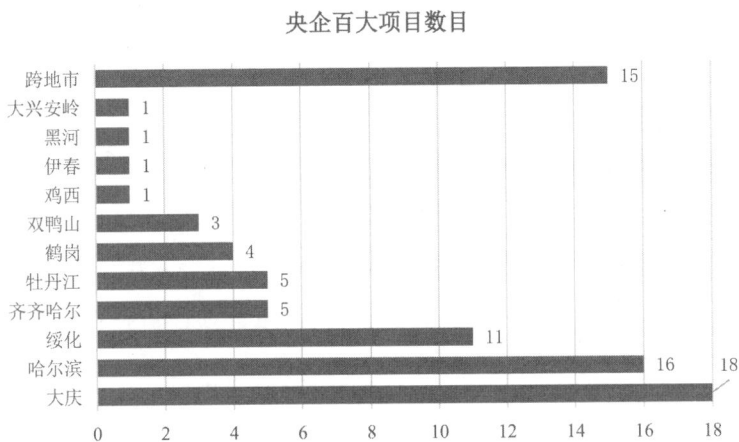

图 3-3-2　央企百大项目所在市地分布

从产业带动作用看，央企与地方围绕做好"三篇大文章"强化项目建设，对黑龙江省优化产业结构发挥了重要支撑作用。改造升级"老字号"焕发新活力，一大批"老字号"央企强化高质量项目建设，推动传统产业向中高端迈进。东安动力中高端发动机变速器项目建成投产、新能源混动系统新基地项目开工建设，助力"老东安"成为兵装集团商用车、中高端轿车动力总成新基地。中建材北方水泥新型干法智能熟料生产线项目，通过技术升级淘汰落后产能，为企业赢得发展新空间。兵工集团航空弹药研究院生产能力建设项目开工，助力"老字号"军工企业在集团内部获得新站位。深度开发"原字号"形成新优势，驻省央企依托资源优势加快"五头五尾"项目建设，"原字号"产业链条不断延伸。2020年，全省实施"油头化尾"项目97个，总投资403.2亿元，大庆石化炼油结构调整转型升级项目建成投产，正式跨入"千万吨级"炼化企业行列，助力全省炼油能力达到2580万吨。国能神华宝清电厂两台60万千瓦机组并网发电，朝阳露天煤矿达产1100万吨，烂尾超10年的项目得以盘活；腐殖酸千吨级中试项目建成调试，开展腐殖酸钾口服液研制，填补国内空白。国投海伦玉米燃料乙醇项目建成投产，鸡东项目即将建成，助力黑龙江省酒精生产能力实现全国第一。中粮蒙牛大庆乳制品生产基地项目开工，进一步融合草牧奶全产业链，提升黑龙江省奶业竞争优势。培育壮大"新字号"实现新突破，一大批"新字号"央企项目相继落地，为黑龙江省产业结构调整集聚新动能。中国移动哈尔滨数据大中心一、二期项目累计投资42亿元，成为集团大数据战略核心节点，吸引120余家企事业单位入驻，带动黑龙江省新一代信息技术全产业链加快发展。中建材佳星玻璃年产1900万平方米薄膜玻璃生产线建成投产，年产100兆瓦碲化镉玻璃项目加快建设，助力佳木斯市打造光电新材料产业集群。哈玻院国家新材料产业基地开工建设，支撑企业成为民用航空航天等领域新材料研发制造重要基地。一重上电风电装备制造基地投入使用，形成年产100台风机、400套叶片的生产能力。哈电集团重组湘电风能，在燃气发电、生物质发电基础上，加速向新能源产业布局。国电投大庆光伏储能实证实验平台将为国家制定产业政策和技术标准方面贡献龙江力量。

（四）国资监管不断取得新成效

在推进经营性国有资产集中统一监管方面，黑龙江省积极落实"三统一""三结合"要求，加强专业化体系化法治化监管，以有力有效的国资监管工作更好保障和服务国有企业高质量发展。不断巩固完善以政治监督为统领，业务监督、综合监督、责任追究"三位一体"的监督工作体系，发挥外部董事、总会计师、总审计师监督作用。加强与审计、纪检监察、巡察的协同监督，统筹用好规划引领、投资监管、财务监管、考核激励等手段，建立协同配合工作机制。同时巩固集中统一监管改革成效，具备条件的市加快成立独立的国资监管机构，配齐配强监管力量。目前黑龙江省属经营性国有资产统一监管比例超过 98%，划转国有权益 392.29 亿元充实社保基金；此外，指导建投集团等 4 户省属企业积极开展省级国有资本投资公司试点，授予 4 户集团公司董事会 25 项权利；全面防范化解重大风险，建立重大经营风险报告制度，国有资产监管机制得到了进一步的完善。

从"管企业为主"向"管资本为主"进行过渡，转变国资监管部门职能，相关职能部门的工作重点进行转变，重点对黑龙江省国有经济运行情况进行监管，这种职能上的转变对全省国有资产的保值增值具有重要作用，也为今后的国企国资改革进行了铺垫。成立黑龙江省国资全面深化改革领导小组，对省属国企和市地国企进行统一部署，有针对性地解决每户国企在改革发展中遇到的重要问题，跟踪督促改革进程。黑龙江省深化改革领导小组协调外部管理机构和内部管理机构之间的问题，平衡改革发展中出现的矛盾，让黑龙江省国企在市场经济的竞争中处于可持续发展的良性状态。在核心技术和现代化服务上进一步开放，扩大多边合作模式，吸收国内外先进技术和管理经验，努力提高产品服务化质量，积极采纳来自社会各界的意见，借助外力推动黑龙江省国企改革步伐。黑龙江省逐渐摆脱对传统行业（煤炭、石油）的依赖，把风力发电、地热能、生物质能、太阳能等新能源作为改革的方向，打造一条合理利用自然资源禀赋和地理位置优势、符合黑龙江省情的国企改革之路。

三、新时代黑龙江省国有经济布局优化与结构调整存在的主要问题

黑龙江省国有经济发展基本实现了国有资本"做大"的目标，但还没有实现国有资本"做优"，也没有实现国有资本的"国家使命"功能定位，总体上呈现出"大而不优"的国有经济格局。近年来，国企改革与国有经济发展虽成绩斐然，但深层次困难也日益凸显。

（一）国企改革内生动力不足，内部压力较大

黑龙江省一些老牌国企依靠资源优势和市场优势已经失去自身的竞争动能，在占有大量生产要素和沉淀成本较高的同时，又能享受到政府在融资、行政审批等政策上的便利，企业自身认为保持现状是一种求稳的选择，这导致企业改革的内生动力严重不足。除了体制机制束缚，创新人才的流失和短缺也是制约黑龙江省国企改革的重要因素。由于分配制度、用人机制等方面的制约，国有企业难以吸引和留住高端人才，导致企业缺乏核心关键技术，市场适应性差。在混合所有制改革中，最大的困难就是防止国有资产流失，这种改革的风险性和不确定性对黑龙江省国企混合所有制同样产生了一定的影响，地方政府和国企的管理者在多重压力下，在国企改革的时机、环节、流程上会通盘考量，这可能导致改革的时机错失。国有经济和非国有经济在生产要素的分配上存在不平衡、行政审批环节繁多等问题，只有市场机会准入门槛等方面的问题得到根本性消除，黑龙江省的混合所有制改革才能取得更大的实效。

从内部压力来看，尽管近年来黑龙江国企改革取得了一定成效，但部分国有企业仍面临经营质效不高的问题。这主要表现为盈利能力不强、成本控制不力、市场竞争力较弱等。黑龙江的国有企业多集中在传统产业领域，高新技术产业占比较低。这种产业结构单一的现状使得企业在面对市场波动时

缺乏回旋空间，容易受到外部冲击。作为老工业基地，黑龙江的国有企业数量较多，改革任务繁重。在推进改革的过程中，需要协调处理好各种利益关系，确保改革平稳有序进行。

（二）非国有资本参与混合所有制改革的观望态度

近年来，非国有资本在新兴产业领域展现出了强劲的发展势头，但国有资本占据主导地位的传统产业参与度却相对较低。黑龙江省的国有经济若要在未来的改革进程中取得显著突破并达到预期的改革效果，就必须充分激发非国有资本的活力和融合力。只有当国有资本与非国有资本共同构建出完整且高价值的产业链和价值链时，黑龙江省的国企改革才能真正进入全面深入的施工阶段。在这一过程中，非国有经济持有者对于产权制度的完善程度给予了高度关注。民营企业家普遍担忧，若产权保护制度存在缺陷或不足，可能导致其自身资产的流失。由于国企体量大、资本雄厚，非国有经济即便参与其中，往往也只是产业链中的一个环节，难以取得控股地位。因此，众多民营企业对参与混合所有制改革的风险与机遇进行仔细权衡，持有一种谨慎的观望态度。

（三）重化工业比重大，产业结构有待优化

从产业结构的视角分析，黑龙江省的经济仍然以国有资源型经济为主体，对石油、煤炭等资源的依赖程度极高，而资源利用效率却相对低下，这在一定程度上制约了经济的可持续发展。尽管汽车工业、电子装配、医药、食品等行业近年来取得了较快的成长，但由于国有资源型工业在产业结构中所占比例过高，挤占了其他行业的社会资源和发展空间，限制了第三产业的活力与潜力，使得已经失衡的产业结构难以得到有效改善。因此，黑龙江省在推进产业结构优化升级的过程中，需要更加注重平衡发展，降低对资源的过度依赖，提升资源利用效率，同时加大对新兴产业的扶持力度，以实现经济的持续健康发展。

（四）历史遗留负担较重

黑龙江省的国有企业，特别是那些历史悠久的"老字号"企业，承载着

沉重的社会责任和历史遗留负担，这使得改革面临着更大的难度。由于这些企业中离退休人员众多，给企业的日常经营与发展带来了不小的压力，导致企业难以全身心投入到改革与发展的艰巨任务中。从财务表现来看，黑龙江省国有企业的利润总额、资产负债率和净资产利润率均处于全国的中下游水平，这进一步凸显了改革的迫切性和重要性。

在国有经济的"存量"资产方面，其总体结构存在明显的不合理性。一些企业仍然面临着生产设备老化、产品结构单一以及管理效率不高等结构性问题。这些问题不仅限制了企业的市场竞争力，也阻碍了其以更高、更全面的视角来推进国企国资改革。因此，为了推动黑龙江省国有企业的持续健康发展，必须正视并解决这些结构性问题，为企业的改革与发展创造更有利的条件。

第四节　新时代内蒙古自治区国有经济布局优化与结构调整的重要举措、成效与问题

一、新时代内蒙古自治区国有经济布局优化与结构调整的重要举措

（一）以"五大任务"为方向，推进实施国有经济布局优化与调整战略

"五大任务"是指把内蒙古建设成为我国北方重要生态安全屏障、祖国北疆安全稳定屏障、国家重要能源和战略资源基地、国家重要农畜产品生产基地、国家向北开放重要桥头堡，概括为"两个屏障""两个基地""一个桥头堡"。完成好"五大任务"，既是贯彻落实习近平总书记提出的将内蒙古建设成为"模范示范区"的重要举措，也是推进中国式现代化的主抓手和重大政治任务。对内蒙古自治区国有经济而言，"五大任务"既指明了内蒙古在新

时代新征程上的重大责任和光荣使命，也指明了内蒙古完整准确全面贯彻新发展理念、服务和融入新发展格局的努力方向和着力重点。其中生态安全屏障、能源和战略资源基地、农畜产品生产基地和桥头堡四个方面的任务，成为自治区国有经济布局优化与结构调整的重点任务。为此，自治区国资委加快加强国有经济布局调整力度，积极推动相关区属企业认真落实上述重点任务。

在北方重要生态安全屏障建设方面，自治区国资委积极推动森工集团、公投公司、蒙能集团、水投集团、煤勘集团、有色地质集团和土地收储公司等多家区属企业统筹推进山水林田湖草沙治理，包括探索生态产品价值实现机制、参与蓝天碧水净土保卫战、建设绿色矿山等；在能源和战略资源基地建设方面，推动蒙能集团、电力集团、包头钢铁、森工集团等企业积极布局现代能源经济，包括参与大型风电光伏基地建设、构建新型电力系统、布局储能产业、拓展新能源，应用场景和发展生物质能等；在农畜产品生产基地建设方面，推动储备粮公司、森工集团、交投集团、地矿集团和蒙盐集团促进农畜产品生产基地优质高效转型支撑力提升，包括加大粮食减损力度、发展林下经济、挖掘耕地后备资源潜力、开展水资源保障能力综合评价开发和畜牧盐产品等；在桥头堡建设方面，推动高速集团、机场集团、交投集团、国贸集团、电力集团、包钢集团、电影集团更好服务"一带一路"和中蒙俄经济走廊高质量发展，包括布局基础设施互联互通、畅通中蒙欧航空物流通道、常态化运营中欧班列、推动跨境输电通道建设、发展对外贸易和深化人文交流合作等。

（二）制定发布国有经济布局优化与结构调整规划

按照国务院国资委的要求，各地国资委都要制定"十四五"国有经济布局优化与结构调整规划。为此，自治区国资委举办了全区国有资本布局与结构战略性调整"十四五"规划培训班，科学地讨论了自治区国有经济布局与结构调整的重大问题，充分认识"十四五"期间推进国有资本布局优化和结构调整的重大意义，深刻把握了"十四五"时期自治区国有经济布局优化和调整遵循的原则，安排部署了全区国资国企"十四五"规划编制工作。

2022年1月，自治区国资委发布了《内蒙古自治区"十四五"国有资本布局优化和结构调整规划》（下称《规划》），紧扣内蒙古战略定位，明确了"十四五"时期内蒙古国有资本布局优化和结构调整方向。根据《规划》，自治区国资委在"十四五"期间，坚定不移走以生态优先、绿色发展为导向的高质量发展新路子，紧扣"两个屏障""两个基地"和"一个桥头堡"的战略定位，聚焦服务战略安全、产业引领、科技创新、公共服务、开放合作等功能，聚焦解决发展不平衡不充分问题，聚焦国资国企历史使命和主责主业，调整存量结构、优化增量投向，加快形成区域协调、产业集聚、优势互补、动能转换、机制灵活、融合发展的国有经济体系；自治区国资委将不断引导国有经济，布局建设绿色特色优势现代产业体系，在"科技兴蒙"行动和前瞻性、战略性产业领域的投入布局。提升国有经济对公共服务的支撑保障能力；自治区国资委将加大支持国有资本服务融入国内大循环、畅通国内国际双循环，加大建设我国向北开放重要桥头堡的力度，加快推动充分竞争领域国有资本有序流动，优化国有资本组织结构和形式。形成定位清晰、布局合理、功能科学的国有经济体系，并在自治区经济社会发展中发挥战略引领和基础保障作用。

（三）加大国有经济科技创新布局强度，强化企业科技创新主体地位

为了更好地落实国家构建科技创新举国体制战略，自治区国资委制定印发了《提升自治区直属国有企业自主创新能力的指导意见》，将研发投入强度纳入国有企业负责人经营业绩考核，统一研发投入核定口径，鼓励企业加大研发投入，在经营业绩考核中实行研发投入增量，按150%视同利润加计和重大科技创新成果单项加分政策，推动国有企业研发投入强度稳步增长。

与此同时，自治区国资委不断完善国有经济创新体系。研究制定了鼓励国有企业重点领域研发指导目录，指导推动监管企业在新能源、新型电力系统、稀土新材料等重点领域开展科技攻关。跨机构、跨地域联合国内外优势高校和科研院所，加快推进国家重点实验室、重点研发项目建设，完成首个稀土国际标准制定工作。依托"蒙科聚"平台发布技术成果市场询价公告，公开挂牌科技成果项目，加速成果转移转化。

此外，自治区国资委积极推动创新人才向国有经济加速集聚。持续推动国有企业大力引进和培养一流科技领军人才和创新团队、青年科技人才、优秀工程师、北疆工匠等，一批科技带头人、首席专家、科技项目负责人入选本土重点人才培养项目。出台《推进监管企业中长期激励的实施意见》《全面深化"科改行动"的若干措施》，在业绩考核、中长期激励、财税奖励等方面"能给尽给、应给尽给"。

【资料】内蒙古自治区国资委组建人才控股集团

2022年，内蒙古国有资本运营有限公司，联合广州人才集团有限公司，共同组建了自治区人才控股集团。该集团为国有全资、人才全要素服务企业。集团业务板块涵盖人才招聘引进、人才培训测评、人才活动策展、人才数字平台建设、人才评鉴与职业发展、业务流程外包、人才双创投资、人才管理咨询与智库、人才基金运营等领域，将以蒙穗合作为切入点，通过资源共享、优势互补实现共同发展。组建后的内蒙古人才控股集团，围绕自治区"人才强区"战略，主动整合资源，搭建自治区就业创业及高层次人才引进综合服务平台，力争实现覆盖全区、联通全国，实现共享全国人才大数据。

集团组建后，广州人才集团、常州创业投资集团、内蒙古和林新区管委会、香港兴源公司纷纷与其签署了战略合作协议。

（四）积极布局战略性新兴产业和数字经济等新质生产力领域

自治区国资委制定出台了国有企业主责主业动态管理制度，将适应转型升级的战略性新兴产业等纳入拟培育主业，加速推动监管企业在新能源、新材料、装备制造、数字经济、节能环保等战略性新兴产业领域的投资建设，围绕稀土、新能源、电网、林业碳汇等优势业务开展保链稳链补链强链工作。

第一，自治区国资委以能源集团、交投集团区属企业为依托不断提高前瞻性、战略性新兴产业领域布局强度。依托能源集团培育发展新能源装备制造产业，依托交投集团加快发展通用航空产业，依托公投公司积极发展节能环保产业，依托包钢集团加大低碳核心技术研发和"卡脖子"技术攻关。

第二，自治区国资委积极推动产业数字化转型，大力发展数字经济。推动钢铁产业生产线智能化进程，建成碳汇交易业务系统；推动影视产业建成自治区视听作品数字版权服务工作站；推动电力产业建设智慧电厂；推动煤勘产业智能化建设和改造升级；推动交通产业建设智慧高速和共享数据中心；推动森林产业建设森林防火预警监测中心；推动供水产业建设智慧水务；推动出版印刷产业印刷全流程数字化、虚拟化、智能化。

（五）不断深化与中央企业合作，达成多项战略合作框架协议

内蒙古自治区国资委一直与国务院国资委保持紧密联系，不断加强区属国有企业与中央企业的合作关系。中央企业已成为内蒙古在能源、煤化工、有色金属、装备制造、云计算大数据等支柱产业当中的重要组成部分，有力地促进了内蒙古产业结构转型升级。同时中央企业积极参与内蒙古民生改善工程，全力推动脱贫攻坚，大力支持公益事业，为区域经济发展和民族团结做了大量工作，已经成为推动内蒙古经济社会持续健康发展的重要力量。截至 2016 年底，国资委监管的中央企业在内蒙古设立各级子企业 943 户，资产总额达到 1.1 万亿元，2016 年实现营业总收入 3905.1 亿元，上缴税费 330 亿元。[1]

---

[1]《力促转型　共绘蓝图：内蒙古自治区与中央企业合作恳谈会纪实》，2017 年 3 月 2 日，https://inews.nmgnews.com.cn。

"十三五"期间，内蒙古自治区为了更好地发挥国家重要能源资源基地、重要生态安全屏障和重要安全稳定屏障作用，与中央企业在落实国家战略、深化国有企业改革、实施创新驱动和履行社会责任等四个方面实施了更为深入的战略合作。

在落实国家战略方面，自治区国资委结合内蒙古边疆、民族地区区位特点，充分发挥中央企业在人才、技术、管理、资金和市场等方面的优势，找准契合点和切入点，积极参与到内蒙古的资源开发、产业结构调整、产业园区建设等工作中，不断拓宽合作项目空间，提升合作项目质量和市场竞争力，形成融合发展新格局，为内蒙古经济社会发展做出积极贡献；在深化国有企业改革方面，中央企业以市场为导向，积极参与内蒙古地方国有企业改革改制，全方位、深层次、多领域深化与内蒙古地方国有企业的合作，实现国有资本在更大范围、更高水平上的优化配置；在实施创新驱动方面，中央企业积极参与内蒙古作为国家重要能源基地、新型化工基地、有色金属生产加工基地、绿色农畜产品生产加工基地、战略性新兴产业基地和国内外著名旅游目的地建设，主动承担内蒙古重大创新工程，加快建立创新创业基地，搭建创新发展平台，在加快建设现代化内蒙古进程中发挥更大作用；在履行社会责任方面，与自治区国有企业一同积极践行绿色内蒙古，参与扶贫，安全生产。

进入"十四五"以来，自治区国资委为进一步深入贯彻习近平总书记关于新时代东北全面振兴重要论述精神，认真落实国务院国资委关于振兴东北央地百对企业协作行动部署安排，落实自治区国企改革三年行动方案要求，推动自治区央地企业协作落地落实。先后推动内蒙古环投集团与华润集团环保科技公司战略合作协议，内蒙古能源集团与内蒙古伊东资源集团和东华能源公司签署石岩沟井田转股框架协议。2021 年 9 月 2 日，自治区国资委又召开了振兴东北央地百对企业协作行动推进会，旨在在更多领域进一步加强与央企合作。

（六）成立企业转型升级基金和新能源装备制造产业发展基金

企业转型升级与新能源装备制造产业发展，仅依靠微观主体自身的力量，很难在短期内完成任务，需要集中资源重点突破，为此，自治区国资委成立了用于推动自治区国有企业转型升级的基金和新能源装备制造业发展基金。

2021年，内蒙古环保投资集团、国家能源集团内蒙古电力有限公司、国家电投集团内蒙古能源有限公司、中国大唐集团有限公司内蒙古分公司、华电内蒙古能源有限公司、中国长江三峡集团公司内蒙古分公司、北方联合电力有限责任公司、中广核新能源投资（深圳）有限公司内蒙古分公司、天津中环半导体股份有限公司、华润电力北方大区等多家公司联合签署了内蒙古新能源装备制造产业发展战略合作协议，旨在引导建设内蒙古自治区千万千瓦级新能源基地，使内蒙古自治区能源生产由传统的化石能源向清洁能源转变，确保按期实现节能减排和"双碳"目标，推动经济高质量发展。这既是落实习近平总书记对内蒙古重要讲话重要指示批示精神的具体实践，也是落实自治区第十一次党代会提出的"两率先""两超出"发展目标和大力发展新能源装备制造业、运维服务业的重要举措。可以说，内蒙古自治区新能源装备制造产业发展基金，对推动打造内蒙古乃至中国北方先进新能源装备制造产业基地、提升内蒙古新能源产业在国内影响力、助力自治区绿色发展转型升级和经济高质量发展具有重要意义。

2018年7月，根据自治区政府的部署和要求，自治区国资委通过公开招选和认真考察的方式，将珠海横琴新区雷石基金管理机构确定为合作伙伴，旨在深入贯彻落实党中央、国务院关于新一轮国企国资改革的部署和要求，优化自治区国有经济布局结构，推进国有企业高质量发展，促进国有资本与金融资本、社会资本融合，自治区政府决定设立自治区国有企业转型升级基金。

（七）积极利用内外部资源，不断加强域内外国资国企合作

为了更好更快地实现自治区国有资本布局和结构调整目标，自治区国资

委不仅加强了域内各盟之间的合作，同时也加强了与兄弟省份、直辖市的合作，以及国际合作。

区属企业承担着重要的经济、政治和社会责任，在支持盟市经济建设、参与重大项目建设、扶贫开发等方面义不容辞。一直以来，区属企业与盟市经济技术合作交流不断加深，投资建设的一批重点项目在盟市经济发展中发挥了积极作用。因此，只要有利于国有企业发展、有利于盟市经济社会发展的合作，自治区国资委都予以全力支持。为加强对盟市国有资产监督管理工作的指导监督，促进盟市国有经济改革发展，深化区属企业与盟市经济交流合作，2015年12月，自治区国资委赴乌海市、阿拉善盟进行调研，并签署了战略合作框架协议，建立起了更紧密的合作机制。几乎在同一时间，自治区国资委与兴安盟行署又正式签署了《兴安盟行署与内蒙古自治区人民政府国有资产监督管理委员会战略合作框架协议》，使得自治区国资委出资监管企业与兴安盟协作发展的机制更加完善和健全。自治区国资委结合既定战略布局和系列战略合作协议框架的落实，持续推动国有资本发展驱动和社会服务功能的实现，从战略高度和长远发展角度，深层次、高水平地推进自治区国资委出资监管企业与盟市的合作，引导出资监管企业主动融入盟市发展格局，大力助推盟市经济转型升级，携手盟市各类企业共同发展，积极履行企业社会责任，努力实现优势互补，互利共赢，共同发展。努力在促进自治区经济协同发展的进程中，做强做优做大国有企业，优化自治区国有经济产业布局。

在加强与区内各盟市之间合作的同时，也在不断加强与区外的合作。2021年9月，内蒙古自治区国资委与北京市国资委就"京蒙合作"及内蒙古森工集团森林生态康养旅游、林下经济生态产业等方面发展召开了座谈会。时任自治区国资委党委委员、副主任丁礼冰强调，通过北京市国资委和自治区国资委的座谈对接，为北京市管企业和内蒙古森工集团交流合作搭建了平台，对于深入推进京蒙两地在更大范围、更宽领域、更高层次合作，巩固扩大京蒙战略合作成果具有重要意义。

此外，自治区还与蒙古国签署了战略合作协议。2015年，内蒙古矿业集团与蒙古国开展矿业资源战略合作签约首批合作实体项目。这次战略合作，推动了《内蒙古自治区深化与蒙古国全面合作规划纲要》和地勘企业"走出去"发展战略的实施。

（八）推进直属企业脱钩和经营性国有资产集中统一监管，解决历史遗留问题

自治区与其他省份一样，历史遗留问题也比较突出，包括企业办社会职能、僵尸企业处置等历史问题。自治区国资委曾多次推动解决历史遗留问题，但收效较小，这其中的一个重要原因就是，自治区在经营性国有资产管理上一直存在"多龙治水"局面，直接导致诸多国有企业改革工作无法通过国资监管部门快速推进，特别是在解决历史遗留问题上。为此，自治区国资委先后召开多次会议，旨在尽快实现直属企业脱钩和由国资委集中统一监管。

2016年8月，国务院国资委督查组在自治区督查国有企业改革和"三供一业"剥离移交工作座谈会强调，要全面落实国家国企改革工作，积极推进驻区央企和自治区国有企业"三供一业"分类移交工作，确保按国家要求做好相关工作，完成改革任务。同年10月，为全面推进国有企业职工家属区"三供一业"分离移交工作，自治区国资委、财政厅与包头市政府召开"三供一业"分离移交工作座谈会。2018年5月，自治区国资委党委委员、副主任何雨春主持召开部分脱钩企业出资人变更工作布置会议，指出，国有企业剥离企业办社会职能和解决历史遗留问题工作是党中央国务院推进国有企业改革的重要举措，是国有企业改革、减轻企业负担的重要机遇期、窗口期，是自治区国有企业改革的重要工作，要把握好"应交尽交""能交则交""不交必改"三个基本原则。2018年11月，自治区国资委、科技厅召开推进经营性国有资产集中统一监管、"处置僵尸"企业工作座谈会，时任自治区国资委主任张金亮强调，脱钩改革和经营性国有资产集中统一监管是一项基础性的改革工作，是发挥市场在资源配置中起决定性作用、推动自治区直属国

有企业真正走向市场、成为独立市场主体的关键。截至 2023 年上半年，国资公司参控股企业 53 户，协同推动 166 户企业经营性国有资产集中统一监管。

（九）组建内蒙古自治区国有资本运营公司，提升国有资本运行效率

组建国有资本运营公司，是国有资本监管方式转变的一项重要标志，是提升国有资本效率的重要制度安排。2014 年，自治区政府审议通过了由自治区国资委起草的《内蒙古自治区改革国有资本授权经营体制改组或组建国有资本投资运营公司的指导意见（送审稿）》。2016 年 12 月，自治区政府又批复了《内蒙古自治区人民政府关于改组设立内蒙古国有资本运营有限公司有关事宜的批复》（内政字〔2016〕36 号文），根据文件，内蒙古自治区国资委发布了改组设立内蒙古国有资本运营有限公司的实施方案。该方案明确了以内蒙古国有资产运营有限公司为基础，通过更名、实施资产划转、完成划转企业的工商变更登记、整合重组等步骤，将内蒙古国有资本运营有限公司打造成为区属国有资本优化配置平台、经营性资产管理平台、新兴产业和创新技术投融资平台、国有企业改革发展基金管理运营平台。

为尽快落实《内蒙古自治区人民政府关于改组设立内蒙古国有资本运营有限公司有关事宜的批复》（内政字〔2016〕36 号）和实施方案要求，明晰改组工作总体思路，启动国有资本运营公司改组设立工作，2016 年 2 月，自治区国资委与内蒙古国有资产运营公司就改组设立内蒙古国有资本运营公司有关事宜组织了专题对接会。

二、新时代内蒙古自治区国有经济布局优化与结构调整的成效

内蒙古自治区国资委坚持聚焦主责主业，有进有退，"加法减法"一起做。一方面，按照聚焦主业、专业化整合归并原则做强做大存量国企，不仅实现国有企业的历史遗留问题基本出清，优化了国有资本存量，而且通过加强央地合作调动了自身优势资本；另一方面，积极贯彻落实了习近平总书记交给

自治区的"五大任务"，初步实现了"四个一批"。

（一）解决历史遗留问题、实现"瘦身健体"目标效果显著

剥离国有企业办社会职能和解决历史遗留问题圆满收官，企业退休人员社会化管理、职工家属区"三供一业"分离移交等历史性难题得到有效解决，企业摆脱了沉重包袱，实现了轻装上阵；大力整治"企业总部机关化"问题，精简总部内设机构、改进总部工作作风；持续深化供给侧结构性改革，打好破产清算、清理退出、整合重组、亏损治理等改革组合拳，加快清理不符合国家和自治区产业方向、企业发展战略和主业方向的非主营非优势企业和低效无效资产，坚决退出长期亏损、扭亏无望的企业；区属"僵尸企业"全部出清，重点亏损子企业、"两非两资"企业全部完成治理任务；大力压缩企业管理层级、减少法人户数，圆满完成了管理层级控制在3级以内、法人户数减少20%以上的工作目标。

【资料】内蒙古2019年底基本出清"僵尸企业"①

内蒙古制定出台了《内蒙古自治区深化国资国企改革两年攻坚行动方案（2019—2020年）》，为全区国有"僵尸企业"出清重组定下明确目标。

按照行动方案，内蒙古将加快清理处置长期亏损、扭亏无望"僵尸企业"和低效无效资产，加快退出一批不具有发展优势的非主营业务，2019年内全区区属"僵尸企业"实现基本出清。据了解，今年初，内蒙古区属69户"僵尸企业"已完成处置41户，分流安置职工近1800人，占需要安置人员总数的八成以上。

同时，内蒙古深化供给侧结构性改革和混合所有制改革，到2020年，原则上企业管理层级控制在3级以内，区属企业法人单位减少20%以上，集团公司总部管理部门和管理人员各减少10%以

---

① 《内蒙古今年底基本出清"僵尸企业"》，2019年7月9日，https://www.gov.cn。

上，国有企业"三供一业"实质性分离移交，区属企业混合所有制企业户数占比达到 65% 左右，平均资产负债率较 2017 年末降低 2 个百分点左右。

（二）自治区国有企业战略性重组与专业化整合迈出实质性步伐

一方面，自治区国资委充分借助央企优势，强化央地合作机制作用，引导自治区国企拓宽视野、打开思路，深化与央企宽领域、多层次实施战略重组；另一方面，自治区国资委还不断开展区地合作行动，推动各盟市国有经济布局优化。

在央地合作方面，自治区国资委先后推动了多项战略重组。主要有：内蒙古环保投资集团有限公司与华润集团完成战略重组；中国广电内蒙古网络有限公司与中国广电集团重组整合；内蒙古自治区水利科学研究院与中国交建集团合资成立中交（内蒙古）建设发展有限公司；电力集团与中国电建集团等央企共同推动乌海、包头美岱和巴彦淖尔太阳沟抽水蓄能电站投资建设，与三峡集团等企业合资组建乌海抽水蓄能公司，参股南方电网数字集团；交投集团与中国铁设集团、中国商飞集团分别围绕铁路全产业开发和通用航空开展合作。

在区地合作方面，自治区国资委主动出击，寻找各盟市国有经济布局短板，深挖各盟市国有经济潜力，通过联合投资、重组等方式，开展了多项合作行动。电力集团联合乌海市金融控股集团、乌拉特后旗富泉实业公司等盟市国有企业推进抽水蓄能电站投资建设；交投集团与包头市、通辽市、赤峰市属国有企业通过合资成立企业的方式，在农牧林水草、新能源、环保、城乡基础设施等方面开展合作；蒙能集团与巴彦淖尔、乌兰察布、鄂尔多斯等盟市国有企业组成合资公司共同开发新能源基地项目；水投集团与赤峰市属国有企业合资成立赤峰城市市政工程有限公司，参与赤峰市重大水利、市政工程建设；内蒙古能源发电投资集团有限公司、内蒙古能源建设投资（集团）有限公司专业化整合组建内蒙古能源集团有限公司；内蒙古高速公路集团有限责任公司、内蒙古公路交通投资发展有限公司整合重组内蒙古交通集团有限公司；内蒙古对外贸易发展有限公司剥离组建内蒙古国贸集团有限公司，谋划推动区属地勘单位改革重组。

【资料】共谋发展新突破　央地携手向未来——呼伦贝尔市国资委组织召开驻在央地国企合作发展交流座谈会①

为深入贯彻习近平总书记在新时代推动东北全面振兴座谈会上的重要讲话精神，认真落实李强总理在国有企业改革发展座谈会上的讲话要求，全面推进国有企业改革深化提升，助力呼伦贝尔市经济高质量发展，2024年6月28日下午，呼伦贝尔市国资委以"'共商共建共享　共生共荣共进'——助力呼伦贝尔市经济高质量发展"为主题，组织召开了驻在央地国企合作发展交流座谈会。会议由呼伦贝尔市国资委主任刘青友同志主持，呼伦贝尔市委常委、常务副市长胡兆民出席并讲话。自治区直、中央驻在企业和呼伦贝尔市属国有企业等60余家企业领导同志参加座谈。内蒙古自治区呼伦贝尔市委常委，市政府党组副书记、副市长胡兆民同志指出，此次"共商共建共享　共生共荣共进"——助力呼伦贝尔市经济高质量发展座谈会是呼伦贝尔市首次举办的规模最大、层次最高、辐射最广的央地国企交流盛会，开辟了驻在央企、区企及市属企业三级联动，共谋经济发展、共创区域繁荣的先河。倡议与会企业要做好党的建设的"排头兵"，始终坚持党的领导不动摇，把党的建设贯穿企业经营发展全过程、各领域，积极争当呼伦贝尔市党建"标兵"、内蒙古地区党建"先进"、全国同行业党建"典范"，以高质量党建引领保障国有企业高质量发展；要做好科技创新的"桥头堡"，充分发挥国有企业创新主体作用，争当科技突围的"先锋队"、先行先试"练兵

---

① 《共谋发展新突破　央地携手向未来：呼伦贝尔市国资委组织召开驻在央地国企合作发展交流座谈会》，2024年7月2日，https://www.hlbe.gov.cn。

场"、科技成果转化"百宝箱"、人才队伍建设"孵化器"，不断提高企业核心竞争力、增强核心功能；要做好经济发展的"压舱石"，坚定发展信心，以新一轮国企改革深化提升行动为抓手，在市委、市政府的坚强领导下，在市国资委组织召集下，各自充分发挥人才、技术、管理、资金、市场和资源等方面优势，不断拓宽合作领域，相互成为最优惠合作伙伴，携手打通上下游产业链服务链，加快凝聚国资国企发展合力，为呼伦贝尔市经济社会高质量发展提供强有力支撑。

（三）落实"五大任务"取得积极进展

一是围绕筑牢生态安全屏障，发挥生态安全保障作用。森工集团持续加大森林资源管理、天然林保护与修复力度，优化完善自然保护地体系，加强湿地保护，稳步实施森林经营，不断推进种质资源保护利用，截至 2022 年底，林权证内森林覆盖率达到 88.04%，森林蓄积量达到 9.76 亿立方米，湿地保护率达到 52.74%，自然保护地占林区总面积比例达到 17.04%；还不断提升森林碳汇能力，打造国有林碳汇储备基地，森林碳储总量稳定在 17.2 亿吨以上，生态系统每年固定二氧化碳达 8500 万吨以上，保守估算林木年固定二氧化碳达 3600 万吨以上。

二是围绕农畜产品生产基地建设，不断促进基地转型，提升支撑力。内蒙古储备粮管理有限公司制定《粮食储存环节减损实施方案》，推广应用缓释通风技术、内环流控温储粮技术，粮食储存损耗率由 1.5% 降至 1% 以内。森工集团"龙头企业＋基地"产业化发展模式基本形成，开发"冷极"品牌系列产品 40 余种。交投集团开工建设补充耕地、城乡建设用地增减挂钩项目，规模分别达到 7341 亩、914 亩，先后在鄂伦春旗、五原县、固阳县等旗县实施拆旧复垦项目 3438 亩。蒙盐集团精准研发定制畜牧舔块产品，有效解决全区牧场土、草、畜矿物质营养失衡与缺失问题，助力牛羊增奶增肉增绒。

三是围绕建设重要能源和战略资源基地，发挥能源安全和战略资源保障作用。在建设重要能源方面：蒙能集团投资建设鄂尔多斯等一批新能源项目，截至 2023 年上半年，累计并网风电光伏装机规模超过 205 万千瓦；电力集团加快推进电网绿色转型，截至 2022 年底，全网新能源装机总容量 3360 万千瓦；包钢集团建成 6 兆瓦分布式屋顶光伏发电项目，41.23 兆瓦全额自发自用新能源项目加快建设；森工集团充分利用林间剩余物发展生物质能源产业，年生产能力达到 1 万吨。在战略资源方面：有色地质集团中标 2022 年度自治区地质勘查基金项目 16 项，战略性矿产资源项目累计在库 59 项；煤勘集团中标 2022 年度自治区地勘基金项目 29 项；地矿集团中标 2022 年自治区地质勘查基金项目 39 项，战略性矿产勘查项目数量累计在库超过 360 项，申报并开展了白云鄂博矿区外围 7 项 1:2.5 万战略性矿产调查；包钢集团加强稀土资源保护性开发、高质化利用、规范化管理，形成了从稀土原矿采冶分离到功能材料、终端应用的完整产业链。

四是围绕桥头堡建设，更好服务"一带一路"和中蒙俄经济走廊高质量发展。高速集团 G55 二广高速公路二连浩特至赛汉塔拉段公路正式通车，助力二连浩特口岸实现高速公路联通；机场集团首次开通呼和浩特—乌兰巴托—伊斯坦布尔国际货运包机航线，截至 2023 年上半年，累计运营 34 架次，完成国际货邮出港 453.3 吨；交投集团、国贸集团，2023 年上半年，累计组织开行中欧班列 1163 列，发运货物 7.4 万集装箱，实现进出口贸易额 16.89 亿美元，其中回程班列全部为自治区需求货物；电力集团已建成 8 条面向蒙古国南部地区供电通道，累计对蒙供电约 120 亿千瓦时；截至 2023 年上半年，包钢集团累计进口蒙古国煤炭 393.82 万吨，国贸集团累计开展俄罗斯钾肥自营进口超过 1.8 万吨，完成钾肥定制班列国际货运代理业务约 4500 专用车、约 30 万吨。

（四）深入实施"四个一批"工程，成效丰硕

自治区国资委根据自治区产业集群和产业链发展规划，积极研究行业发展规律和国有企业经营特点，实施"四个一批"工程：一是重组整合一批。完成了高速集团、公投公司重组整合工作，组建了内蒙古交通集团，解决了同质化经营，助力公路交通运输产业集聚发展和转型升级。二是投资新设一批。自治区国资委在国际贸易、数字经济等领域谋划成立新的国有企业。三是做大做强一批。自治区在能源和战略资源、现代服务业领域持续推动国有资本做强做优做大。四是推动上市一批。从区属国有企业优质资产中初步选定新能源、稀土磁材等板块，启动了上市前期准备工作，进一步集聚优势资源、先进要素，支持企业发展，建设行业关键共性技术平台，提升产业创新发展支撑能力，着力提升企业核心竞争力和核心功能。

【资料】四个"新突破"诠释内蒙古国有经济稳中向好[①]

内蒙古自治区大力优化布局结构，深入实施"四个一批"，推动各类资源向重点产业、优势企业集中，完成包括交通集团等 6 组 12 家企业的战略性重组和专业化整合，组建国贸集团，新设稀土新材料、能源储备、蒙氢管网、氢能绿电等子企业，加快推动能源、电力、稀土等骨干企业做强做大，努力打造"蒙字号"国企新标杆。截至 2023 年末，监管企业资产总额 9787.9 亿元，同比增长 9.7%；完成营业总收入 2836.4 亿元，同比增长 4.9%；实现盈利 122.5 亿元，同比增盈 50.7 亿元，达到近年来最好水平。

（五）国有经济深耕公共服务体系布局，支撑作用进一步彰显

在交通基础设施建设方面：高速集团 G65 包茂高速公路包头至东胜段改扩建工程竣工，G1611 经乌高速、S43 呼和浩特机场高速等开工建设，G110 线毕克齐至协力气段公路前期工作加快推进；公投公司累计开通运营 7 个高速公路项目，新增高速公路里程 818.78 公里。交投集团集大原高铁项目、包银高铁（含银巴支线）项目、集通铁路电气化改造工程和太锡铁路项目顺利实施，鄂榆延高铁、白阿线改造和呼和浩特托清工业园、鄂尔

多斯新街西煤炭物流、阿拉善巴彦敖包、塔拉壕煤矿等铁路专用线项目前期工作加快开展。机场集团突泉县、扎赉特旗通用机场建成通航；交投集团巴林右旗、巴林左旗通用机场建设进展顺利，奈曼旗通用机场工程建设任务完成，克什克腾旗阿斯哈图、乌兰布统通用机场建设前各项手续办理完成。

在能源基础设施建设方面：电力集团累计新增变电容量1897.3万千伏安、线路长度4086.7千米，巨宝庄、托克托和抵边嘎查村、军民融合、边防部队通电等一批重点输变电项目如期投产；加大配网改造升级力度，完成421个老旧小区供电基础设施升级改造；库布其、腾格里、乌兰布和沙漠新能源基地配套电网加快建设，包头地区新能源配套包风1、包风2两项500千伏输变电工程开工建设，鄂尔多斯第一批大基地配套伊和乌素500千伏输变电工程建成投产、过三梁500千伏输变电工程顺利实施、第二批大基地昭沂直流配套电网工程完成可研，巴彦淖尔、乌兰察布和阿拉善第一批大基地配套500千伏输变电工程开工建设；锡西—东苏—塔拉—宝拉格、德岭山—过三梁—布乌开关站500千伏输变电工程顺利推进。电力集团在呼和浩特、鄂尔多斯、乌兰察布等地部署104台公共充电桩，开辟电动汽车充电设施用电报装绿色通道，延伸电网投资界面至用户红线，实现充电设施配套电网建设工程用户"零投资"。公投公司已建成25座新能源汽车充电站。高速集团完成12对服务区充电桩铺设工作。

在水利基础设施建设方面：内蒙古水务投资集团有限公司（以下简称"水投集团"）引绰济辽工程、引绰济辽二期工程顺利实施，黄河内蒙古段河道治理工程可研报告编制完成并上报水利部审查，黄河内蒙古段盟市间水权收储转让二期工程顺利开工建设，蒙东水网骨干工程引嫩济锡工程规划编制完成；尼尔基、绰勒水利枢纽在防洪减灾、抗旱供水方面发挥重要作用。

（六）自治区国资国企统一监管，实现区域协调发展

东部盟市国有企业着力加强蒙东承接产业转移基地支撑能力建设。呼伦贝尔市强化文化旅游、生态农畜林产品加工等产业布局。兴安盟布局发展新能源、生态农牧业、生态旅游等产业。通辽市重点发展绿色农畜产品加工、新能源、文化旅游、粮食购销、数字经济等产业。赤峰市增加新能源、文化旅游等产业布局。锡林郭勒盟重点布局粉煤灰综合利用、风光制氢一体化、文化旅游等产业。满洲里市积极发展进口农产品贸易、跨境电商贸易。二连浩特市突出发展文化旅游产业。服务中部地区一体化发展。

中部盟市国有企业着力构建高效分工、错位发展、有序竞争、相互融合的现代产业体系。呼和浩特市重点布局新能源、文化旅游等产业。包头市做强做优文化旅游、商贸服务等产业，培育发展新能源、生态环保等新兴产业。鄂尔多斯市重点布局发展现代能源经济、文旅、现代物流等产业。乌兰察布市重点推动乌兰察布中欧班列集散中心、国家进口贸易促进创新示范区建设，发展新能源、大数据、康养旅游等产业。服务西部地区转型发展。

西部盟市国有企业着力促进区域发展整体竞争力提升。阿拉善盟、巴彦淖尔市、乌海市抢抓国家实施大型风电光伏基地项目的机遇，积极参与风电光伏、风光制氢一体化示范、抽水蓄能、工业园区绿色供电、"光储＋生态治理"等新能源项目建设。阿拉善盟、乌海市加大特色旅游业投入，推动旅游景区和线路建设、旅游产品和纪念品开发、旅游品牌培育和宣传等。巴彦淖尔市参与甘其毛都口岸建设，积极筹建绒纺产业园。

（七）自治区国有经济布局科技创新形成新成果

第一，重大科技创新攻关取得积极进展。一方面，自治区国资委印发了《自治区国有企业加大研发投入提升科技创新能力实施方案》，将提高研发投入强度和"双创"平台建设纳入监管企业负责人经营业绩考核指标。另一方面，积极申报重大科技攻关项目，开展关键核心技术研究，推进能源、地质勘查、公路建管养运等一批重点领域核心技术加快研究。例如，电力集团累计获得自治区科技进步奖 12 项（其中一等奖 4 项、二等奖 4 项）、中国电机工程学会科技进步奖 2 项、中电联电力科技创新奖 6 项，等等。

第二，特色创新平台载体建设成效明显。自治区国资委参与申建了多个国家创新平台，布局建设了多家自治区创新平台，组建了多个创新联合体。例如建成了国家稀土新材料技术创新中心、内蒙古自治区电力系统智能化电网仿真企业重点实验室、大宗固废资源化综合利用内蒙古自治区工程研究中心、煤勘集团鄂尔多斯市矿山水害防控技术中心、森工集团大兴安岭雷击火防控工程技术研究中心、交投集团内蒙古自治区数字经济安全应用创新中心，等等。

第三，创新主体作用积极发挥。自治区国资委组织开展了国有科技型企业"倍增"行动，实施国有企业"双创计划"，落实"科改示范行动"，使得全区国有企业新增国家高新技术企业 30 户、科技型企业 14 户，建成了 3 家科技企业孵化基地，3 户企业入选"科改示范企业"。

第四，创新人才队伍建设成效显著。自治区国资委通过强化高层次人才引进，推进创新人才培养基地建设，构建了创新人才培养选拔体系，注重创新人才和团队推选，加大对"草原英才"的跟踪力度，完善了区属企业人才队伍建设。例如，自治区国资委监管企业引进国家级高层次人才团队 5 个，其中包钢集团柔性引进院士 2 名、新增院士工作站 2 个；包钢集团建成国家大师工作室 3 个、自治区级大师工作室 4 个，国家级、自治区级高技能人才培训基地各 1 个；自治区国资委监管企业入选自治区第十二批"草原英才"工程高层次培养人才 5 名、优秀工程师 15 名、产业创新（创业）人才团队 1 个。

（八）两类公司功能作用得到有效发挥

落实以管资本为主的要求，调整优化国有资本投资公司总部职能定位和管控模式。包钢集团、蒙能集团、交投集团改组为投资公司试点企业，聚焦产业投资功能，按照"强总部、大产业"的发展思路，形成定位清晰、职责明确的"集团总部资本层—专业化公司资产层—生产单位执行层"三级管理架构体系，在推动管资本、管资产和管经营分开方面开展了积极探索。国有资本投资公司优化管控模式，突出主责主业，围绕主业加大投资融资、培育延伸产业链、开展资本运作，促进了核心竞争力不断增强。针对国有资本投资公司特点，制定授权放权清单，落实董事会职权，授予包钢集团、蒙能集团、交投集团3户投资公司董事会14项权利。落实以管资本为主的要求，增强国资公司资本运作功能。

三、新时代内蒙古自治区国有经济布局优化与结构调整存在的主要问题

总体来看，内蒙古区属国有经济在发展质量效益、国有资本布局结构、国有资本合理流动、体制机制等方面仍存在一些突出问题，这些问题不仅是国有资本布局结构不优的突出表现，也是国有经济多年累积矛盾的集中体现，下一步需要采取更有针对性的措施加快解决。

（一）基础薄弱

国有经济总量小、效益不高，对全区高质量发展的贡献度有待进一步提高。2022年，自治区国资委监管企业资产总额排全国第23位、营业收入和利润总额排全国第24位，全区各级监管企业资产总额和营业收入排全国第24位、利润总额排全国第25位、全员劳动生产率排全国第26位。这些指标与该区生产总值居全国第21位仍有差距，全区经济总量有可挖潜力。

（二）竞争力不强

企业集团内亏损企业户数多、亏损金额大，"小、散、乱"问题突出。从区属企业看，受宏观经济、市场环境、产业周期以及内部管理等多重因素影响，2022年自治区国资委监管企业中有9户亏损，亏损面达45%；独立核算企业中，规上企业占比只有1/2，亏损和非正常经营企业占1/3，1/4的企业营业收入低于100万元。从盟市企业看，94户盟市属一级企业中，34%资产总额不足10亿元，长期处于非正常经营的状态；数量庞大的小企业偏离主业，缺乏市场竞争力，不仅生存发展艰难，而且存在潜在风险和隐患。

（三）创新力不足

一是区属企业主要集中在能源资源开采利用、商务服务、基础设施等领域，战略性新兴产业和高科技领域企业占比较低。从区属企业行业户数分布比例看，2022年前5名依次为专业技术服务业7.27%、商务服务业7.07%、金属冶炼和压延加工业6.19%、批发业5.01%、水利管理业4.52%，以上企业中涉足科技领域的仅占7%。从行业企业实收资本分布比例看，前3名依次为商业服务业23.17%、电力热力生产和供应业16.66%、矿采选业11.2%。而战略性产业还是集中于新能源开发运营、节能环保等门槛较低的领域，国有企业的产业支撑责任和地位有待进一步增强。二是企业创新主体作用发挥不足，研发创新能力不强。从创新主体看，2021年，区属各级企业研发投入占全区全社会研发投入的比重仅为40%左右；4/5的独立核算企业没有研发行为。从创新能力看，2022年自治区国资委监管企业争取到自治区科技重大专项3项，仅占全区的8.1%；重点研发和成果转化项目28项，仅占全区的3.9%。

第四章

新时代国内其他地区国有经济布局
优化和结构调整的经验借鉴

党的十八大以来，国有企业改革进入快车道，全国各地区的国有经济发展步入新台阶，依靠区位特征和产业优势，各地国有经济布局优化和结构调整呈现百花齐放的新局面。

第一节　东部地区国有经济布局优化和结构调整的
举措、案例与效果

一、东部地区国有经济布局优化和结构调整的主要举措

党的二十大报告指出，要深化国资国企改革，加快国有经济布局优化和结构调整，推动国有资本和国有企业做强做优做大，提升企业核心竞争力，为新时代国资国企改革加快构建新发展格局进一步明确了方向、提出了要求。"十四五"规划和 2035 年远景目标纲要指出，要加快国有经济布局优化和结构调整，推动国有资本战略性集中，做强做优做大国有资本。东部地区作为中国经济发展的引擎，紧紧围绕国家战略部署，聚焦本地区实际，为提高国有企业核心竞争力和增强核心功能以及加快建设现代化产业体系，不断

推出一系列国有经济布局优化和结构调整的重要举措。以下将对东部地区国有经济布局优化和结构调整相关举措的重要特征进行总结和概括。

（一）围绕地区功能定位，强化国有企业核心功能

增强国有企业核心功能既是新一轮国企改革深化提升行动的重要使命，也是一直以来国资国企改革的重要导向。当今世界正经历百年未有之大变局，对我国经济社会的发展产生了重要影响，对国有经济和国有企业强化核心功能定位提出了新的要求。东部地区围绕地区功能定位和国家战略要求，不断强化国有企业核心功能，提升国有企业核心竞争力。

《北京市国资委国有经济"十四五"发展规划》（以下简称《规划》）中强调，要突出发挥国有经济战略支撑作用。坚持以首都发展为统领，全面贯彻落实北京市委市政府的战略意图，在战略举措部分首次单独设置"服务保障首都新发展"章节，围绕服务"四个中心"功能建设，提升"四个服务"水平，注重"五子"联动有机统筹，对标对表全市重大战略任务，凸显国企责任，提升国有企业服务首都发展的能级。《规划》从布局、创新、产业发展等方面，引导国有企业加大在完善创新能力体系建设和高精尖产业领域等方面的投入力度，推动国有资本向产业链关键环节和价值链高端领域集中，加快攻克一批"卡脖子"技术，探索新技术、新业态、新模式，培育一批具有产业生态主导力的"链长"企业。在智能交通、科技冬奥、产业升级、城市管理等领域推出一批应用场景，积极构建协同创新生态。

天津市紧紧围绕党中央赋予的"一基地三区"功能定位，深入优化调整国有资本布局结构，构建"1+3+4"产业体系，坚定不移走高质量发展道路。天津市国有资本布局与结构调整遵循五项原则：一是要符合天津城市发展方向；二是要符合城市总体规划和土地利用规范；三是要符合环保指标条件；四是要充分考虑当地配套能力；五是要充分考虑产业链完整性、资金充足性与资源供给性。其中，渤化集团依托现有存量资源进行转型升级，精细化生产墨粉树脂、染料、医药中间体、合成树脂、顺酐等专利特色产品，在南港工业区投产更多新能源、新材料项目。百利集团优化增量投向，将未来资产

布局方向投向包括智能研发装备、自动化生产线、工业机器人、高档数字机床在内的智能制造，研究与实现"碳达峰碳中和"目标相关的节能减排技术，发挥集团存量基础，创新军民融合项目。

广东省省属企业明确地区功能定位，有针对性地采取合并重组、主业调整、做强主业及剥离不良资产等方式路径，优化国有资本布局和企业资产配置，有的放矢推动国有企业改革。广东省国资委实施了 5 组集团层面的战略性重组，将省属企业从原有的 23 家重组为 18 家。通过重组调整和结构优化，省属企业功能定位进一步明确，企业竞争力和抗风险能力进一步增强。目前省属企业资产总额超过 70%，集中在基础性、公共性、平台性、引领性等重要行业和关键领域。

山东省东营市为进一步增强市属国企核心功能，提升核心竞争力，出台了《关于深化国资国企改革推动高质量发展的实施意见》，对市属国资国企进行战略性重组和专业化整合，构建起"1+2+5"市属国企发展新格局。"1"即组建市国投集团，开展国有资本投资运营试点；"2"即重组市城建集团、市财金集团，打造两家大型企业集团；"5"即依托东营能源集团、市文旅集团、军马场集团、黄河三角洲人才集团、东营银行，打造专业化市场化运营板块。通过整合重组，市属国有资产总额突破千亿元，盘活国有存量资产超200 亿元，资产集聚优势突显，企业资信评级和融资能力得到大幅提升，功能定位更加突出，服务和引领全市经济社会发展作用更加突显。

（二）聚焦实体经济，加快建设现代化产业体系

加快建设以实体经济为支撑的现代化产业体系，是实现中国式现代化的根本支撑，是赢得大国竞争主动的迫切需要，也是实现经济高质量发展的必然选择。党的二十大报告明确指出，要把发展经济的着力点放在实体经济上。随着我国经济发展模式的转变，国有企业围绕资本和土地资源优势形成的产业体系正面临着巨大挑战，为提升国资国企的发展质量、形成可持续发展动力、进一步聚焦实体经济领域，加快建设现代化产业体系成为国有经济布局和结构调整的一项重大举措。

事实上，东部地区各地方国资委在制定本地区国资国企"十四五"国有资本布局优化战略规划（见表4-1-1）时，都明确提出了要提高国有资本在实体经济领域的布局力度，以推动国有资本向实体经济领域聚集。《北京市国资委国有经济"十四五"发展规划》明确要求，"十四五"期间要大幅提升前瞻性战略性新兴领域的布局比重，到2025年，高精尖产业营业收入比重要超过三分之一，不仅要形成10至15家具有国际竞争力和品牌影响力的世界500强或行业领军企业，还要打造一批专注于细分市场、创新能力强、成长速度快、发展潜力大的专精特科技型企业。

表4-1-1　部分东部地区国资"十四五"时期产业布局目标

地区	国资国企"十四五"时期产业布局目标
北京	高精尖营业收入比重超三分之一
上海	90% 新增投资集中在关系上海经济社会持续发展的重要行业和关键领域；数字产业占国有经济比重不低于 20%；80% 以上监管企业实现数字化转型
山东	"十强"产业和基础设施重要矿产资源及攻关服务领域资本占比 90% 以上；"十强"产业利润额占省属企业利润总额的 60% 以上；聚焦专业特色打造一批行业一流企业、围绕行业前沿打造"专精特新"企业
浙江	全省国资国企新增投资 15 万亿元以上，战略性新兴产业新增投资 2500 亿元以上
深圳	90% 上新增投资集中在城市保障、城市建设、金融投资、新兴产业，四大产业板块总资产达到 6 万亿元大关，形成 2—3 个万亿级产业集群

"十四五"期间，上海国资国企计划新增投资超过3万亿元，其中90%以上集中在关系上海经济社会持续发展的重要行业和关键领域。在产业布局上，上海国资国企强调要聚焦集成电路、生物医药、人工智能等三大先导产业和电子信息、生命健康、汽车、高端装备、先进材料、时尚消费品等六大重点产业，加大国有资本投入，强化高端产业引领功能。山东省国资委强调，到2025年，省属国资国企要基本完成产业结构调整，90%以上的省属国有资本要集中在"十强"产业和基础设施、重要矿产资源及公共服务领域上，"十强"产业利润额占省属企业利润总额的比重力争达到60%。

（三）优化环境发展增量，实现高精尖技术领域专业化布局

随着科学发展和技术进步，人工智能、量子信息科学、先进制造、生物技术、先进通信网络等前沿领域的竞争已经成为衡量一个国家科技创新和综合实力的重要标志。国家"十四五"规划明确提出，要前瞻性谋划类脑智能、量子信息、基因技术、未来网络、深海空天开发、氢能与储能等前沿科技和产业变革领域。东部地区经济发达，国有企业实力雄厚，同时具有高精尖技术发展的积累优势，具有更强的抗风险能力，因此立足国民经济未来产业发展需求，向高精尖技术领域专业化布局成为东部地区国有经济布局和产业调整的重要举措。

上海市围绕经济社会高质量发展目标，实施增量布局。聚焦集成电路、生物医药、人工智能等三大先导产业和电子信息、生命健康、汽车、高端装备、先进材料、时尚消费品等六大重点产业，加大国有资本投入，强化高端产业引领功能；主动参与"五个新城"建设，加快发展临港新片区、长三角生态绿色一体化发展示范区、虹桥国际开放枢纽等重点区域，新增一批千亿级产业集群，打造一批高品质园区。

天津市实施国有企业数字化赋能行动方案，借助国有经济数据优势，引领数字产业集群建设。利用数字技术赋能国有企业重点行业，以"十字花"转型示范项目为依托，深化各个环节的数字化应用，充分发挥国有经济海量生产数据和丰富应用场景优势，推动数据跨层级、跨地区汇聚融合和深度利用，健全数据资源目录和责任清单制度，做实数字化基础设施建设，提升数字产业集群建设的引领性和先导性价值。

河北省国资委拟建立健全国有企业研发投入的刚性增长机制，落实研发投入"三年上、五年强"专项行动，实施一批具有战略性、全局性、前瞻性的重大科技项目，在关键核心技术领域实现重大突破；与高科技企业、科研院所等联合实施创新平台共享共建，着力打造全省国有企业原创技术策源地；坚持自主培养和引进吸收并重，加大高技能人才、科技领军人才和创新团队的培养引进力度。指导国有企业聚焦打造数字河北目标，在钢铁、能源、生

物医药、现代物流、建材、化工等领域建设一批大数据应用示范工程，建成一批智能制造单元、智能生产线、数字化车间；深入推动智慧高速、智慧港口、智慧机场建设，丰富交通物流数字化场景；完善河北国资国企在线监管平台，加快推进监管数字化。

为落实佛山市大力发展氢能产业的规划部署，佛山市属企业积极推动氢能源有轨电车、氢能公交的应用，并打造制氢加氢站保证气源供应，从供需两端共同发力，助力佛山市实现 2030 年氢能源累计产值 1000 亿元的产业发展目标，其中代表性例子包括：佛山铁投于 2019 年 12 月开通世界首条商业运营的氢能源有轨电车；2021 年 7 月，佛燃能源投资建设的南庄制氢加氢加气一体化站启动试运行，站内天然气制氢能力为 500 标方 / 小时。

（四）提升产业链韧性，保障产业链安全

中美博弈持续升温，暴露了全球产业分工体系的弱点和弊端。在增强国内大循环内生动力和可靠性的大背景下，国有企业作为国民经济的"压舱石"，需要加大对产业关键环节、薄弱环节和短板环节的布局力度，建立起坚强的产业链供应链配置网络，在提升产业韧性中发挥关键作用。2022 年中央经济工作会议明确要求，国有企业要加快打造现代产业链链长，在建设现代化产业体系上发挥领头羊作用。近年来，东部地区纷纷以本地龙头国企为主要力量，推动实施"链长制"，以发挥龙头企业规模资源优势和带动作用，促进产业链上中下游、大中小企业融通创新、协同发展，有力支撑产业链供应链补链固链强链。

作为率先提出"链长制"的经济大省，浙江要求各个开发区聚焦产业链，通过做好"九个一"机制，实现"巩固、增强、创新、提升"产业链。山东省聚焦 10 个重点产业、35 条关键产业链展开深度解剖梳理，每条产业链形成"1 个图谱"和"N 张清单"，以工程化、项目化的方法展开规划设计。"1 个图谱"指精准绘制产业链图谱，"N 张清单"指分别形成产业链龙头骨干企业清单、主要配套企业清单、锻长板重点领域清单、补短板突破环节清单等。

广州市提出将针对智能网联与新能源汽车、绿色石化和新材料、现代高端装备、超高清视频和新型显示、软件和信创、人工智能、半导体和集成电路、生物医药及高端医疗器械、新能源、节能环保和生态、轨道交通、批发零售和住宿餐饮、现代会展业、现代金融业、文化创意、时尚产业、医疗与健康、都市现代农业、体育与健身、建筑业和规划设计、检验检测服务业21个产业规模实力强、产业链条完善、龙头企业支撑突出、发展空间大的产业，建立"链长＋链主"的工作推进体系。

广汽集团为了强化对产业链的控制力，提升自身产业体系韧性，通过与领先企业进行对标，寻找分析产业链短板弱项，结合自身发展需求，加大对汽车芯片布局力度，并谋划进入新能源动力电池领域。在自主创新方面，广汽集团发挥"链主"带动作用，初步建成具有国际水平的新能源汽车产业链体系。围绕产业链开展创新布局，首创国内领先的纯电平台GEP2.0，引入了尼得科电驱、IGBT、宁德时代等产业链核心企业，自主研发的电驱已经规模化应用，自主研发的电芯已经具备产业化条件。在开放合作、有序"强链"方面，广汽集团构建了强大的"朋友圈"。广汽集团积极与产业链相关企业开展合作，着力打造专业化、规模化的零部件板块竞争能力，提高整体发展水平。与华为、腾讯、国网电动、南网电动、滴滴等建立了战略合作关系，与宁德时代合资合作建成了先进电池工厂。在加强资本运营、有效"补链"方面，广汽集团坚持把核心技术掌握在自己手里。围绕集团战略方向，广汽集团对供应链体系开展了战略性、系统性、全局性思考和布局，运用资本力量，补强产业链。

（五）做大做强国有资本，建设世界一流国有企业

立足新发展阶段，构建以国内大循环为主体、国内国际双循环相互促进的新发展格局，打造具有国际竞争力的世界一流企业，充分参与到国际分工中去，在国际产业链供应链中发挥重要作用，是推动优化国有经济布局的重要举措。东部地区国有企业实力较强，部分国有企业跻身世界500强企业，具有建设世界一流企业的潜力。因此，东部地区地方国资委将建设世界一流企业作为国有经济战略重组和国有资本盘活放大的重要举措。

北京市国资委坚持"头雁战略",推动战略性重组和专业化整合,打造龙头企业,开展建设世界一流企业专项行动。市国资委多措并举稳定经济发展,积极发挥全市经济运行"稳定器"作用,承担了全市约40%的重点工程建设,推动国有经济质量效益"双提升"。在具体举措上,一方面鼓励国有企业要积极扩投资、促消费,加大在京投资力度,发展消费新业态新模式,促进重点领域消费持续复苏;另一方面研究制定鼓励企业上市的政策措施,着力推动"专精特新"企业在北交所上市,支持符合条件的上市公司分拆上市,推动优质资产注入。

上海市国资委将学习贯彻习近平总书记考察上海重要讲话精神和推动国企改革深化提升行动相结合,推动国有企业发挥科技创新、产业控制、安全支撑"三个作用"与助力上海"五个中心"建设相结合,将推动国有经济提质增效与优化国资监管相结合,聚焦"一个目标""两个重点""三个问题",围绕取得"四个明显成效",加快推动"五个优化"。"一个目标"是做强做优做大国有资本和国有企业;"两个重点"是增强核心功能和提高核心竞争力;"三个问题"是着力解决国有企业核心功能不强、资产收益率不高、创新能力不足等问题;"四个明显成效"是到2025年,在服务国家战略任务和助力"五个中心"建设上取得明显成效,在推进科技、产业、金融高水平循环上取得明显成效,在推动国有企业真正按市场化机制运营上取得明显成效,在加快建设世界一流企业和培育"专精特新"企业上取得明显成效。

浙江省国资委根据国务院国资委部署要求,开展对标世界一流企业价值创造行动,制定出台浙江省国有企业加快建设世界一流企业的实施方案,逐步构建"双金字塔"梯度培育体系,重点推动宁波舟山港集团创建世界一流示范企业,推动巨化集团、杭氧集团等5家企业创建世界一流"专精特新"示范企业。同时,实施重点产业链链主培育行动,探索链主企业培育路径,扎实推进省属企业开展法人主体压减和管理层级压缩、品牌引领能力提升等专项行动，进一步提升国企市场竞争力、科技创新力、产业引领力、品牌影响力和国际化水平。

二、东部地区国有经济布局优化和结构调整的典型案例

（一）首创集团：通过多元化布局，不断巩固提升企业核心竞争力

首创集团在 1995 年由北京市市政府办公厅、市计委、市财政局所属的 17 家"三产"企业重组而成。经过多年的发展，形成了以生态环保、城市发展、金融服务为主业，以文化体育为培育业务的"3+1"产业体系。截至 2021 年，集团拥有 3 家上市公司和 1 家新三板挂牌企业，资产总额超 4200 亿元，连续多年位列中国企业五百强。在当前宏观经济形势复杂严峻、企业发展不确定性因素不断增多的情况下，首创集团从自身全局出发，科学研判形势，统筹谋划发展，明确界定产业定位，为不同产业匹配不同的发展策略和产业资源，实施"进退守试"发展战略。对于"进"的业务加大支持，"退"的业务坚决清理，"守"的业务维持发展，"试"的业务择优开展，协同推动多元国企产业结构调整优化，不断巩固提升企业核心竞争力。

首创集团直属公司首创城发以集租房项目为契机，既盘活利用集体土地资源，带动了经济发展；亦促进区域产业升级，优化了营商环境，更使上万新市民、青年人等租住群体享受到了"住有所居""职住平衡""租售同权"的红利，让美好生活得以实现。与此同时，首创城发加大文创产业投资布局，加快文创产业资源整合和项目落地，形成一个新的业务增长点，在体现首都国企服务文化中心建设的历史使命和责任担当的同时，更好地调整优化集团产业结构布局。

首创集团所属首创环保集团不断加大技术研发力度和投入以打造企业核心竞争力，将核心科技技术植入产品，推动业务发展。以生物建模技术为核心打造的 ASMART 污水厂智慧决策与评估平台是核心技术产品化的典型案例。通过 ASMART 对污水厂进行信息化改造和智慧化运营，首创环保集团成功收获了曲靖水投两江口、西城污水厂的集控中心及智慧水厂建设项目，合

同金额约 1600 万元，打开了全新的业务场景。

首创置业旗下金融平台首金资本，是首创置业"千亿价值生态圈"战略的重要组成部分，首金资本立足强大的股东禀赋和专业化运营管理能力，通过金融与地产深度融合，投融并举，助力首创置业主业快速发展和战略转型升级，实现金融、产业、城市发展的和谐共赢。首金资本深耕"地产×金融"价值链，发挥产业与资本的双重力量，主要投向地产开发基金、资产管理基金、文创及产业地产基金、私募股权基金、海外地产基金五大方向。

（二）福建投资集团：通过"实业＋金融"双轮驱动，引领产业转型升级

福建省投资开发集团有限责任公司（简称福建投资集团）成立于 2009 年 4 月，由福建投资开发总公司（中闽公司）、福建投资企业集团公司（华福公司）等 7 家省属企业重组设立，是省级国有资本投资公司，注册资本 100 亿元。福建投资集团坚持国有资本投资公司功能定位，立足福建资源禀赋和区位优势，围绕福建产业发展方向，聚焦主责主业，服务实体经济，通过"实业＋金融"双轮驱动，引领产业转型升级，促进新旧动能转换，为福建经济社会高质量发展提供了有力保障。截至 2022 年末，集团旗下控股企业 104 家，参股项目近 200 个，拥有 2 家上市公司和 1 家新三板挂牌企业，集团合并报表资产总额 1500.35 亿元，管理的资产规模超 1.2 万亿元，连续 13 年在福建省国资委业绩考核中荣获 A 级，公司主体信用评级 AAA 级。

福建投资集团始终坚持以金融盈利反哺实业发展，逐步完善金融及金融服务业、基础及民生产业、战略性新兴产业、台港澳业务四大战略布局，探索形成实业与金融互融互动的运营模式，形成"实业＋金融"双轮驱动的高质量发展路径。福建投资集团旗下拥有众多"福建首家"金融机构，福建产业基金是福建省首支省级股权投资母基金，海峡保险是福建省唯一地方国有法人保险机构，金融板块的综合经营优势，有效支撑了实业投资的做强做

优。作为福建铁路建设的省级出资方，福建投资集团代表福建省出资 823 亿元，建设了 17 条合资铁路。目前，福建全省铁路里程达 4381 公里，路网密度达全国平均水平的 2 倍，在全国率先实现了市市通高铁和高快速铁路"八闽环网"。福建投资集团是东南沿海海上风电"第一个吃螃蟹的人"，早在 2008 年就投资 1000 多万元在莆田平海湾海域建成我国东南沿海首座海上测风塔。莆田平海湾海上风电场一期项目实现了我国东南沿海海上风电开发建设的"零的突破"。福建投资集团超前布局储能产业，赢得"双碳"发展先机，获得全国碳排放权注册登记结算和交易机构联建资质，获得全国首张独立储能电站电力业务许可证，成为福建第一家具备自主建设和自主运营抽水蓄能电站能力的省属国有企业。福建投资集团通过"直接投资 + 基金投资"组合发力，加大布局战略性新兴产业，支持福建重点产业发展。旗下福建产业基金投资项目 103 个，带动社会总投资超过 1100 亿元。旗下创投公司支持 43 家企业登陆资本市场。该集团还先后支持了石油化工、新能源汽车、船舶等行业的省重点项目建设，为打造福建特色优势产业集群提供重要支持。此外，福建投资集团坚决扛起福建省"海上牧场"建设的重任，探索深远海养殖装备租赁的"福建模式"，发挥国企引领作用，通过金融保险等"组合拳"有效解决装备造价高、融资难问题，充分激发各市县"耕海牧渔"热情。目前，渔旅融合首台套半潜式养殖旅游平台"闽投 1 号"已正式投入使用，4 台套全部开工建造，"1+4+N"台套体系加快构建。"闽投 1 号"是全国首台半潜式渔旅融合深海养殖装备，具有智慧渔业、深海养殖、产研基地、休闲旅游四大功能。

（三）天津市国资委：立足优势产业，创新引领变革

近年来，天津市国资委立足优势产业，以重大项目为牵引，项目化清单化推动落实，系统推动国有资本更多向装备制造、新能源新材料、绿色化工等先进制造业和战略性新兴产业集中，涉及重点任务 46 项、重点项目 66 项，总投资约 4300 亿元。包括合资设立注册资本 100 亿元的通用机床集团、整合 7 家设计院组建的海河设计集团、混改后拿出 30 亿元在津布局北

方总部的中环集团等。天津市国企正在奋力打造一艘艘渤海湾畔的"产业巨轮"。

天津海河设计集团作为天津市国企打造优势产业的高地，也是天津构筑集群力量的一项重要成果。这家于 2021 年正式揭牌运营的"新国企"，汇聚了天津市政总院、天津建院等 7 家行业内颇具声名的设计单位。从上海市的第一座城市高架到游人如织的"天津之眼"，全国众多著名地标性建筑的背后，都有海河设计集团的身影。自改革开放以来，集团企业累计获得国家级、部市级科技进步奖项 360 余项。从建筑设计、园林绿化到城市更新、流域治理，集群化发展给了海河设计集团独特的竞争优势，尽管设计行业已经处于相对饱和，但集团连续两年完成了利润超 2 亿元的经营目标。

作为天津市"十项行动"之一的中心城区更新提升行动的主力军，以天津城投集团为代表的一批国企，将城市更新作为盘活资产存量、构筑发展增量的重要方式。2022 年以来，天津国资系统累计盘活闲置土地房产 211.3 万平方米，实现收入 103.1 亿元。泰达控股南门外大街商圈北部片区、城投集团设计之都海河柳林片区等城市更新项目陆续开工，初步形成了 40 个重点项目、总投资超千亿元的城市更新建设投资项目。

天纺标一直将技术研发作为企业发展的生命线。截至目前，公司拥有自主研发项目 120 余项，专利 60 余项，参与修订国家、行业标准 10 余项。目前企业研发投入达到营收的 10% 以上，企业服务超过 12000 家客户，在纺织检测领域位于全国前列。

（四）江苏国企：开拓海外市场，成为"一带一路"的先锋队

国有企业是国民经济的"顶梁柱"。2023 年，随着新一轮国企改革深化提升行动推进，江苏国资国企向高质量发展聚焦聚力，国有经济布局结构持续优化，企业发展质效不断提升，在"走在前、做示范"中彰显国企担当。

苏豪控股集团旗下苏豪股份公司凭借优良的蚕种和领先的技术，产出的生丝被认定为行业最高等级 6A 级，受到海内外客户的广泛青睐。2023

年，公司进一步优化外贸布局，加大力度拓展深耕"一带一路"市场，除了出口产品，还与共建国家积极开拓种植以及丝绸全产业链运营等方面的合作。苏豪股份公司与集团其他板块相互配合，在产品创新和市场开拓上得到进一步提升。2023 年，集团对共建"一带一路"国家贸易额18 亿美元，还与哈萨克斯坦、乌兹别克斯坦等国的企业签署重点项目合作协议，将进行更深层次的贸易往来。通过深化改革、优化资源配置，进一步深耕传统市场、开拓新兴市场。目前，集团已经成功注册中亚办事处，并在哈萨克斯坦牵头筹建中亚"江苏中心"，打造苏企开拓国际市场的重要支点。

企业发展空间的拓展离不开江苏国资系统的改革创新。2023 年，江苏省国资委启动国企改革深化提升行动，深入实施战略性重组和专业化整合，推动苏豪、海企、汇鸿、惠隆、舜天 5 家省属贸易企业重组整合，打造贸易龙头企业。这也是江苏省属企业历史上涉及面最广、力度最大的一次改革重组。整合后的苏豪控股成为省属规模最大的贸易集团，与全球 160 多个国家地区建立了经贸关系，统筹运营的中欧（亚）班列覆盖欧亚 26 个国家、近 80 个国际站点。企业开拓海外市场及抗风险能力明显增强。

三、东部地区国有经济布局优化和结构调整的效果

（一）国有资本总量不断扩大，营收能力持续增强

东部地区国资国企坚持以国企改革深化提升行动为主线，牢牢把握高质量发展主题，在优化国资布局上深化提升，着力服务建设现代化产业体系，深化投资运营公司改革，大力发展新兴产业，推动传统产业高端化、智能化、绿色化、融合化发展。国有资本总量不断扩大，国有企业营收能力持续增强。

2023 年，北京国资公司实现营业收入 168.37 亿元，利润总额 39.43 亿元；截至 2023 年末，总资产达到 1984 亿元，全年共完成投资 104.52 亿元，国内信用等级保持 AAA 级，国际评级 A 级，资本结构保持稳健。此外，北京国资

公司充分发挥国有资本投资公司的功能作用，优化主业布局，提质增效取得积极进展。北京国资公司未来 5 年将投资培育 5—8 家上市公司，到 2028 年底资产总额超过 3000 亿元，规模和质量效益显著提升。

2022 年末，江苏三大类国有资产（企业国有资产、金融企业国有资产、行政事业性国有资产）总计突破 37 万亿，再创新高。过去 5 年，江苏国有企业资本实力显著增强，资产总额、净资产分别增长 135% 和 111%，利润总额增长 35%。5 年来，江苏省属企业累计完成投资约 4000 亿元，一大批省重大项目如期落地，在全省综合交通建设、能源保供、重要物资储备、农业现代化、南水北调、沿海开发等方面发挥重要功能作用。省属企业全年投资额达 1360 亿元。省国信集团在建和拟建的重大能源项目 10 余个，投资总额近 1000 亿元；省铁路集团全省在建铁路 7 条、里程 971 公里、投资总额 2445 亿元；苏交控"十四五"期间高速公路投资总额 3200 亿元，是"十三五"期间的 4 倍；东部机场集团同步推进 6 家成员机场实施改扩建工程；省港口集团总投资 40 亿元的太仓港集装箱四期工程建成投用。

2023 年，上海地方国有企业实现营业收入 3.65 万亿元，同比增长 0.8%；利润总额 2629.87 亿元，同比增长 3.4%；截至 2023 年底，资产总额 29.07 万亿元，同比增长 4.2%。

2023 年，天津市国资系统企业劳动生产总值同比增长 6.9%，研发费用同比增长 8.2%，营业现金比率同比增长 12.7%，全员劳动生产率同比增长 10.1%，市管企业缴纳税费等同比增长 8.3%。百利集团、北方国际、劝华集团、渤投资本、国兴资本、国恒公司等 14 家企业实现营业收入两位数以上增长。城投集团、轨道集团、食品集团、百利集团、纺织集团、渤轻集团、津融集团、津智资本等 15 家企业实现利润总额两位数以上增长，其中，天津港集团、利和集团、渤海证券 3 家利润增幅超过 50%。

（二）国有经济布局持续优化，核心功能不断凸显

近年来，东部地区国资国企围绕提升国有经济整体功能和效率，提高国有企业核心竞争力，增强国有经济活力等目标，以供给侧结构性改革为主线，深入推进战略化重组，国有资本进一步向符合国家战略的重点行业、关键领域和优势企业集中，国有经济布局持续优化，核心功能不断彰显。

广东省以三类企业作为标准，全面梳理和重新确定了 16 家省属企业主业，原则上每家企业主业不超过 3 个，实施主业动态管理。加快非集团主业企业、非优势业务剥离，集中优势发展主业，不断增强核心业务资源配置效率、盈利能力和市场竞争力。通过强化省属企业功能定位和主业管理，推动省属国有资本投向关系国计民生的重要行业和关键领域，打造了一批行业龙头企业，逐步提升了国有经济整体功能和效率。广东省国资委按照"成熟一家，推进一家"的原则开展集团层面战略性重组，完成了省属高速公路、建筑工程、铁路投资、商贸流通和对外贸易五大板块重组整合，将省属企业从原有的 23 家重组为 18 家。广东交通集团、联合电服、南粤交投重组为新交通集团，管理的总资产超过 6000 亿元；建工集团与水电集团重组为新建工集团，成为国内为数不多的拥有房屋建筑、市政公用和水利水电 3 项特级施工资质的大型建筑企业；广物控股集团与商贸控股集团重组为新广物控股集团，从传统商贸企业向服务粤港澳大湾区建设的生产性综合服务商转型；广新控股集团与丝纺集团重组为新广新控股集团，成为以战略性新兴产业为主要投资方向的国有资本投资公司试点企业。

上海市在优化国资布局结构方面，组建数据、康养等新兴产业、民生保障领域企业集团。持续推进集成电路、生物医药、人工智能等重大产业项目。积极发展新能源汽车、新材料等新兴产业，做强特色产业园区。围绕碳达峰碳中和目标，形成工作实施方案和"一企一'双碳'计划"。同时，深化国有资本投资、运营公司功能定位，筹建上海国有资本投资母基金，重点支持重大战略、国资功能布局、国企改革创新发展与结构优化调整等。

北京市重组首开集团与房地集团，打造全市统一的非经营性资产集中管理处置运营平台，构建可持续发展的良性运营模式，更好地服务国资国企改革发展，推动市属房地产企业转型升级，积极参与老城区改造，传承历史文脉，重塑街区生态，助力首都城市有机更新。重组国管中心与股交集团，充分发挥国管中心平台功能，推动四板市场与新三板等资本市场衔接联动，积极开展业务创新，扩大服务覆盖范围，促进北京多层次资本市场发展；搭建市属国有企业与中关村高科技企业、中小微企业之间紧密联系的桥梁，支持中关村中小微企业快速发展，推动国有企业不断增强科技创新能力，加快转型升级。

河北优化国有资本投向，更多地投向主导产业升级改造，加大对战略性新兴产业、现代服务业和迈向高端的投资力度。调整存量结构，"十三五"期间，省国资委监管企业共计压减炼铁产能 512 万吨、炼钢产能 693 万吨；压减煤炭产能 4534 万吨，占全省煤炭压减任务的 81.4%。优化区域布局，省国资委积极推动钢铁产能向沿海和资源富集区域转移，钢铁企业退城迁建取得重大进展。实施重组整合，完成了省市港口资源整合，打造了全省统一的港口投资、建设、运营平台，培育了河北省高质量发展的新优势。2022 年，河钢与韩国浦项合作建设的年产 135 万吨的世界先进高端汽车面板项目开工；成功引入两家民营企业 88 亿元，合资实施邯钢迁建升级。2020 年以来，建投新天绿色能源回归 A 股，财达证券 A 股首发上市，唐钢气体在港交所上市。积极参与国家"双百企业"和"科改示范企业"专项行动，打造河北国企改革尖兵。

（三）国有经济持续布局战略性新兴产业，产业链"链长"效应不断显现

东部地区国有经济经过落实深化国企改革三年行动，不断加大科技创新力度，强化关键核心技术攻关，打造原创技术"策源地"，不断提升企业核心竞争力，着力打造现代产业链链长，推动新兴产业加快布局等措施，国有经济在战略性新兴产业布局方面得到长足发展。

广州市印发《广州市构建"链长制"推进产业高质量发展的意见》，提出将针对智能网联与新能源汽车、绿色石化和新材料、现代高端装备、超高清视频和新型显示、软件和信创、人工智能、半导体和集成电路、生物医药

及高端医疗器械、新能源、节能环保和生态、轨道交通、批发零售和住宿餐饮、现代会展业、现代金融业、文化创意、时尚产业、医疗与健康、都市现代农业、体育与健身、建筑业和规划设计、检验检测服务业等21个产业规模实力强、产业链条完善、龙头企业支撑突出、发展空间大的产业，建立"链长＋链主"的工作推进体系。据初步统计，广州21条重点产业链，涉及行业小类超千个，市场主体超120万个；目前总体规模超7万亿元，增加值占地区生产总值比重近八成。

山东省国资强化使命担当，推动省属企业做强做优做大，打造了一批"链主"企业，发挥了国有企业的龙头引领作用。在增强省属"链主"企业核心实力，发挥省属"链主"企业引领带动作用，保障产业链供应链的安全稳定，推动产业链、创新链、金融链"三链"融合等几个方面不断推进。浪潮集团、潍柴动力、山东钢铁、华鲁恒升等13户省属企业在新一代信息技术、高端装备、先进材料、高端化工等11条标志性产业链中担任"链主"企业。

江苏省国资委在新一轮改革期间大力推进13项重大重组整合，包括：推动省属贸易企业重组整合及全省港口资源、省级酒店旅游资源整合；组建省大数据集团、省康养集团、省种业集团、省矿业集团、政府保障功能型省属企业集团、省级涉水经营性资产专业化运营平台、省级国有资本运营公司；以中江国际集团为主体打造全省新型城镇化建设和实施城市更新行动的平台；以省国信集团为主体打造一流省级综合能源服务商和全省能源保供首要力量；推动省沿海集团加大海洋战略资源整合力度，做强做优海洋产业实体经济。

福建省国资委将推进国有经济在电子信息、先进装备制造、石油化工等支柱产业中扩容提质，优化国有资本在能源资源、战略性矿产资源等领域的投资布局。大力引进台资产业链核心技术、龙头项目和高端人才，助力实现金门、马祖同福建沿海地区通水、通电、通气、通桥，积极推动两岸建立便捷、经济、安全的能源资源供应通道。

第二节　中部地区国有经济布局优化和结构调整的举措、案例与效果

一、中部地区国有经济布局优化和结构调整的主要举措

（一）通过国有资本战略重组与专业化整合，提升国有企业核心竞争力

所谓国有资本战略性重组，是指通过企业间的合并、收购、分立等方式，对国有企业进行重新组织和重构，以实现资源优化配置、提高效率和降低成本，从而推动企业整体竞争力的提升。所谓专业化整合，是指企业通过资产重组、股权合作、资产置换、无偿划转、战略联盟等方式，打破企业边界，将资源向优势企业和主业企业集中。国有资本重组最大的益处在于可以集中优势、聚焦主业，增强核心竞争力，促主业提质增效，让国有资本在区域发展战略乃至整个国家发展战略中发挥更加积极的作用。国有企业三年改革行动以来，中部各省区结合自身特点和优势，经过仔细考量，制定了符合自身发展情况的战略性重组和专业化重组方案。

国企改革三年行动期间，河南省国资委在坚持"根上改、制上破、治上立"改革方针的基础上，按照"2 个主业、不超过 2 个培育产业"的要求，重新核定国有企业主业范围，通过追求聚集效应和规模效应的"加减法"，处置非主营业务和低效无效资产，推动资金资源加快向主业集中。在省属层面，通过战略重组的方式，实现国有经济优化布局。最终完成 14 户省属国有企业集团重组整合，其中，改组设立功能性平台公司 1 家，新组建集团企业 5 家，主要涉及交通、文旅、物流、基建、科技、信用等领域。在地方层面，采取专业化整合策略，实现国有资本优化。郑州、开封、洛阳、平顶山、安阳、鹤壁、漯河、南阳、商丘、周口、驻马店、济源等地将业务相近或相同的市属国企整合新设，减少不必要的同质化竞争。未来，河南省将进一步加大重组力度，围绕河南省 30 个重点产业开展持续的战略重组工作。在省属层面，

河南省将围绕重点产业，组建一批新的企业集团，以提高核心竞争力和增强核心功能为重点。在地方层面，国资专业化整合仍然是主要的整合方式策略：郑州明确加快集聚一批科技型创新领军企业，培育一批国有控股上市公司；开封推动形成"投资运营集团＋功能性集团＋竞争性国企"发展格局；洛阳加快市属企业专业化整合，公交集团完成股权划转、热力集团组建到位；新乡通过系统整合有形和无形、自然和人文、实体和特许经营等资源，实施县级投融资平台提升计划，打造更多 AA 级以上平台；焦作构建"3+N"政府投融资平台体系；濮阳健全以管资本为主的国有资产监管体制，打造一批旗舰劲旅和创新型国企；许昌加快政府融资平台公司市场化转型，提升企业核心竞争力；漯河推动市投资集团、市发投集团变革性转型；南阳深入推进国资布局战略性优化、国企专业化整合；济源推动资本运营集团评级及发债，完成豫光集团混合所有制改革。

山西省通过吸收合并、分立设立、调整充实等方式，实施了十四大板块的改革重组。江西省通过资产重组、股权合作、资产置换等方式，先后推动江西长天集团等几十家骨干企业的组建与重组。湖北省按照战略性重组、专业化整合、市场化并购、聚焦式发展的思路，持续推进全省国资国企整体性重构、革命性重塑，将原 28 家省属国有企业整合为 10 家。湖南省通过重组整合，打造具有核心竞争力的一流企业，发挥国有经济战略支撑作用，明确到"十四五"末培育世界 500 强企业 1 至 2 家、中国 500 强企业 7 家。安徽实施战略性重组和专业化整合，强化国有经济在重要产业和关键领域的战略支撑作用，成功实施马钢集团与中国宝武战略重组，组建引江济淮集团、港航集团、通航集团、数字安徽公司、生态环境集团等一批专业化公司。

（二）充分发挥国有资本投资运营公司作用，提升国有资本使用效率

2018 年，国务院印发《关于推进国有资本投资、运营公司改革试点的实施意见》（下称《意见》）。根据《意见》，全国各级国资监管部门都要积极探索并组建国有资本投资公司和国有资本运营公司，充分发挥"两类公司"平台作用，推动国有经济布局优化和结构调整，提高国有资本配置和运营效率。同时，《意见》明确了"两类公司"均为在国家授权范围内履行国有资本出资人职责的国有独资公司。但功能有所不同，其中，国有资本投资公司主要以服务国家战略、优化国有资本布局、提升产业竞争力为目标，而国有资本运营公司主要以提升国有资本运营效率、提高国有资本回报为目标。根据《意见》，各省（区、市）也出台了相应的实施方案。但是在具体执行过程中，大多数地区，并没有严格按照《意见》要求建立起功能不同的"两类公司"，而是将"两类公司"的功能集于一身，以国有资本投资运营公司的身份呈现出来。这其中的一个重要原因是，很多地方国有企业的自身实力相对薄弱，在产业运营或者资本投资的单一领域尚不能更好地发挥出单一领域"两类公司"平台作用。地方国资部门为弥补上述不足，多数采取了国有资本投资公司与国有资本运营公司合二为一的方式，通过组建功能定位相对综合的投资运营公司，综合发挥企业所有资本投资和产业运营的能力，进一步推动国有资本授权经营体制改革。中部地区中，山西省、江西省、安徽省组建的是国有资本投资运营公司，而河南省、湖南省和湖北省则组建了"两类公司"。虽然名称和形式有所不同、行使的功能不尽相同，但都是按照国务院国资委对"两类公司"功能定位的，以单一身份出现的国有资本投资运营公司，不从事具体生产经营活动，兼具国有资本投资公司与国有资本运营公司全部职能，即一方面发挥着优化国有资本布局的功能，另一方面则担负着提升国有资本运营效率的责任。具体而言：

山西省依托国有资本运营公司，将核心功能、转型发展、战略性新兴产业培育、主业实业等作为重点聚焦内容，通过实行链长制、优化存量结构、向战略性新兴产业增量布局、优化企业内资源配置，推进国资布局优。江西省借助大成国有投资运营公司，按照清理退出一批、改制重组一批、创新发展一批的实施路径，把相同或相近的资源进行合并整合，把特色明显、亮点突出的企业培育上市，把参与市场竞争能力先天不足或资本收益较低的企业稳步退出，将一艘艘"小舢板"重组成"大轮船"，以分类处置促进国有资产保值增值。安徽省以国有资本投资运营公司为依托，发起设立产业基金，围绕创新链、产业链布局国有资本链，发挥国有资本有效市场和有为政府的双重"催化"作用，探索出了一条以"国有资本战略投资新机制"撬动社会资金和产业资本，共同服务创新发展的新路。

河南省组建了河南投资集团和河南国有资本运营资本集团国有资本运营集团公司，是2017年试点的河南投资集团的升级版。在功能定位上，河南投资集团突出"服务战略"，重点面向关系国计民生的战略性、基础性领域和重大项目发挥功能作用，为功能类国有投资平台改革提供借鉴；河南国有资本运营集团则立足于"三个服务"，即服务国有企业改革，推动"僵尸企业"出清和结构改革深入；服务重大战略布局，推动国有资本向先进制造业、战略性新兴产业等重点行业、关键领域和优势企业集中；服务产业转型升级，推动全省产业向价值链高端攀升。

湖南省人民政府印发了《湖南省关于推进国有资本投资、运营公司改革试点的实施方案》的通知，要将条件成熟的国资委出资企业改组为国有资本投资公司和国有资本运营公司。其中国有资本投资公司主要围绕湖南省20个工业新兴优势产业链、"五个100"工程，重点在先进轨道交通装备、工程机械、航空航天、自主可控计算机及信息安全、新材料、节能环保新能源等传统优势产业和战略性新兴产业以及重点文化产业布局，推动产业集聚和转型升级；而国有资本运营公司则负责提升运营效率、提高资本回报。

湖北省与河南省、湖南省类似，也组建了"两类公司"。其中，国有资本投资公司主要以服务国家和全省发展战略、优化国有资本布局、提升产业竞争力为目标，以对战略性核心业务控股为主，通过开展投资融资、产业培育和资本运作等，发挥投资引导和结构调整作用，推动产业集聚、化解过剩产能和转型升级，培育核心竞争力和创新能力，积极参与市场竞争，着力提升国有资本带动力、影响力。国有资本运营公司主要以提升国有资本运营效率、提高国有资本回报为目标，以财务性持股为主，通过股权运作、基金投资、培育孵化、价值管理、有序进退等方式，盘活国有资产存量，引导和带动社会资本共同发展，实现国有资本合理流动和保值增值。

（三）国有经济积极布局新质生产力，推动现代化产业体系建设

2023 年 9 月，习近平总书记在黑龙江考察调研期间首次提到新质生产力。2024 年 1 月 31 日，习近平在中共中央政治局第十一次集体学习时再次强调，要加快发展新质生产力，扎实推进高质量发展。新质生产力是代表新技术、创造新价值、适应新产业、重塑新动能的新型生产力，其核心推动力是科技创新，并通过科技创新引领战略性新兴产业、未来产业的形成和发展壮大，加快形成现代化的产业体系。

山西省国资委将科技创新作为发展新质生产力的核心要素，将科技成果转化作为新质生产力生成的关键环节，以产业链创新链深度融合实践为抓手，推进科技创新向产业链前端延伸，产业创新向高科技、高附加值的创新链后端延伸，构建产业链创新链深度融合新机制，推动经济发展由要素驱动型转向创新驱动型，通过促进科技成果转化培育和发展新质生产力。以数字化转型为例，山西省国资委及省属企业积极推动新一代信息技术创新应用，坚持全面、系统推进数字化转型工作。一方面，加快国资监管数字化。山西省建设了国资监管大数据平台，持续提升监管智能化水平；制定了加强省属企业信息化工作指导意见、省属企业数字化转型年度工作计划等文件，不断加强省属企业数字化转型的顶层设计和规划引领。另一方面，山西省国资委加快推动省属企业数字化发展。在产业数字化方面，积极推进智能管控、智能生产、智能制造、智慧服务等建设，为企业高质量发展赋能蓄势。在数字产业化方面，做强做优做大云时代公司，建成国家先进计算太原中心，积极融入"东数西算"国家战略，启动建设全国一体化算力网络国家枢纽节点山西枢纽项目，打造数字经济发展新优势。

河南省《"十四五"战略性新兴产业和未来产业发展规划》（豫政〔2021〕

50 号），明确提出国有企业应加速布局战略性新兴产业并加大投入。明确国有企业参与产业集群发展的方向，促进国有资本向重要行业、关键领域集中，向公共服务、城乡基础设施建设和优势产业领域集中，向战略性新兴产业集中，实现"五个提升"，即提升能源原材料等传统产业竞争力，提升新能源新材料、新基建等新兴产业比重，提升氢能与储能、前沿新材料等未来产业投入，提升现代服务业发展质量和有效供给，提升对公共服务和民生领域的支持保障能力。

安徽省加快国有资本布局优化和结构调整，强力布局发展战略性新兴产业，助力国资国企高质量发展。积极推动省属企业传统产业数字化、高端化、绿色化发展；强化省属企业产业引领功能，持续加大在新能源、新材料、新能源汽车和智能网联汽车、高端装备制造、节能环保等战略性新兴产业布局力度；积极推进长三角国资国企协同发展。安徽省国资委出台《推动省属企业布局新兴产业行动计划（2022—2025 年）》，聚焦新兴产业发展目标，重点推进新材料产业巩固提升工程、新能源和节能环保产业发展壮大工程、新能源汽车和智能网联汽车产业扩能升级工程、高端装备制造产业提质扩面工程、数字经济产业培育赋能工程、绿色食品产业突破跃升工程等"六大工程"。以新材料产业、新能源和节能环保产业、新能源汽车和智能网联汽车产业为例，铜陵有色、海螺集团、淮北矿业、皖维集团等企业将加强在铜基、硅基、铝基、生物基新材料以及先进高分子材料和化工纤维材料等领域布局发展，省能源集团、淮河能源、海螺集团、盐业集团等企业将加强在风电、光伏、生物质能等领域及碳捕集利用与封存（CCUS）、储能、氢氨能、高效节能、污染防治、生态环境修复等领域布局发展，江汽集团、国控集团、交控集团等企业将加强在整车集成、智能网联、动力电池、燃料电池、电机、电控、充电站等领域布局发展。

湖南省国资委出台了《省属国有资本战略性新兴产业发展规划及重点行业布局指引》（下称《战新规划》）。根据《战新规划》，湖南省国资委成立了加快发展战略性新兴产业专项工作领导小组，以企业为单位明确发展战略性新兴产业的总体思路、方向、任务、举措，明确结构优化目标、重大标志性成果目标，形成综合指标清单、标志性成果清单、固定资产和股权投资项目清单。

二、中部地区国有经济布局优化和结构调整的典型案例

（一）江西大成国有资本投资运营公司：推动地区产业升级和创新发展，奋力承担国资国企改革发展重任

江西大成国有资本投资运营公司成立于 2005 年，是江西省属国有资本投资运营公司。2014 年，大成国资集团改组成为省属经营性国有资产脱钩移交平台，推进经营性国有资产集中统一监管，平稳有序接收近 30 家省直单位移交的 600 多户企业，交接工作让原主管部门、原企业干部职工都感到满意。该集团通过"合并同类项"整合重组接收企业，打造重点产业板块重要企业，推进产业发展。2015 年底，该集团改组为省属国有资本投资运营平台。从 2014 年开始，江西大成国有资本投资公司在资源整合、产业培育、资本运作、处僵治困和创新发展等方面取得了良好成效，打造了粮食食油、绿色产业、地产开发、人文事业、现代服务等产业板块，助力江西省国有经济布局优化和结构调整，提高国有资本配置和运营效率。据统计，"十三五"期间，公司资产总额、净资产、营业收入、利润总额分别比 2015 年增长了 3.41 倍、3.68 倍、2.48 倍、1.59 倍，基本实现了五年翻两番，公司信用评级达到 AA+，企业高质量发展迈上了新台阶。

江西省借助大成国有投资运营公司，按照清理退出一批、改制重组一批、创新发展一批的实施路径，把相同或相近的资源进行合并整合，把特色明显、亮点突出的企业培育上市，把参与市场竞争能力先天不足或资本收益较低的企业稳步退出，将一艘艘"小舢板"重组成"大轮船"，以分类处置促进国有资产保值增值。

通过分类施策、精准处置，搭建平台、统一托管，同步安置、维护稳定，盘活资产、处置债务等举措，公司全面完成了省委、省政府下达的"僵

尸企业"出清任务，在二级公司中改造设立专业托管平台公司，平稳有序地推进了3000余名人员退出，全力盘活了土地、股权等资产，确保国有资产不流失。

通过企业上市、创新投资等方式，将资产变成可流动资本，在流动中实现国有资产保值增值。同时，坚持"项目为王"的理念，引导国有资本向主业聚焦、向实业集聚、向实体集中，多点布局实业投资，推动形成江粮集团粮库基础设施、江绿集团设施蔬菜产业园、人文集团殡葬基础设施等一批实物工作量。

积极参与定向增发、PRE-IPO等投资，参股投资了多个全球独角兽、省级独角兽企业，坚定不移做强做优做大国有资本，通过设立江西大成产业投资管理有限公司，在航空产业、人文产业、军工制造、电子信息、生态环保、数字产业等领域发挥股权投资基金引导作用，将"2+6+N"产业赛道龙头导入各县市工业园区。

秉持国企担当，牢记粮食安全是"国之大者"，为保障国家粮食安全及产业链供应链稳定筑牢根基。大成国资集团出资监管企业江西省粮油集团有限公司全力统筹发展粮油收储、加工、销售、进出口贸易、清洁能源等，大力推进"中国好粮油"示范企业建设。

大成国资集团出资监管企业江西省绿色产业集团有限公司布局了茶叶、山茶油、蚕桑、设施蔬菜等重点优势绿色农业产业板块，通过构建低碳种植、绿色加工、品牌营销、科技引领的产业形态，致力于成为具有资产实力、技术引领力、品牌影响力、渠道竞争力的绿色产业集团。

（二）山西晋煤：通过混合所有制改革，激发国有企业新动能

作为山西国企混合所有制改革起步较早的大型能源企业、世界500强企业，晋煤集团独具特色的产权多元化混合所有制改革模式备受关注。通过引入非国有资本参与国有企业改革，将国有资本向发展潜力大、成长性好的非国有企业进行股权投资，探索实行混合所有制企业员工持股等方式，极大地调动了各方参与的积极性，激发了国企发展新动能。目前，晋

煤集团以煤炭产业为核心，煤化联动、煤气共采、煤电一体、煤机并进，"一核四翼"产业格局初步形成，企业所属各级子公司中，混合所有制公司已经占到45%，可归为产权多元化的公司更是占到58%，涉及企业所属煤炭、煤层气、煤化工、电力、煤机制造、多种经营及新兴产业全部六大主导产业。取得如此成就主要得益于山西晋煤集团的混改模式，主要包括以下几方面内容。

1. 以产业瓶颈突破为目标的"国际合作模式"

1992年，晋煤集团与美国美中能源公司共同出资组建晋城丹佛资源研究开发利用有限公司，双方各持股50%，对煤层气及其产品进行研究、开发和经营。2006年，晋煤集团积极与在天然气利用领域经验丰富的国际性企业——香港中华煤气有限公司进行合作，并于2006年参股成立了目前亚洲最大的煤层气液化公司——山西易高煤层气有限公司。同年，晋煤集团在江苏昆山与德国豹狮机械制造有限公司、香港桦林源有限公司合作成立昆山晋桦豹胶轮车制造股份有限公司，成为集研发、生产、销售、服务、维修于一体的矿用井下防爆无轨胶轮车专业机械设备国家级高新技术企业，并最终打造成为全国煤炭工业井下无轨胶轮车生产制造十强企业。2011年，晋煤集团与澳大利亚全球钻探系统公司（GDS）合资成立的中外合资企业——山西金鼎高宝钻探有限责任公司，其中，晋煤集团持51%的股份。

2. 以产业链延伸为方向的"'35·51'模式"

2003年，晋煤集团与山西丰喜肥业集团合作成立了晋丰煤化工有限责任公司，在高平市新建"36·52"化肥项目，迈出了发展煤化工产业的第一步。2003年后半年起，晋煤集团开始对周边500公里范围内的化工企业进行选优并购。这些位于山西、河南、河北、山东、安徽、江苏、湖北、浙江等农业大省的化工企业，形成了合理的生产和市场布局，抢占了煤化工产业快速发展的先机。既能让企业的煤炭产品快速到达产品终端市场降低销售成本，又能实现高附加值转化得到高额回报。

3. 以拓展新兴产业为基础的"共赢合作模式"

2005 年 1 月，晋煤集团以双方各持股 50%，向徐州港务集团增资扩股，成功挺进北方内河航运业。2011 年，晋煤集团与江苏省燃料总公司和宁波市燃料集团有限责任公司共同发起成立山西晋煤集团宏圣煤炭物流贸易有限公司。其中，晋煤集团持 77.8% 的股份，其他两家公司各持股 11.1%。

在多经产业的选择上，晋煤集团坚持"围绕核心、服务核心"，让这些产业能够依托主业更快成长。2008 年，晋煤集团以 51% 的股权参股一个地方集体企业——宇光电缆公司。2015 年，晋煤集团与山西傲维光视光电科技有限公司、第三方投资人田向东各持股 45%、42%、12%，管理层及技术骨干持股比例 1%，成立具有国际领先技术的晋煤激光科技股份有限公司。2014 年，晋煤集团探索与民营企业发展文化旅游产业的可能性，成立大唐文兴公司。其中，晋煤集团持股 67%，沁水县柳氏民居实业开发有限公司持股 33%，共同开发国家 AAAA 级景区——沁水柳氏民居景区的开发运营工作。2014 年，晋煤集团响应山西省"百企千村产业扶贫开发"工程号召，主动对接贫困县——神池县，以 51% 的股权与当地一家民企共同成立神池县谷德福农业发展有限公司。

4. 以激发创新活力为根本的"职工持股模式"

在职工持股的探索上，晋煤集团是全国煤炭系统和山西省第一个"吃螃蟹"的企业。1991 年 4 月，职工集资电厂 1 号机组并网发电成功。随后，晋煤集团着手由发行债券集资向发行股票与其他多种形式过渡，由单一全民所有制实现多种经济成分的融合。当年底，以每股 1 元首发股票 11.843 万股，参股职工在不到 3 年时间里红利就达原入股本金的 109.7%，分红直至 2009 年因企业计划整体上市，职工个人持股全部退出。

2007 年，晋煤集团抓住山西支持国企开展主辅分离，辅业改制的机遇，对设计处进行改制，于次年初成立晋煤集团勘察设计院公司。其中，职工持股 50%，集团公司持股 30%，北京一家民营公司持股 20%。

5. 以做优核心产业为选择的"取长补短模式"

从 2007 年赵庄矿投产至今，晋煤集团没有一座大型现代化矿井投产，煤炭主业可持续发展受到阻滞。为解决上述问题，2009 年，晋煤集团围绕做优煤炭核心产业，成立了晋圣公司、天安公司等多个资源整合主体，对 43 个资源整合包以 51% 的控股方式与几十家民营煤企进行了合资合作，成功拓展了 3000 多万吨产能。民营资本和国有资本的合作，不仅发挥了民营企业灵活的体制机制优势、成本控制优势，而且也发挥了国有大型煤企安全生产管理优势、融资保障优势。2014 年初，上任不久的晋煤集团董事长贺天才在经过反复调研后指出："用发展的眼光找主要矛盾，企业面临的最急切问题是煤炭基础地位的动摇，主导产业发展的不足。"为此，他提出了"一核四翼"的战略构想，即，以做优做强煤炭产业为核心，努力构建煤化联动、煤气共采、煤电一体、煤机并进的产业格局。

（三）湖南省国资委：成立督导组，加快国有资本向新质生产力布局

湖南省国资委出台《省属国有资本战略性新兴产业发展规划及重点行业布局指引》（下称《战新规划》）。《战新规划》指出，战略性新兴产业代表新一轮科技革命和产业变革的方向，是引领未来发展的新支柱新赛道，是建设现代化产业体系的"重中之重"。集中省属国资国企力量、加快布局和发展战略性新兴产业，是必须突出抓好的一项重大而紧迫的战略任务。省国资委专门成立加快发展战略性新兴产业专项工作领导小组，加强统筹调度和督促指导，及时协调解决工作推进中的重大问题。各省属监管企业是战略性新兴产业发展的责任主体，要抓紧成立由一把手挂帅的专项工作领导小组，主要负责同志要亲自谋划、专题部署、督促落实，班子成员要各司其职、分工负责，重大举措、重大规划、重大政策要集体研究决策，形成一致意见，要抽调精干力量，组建工作专班，层层分解任务，层层压实责任，上下联动、形成合力，力争"一年一个样、三年见成效"。

《战新规划》要求，各省属监管企业深刻把握战略性新兴产业发展特征，迅速行动，对照省国资委《规划指引》，找准定位，科学布局，抢占未来发展

制高点，抓紧制定本企业战新产业发展工作方案。方案要明确发展战略性新兴产业的总体思路、方向、任务、举措，明确结构优化目标、重大标志性成果目标，形成综合指标清单、标志性成果清单、固定资产和股权投资项目清单。

《战新规划》强调，各省属监管企业要围绕资源投入、产业培育、科技创新、资金支持、人才支撑、考核评价、工资保障、中长期激励、责任豁免等关键着力点，进一步梳理现有政策，在借鉴以往经验的基础上勇于创新、大胆探索，让承担任务的科技人才、工程师、管理骨干放下包袱、放开手脚去创新、去创造、去创业，不断打开发展新天地。省国资委机关各处室要结合各自职责，加强战略性新兴产业政策支持措施宣贯力度，鼓励企业用好用足支持政策。对于企业的集中政策诉求，要及时跟进研究编制相关政策的实施细则，完善评价指标体系，并纳入考核，形成政策闭环管理。要加强宣传引导，及时总结推广战略性新兴产业发展的典型案例、典型经验，营造大抓战略性新兴产业发展的浓厚氛围和良好环境，为全省实现"三高四新"美好蓝图贡献国资国企力量。

三、中部地区国有经济布局优化和结构调整的效果

（一）产业链优势逐渐显现，现代产业体系加快形成

国企三年改革行动以来，中部地区国有企业经过战略重组和专业化整合，国有企业核心竞争力不断提升，产业链"链长"地位不断凸显，现代产业体系加快形成。

江西省以省属国企战略性重组与专业化整合为牵引，加快补齐全省现代化产业体系短板。主要推动江铜集团、江钨集团在铜基新材料、钨和稀土金属新材料先进制造业集群中发挥龙头引领作用：一是深入实施江西国有企业"争链主、强集群"行动。通过创新央地合作模式，统筹包括驻赣央企在内的全省各级国有企业的资源和力量，在重点产业链和重要产业领域发挥引领作用。二是坚持科技创新引领现代化产业体系建设。2023年，

江西省出资监管企业研发投入 135.44 亿元，连续多年同比增长超 10%。通过不断强化企业科技创新主体地位，加大关键核心技术攻关力度，加快打造高水平创新平台，以科技创新推动产业创新，加快形成新质生产力。三是坚持数字赋能现代化产业体系建设。大力推进企业数字化转型，不断提升企业信息化、数字化和智能化水平，加快塑造国有企业高质量发展新动能新优势。国泰集团工业互联网工信部国家级"双跨平台"，50 余个项目入选国家有关部委、省直有关厅局数字化转型的示范项目。四是充分发挥省级产业投资平台和现代化产业基金作用。积极培育壮大战略性新兴产业和未来产业，加快形成体系化布局，着力带动全省产业融合集群发展，打造现代化产业发展新引擎。

山西省国有企业立足山西实际，以推行"链长制"为抓手，以做强"链主"企业为依托，培育 10 条重点产业链，实施 7 大专项行动，形成 4 项工作机制，在特钢材料、新能源汽车、高端装备制造业、风电装备、氢能、铝镁精深加工、光伏、现代医药、第三代半导体、合成生物等 10 条重点产业链规模培育产业链"链主"企业 20—30 户，产业营业收入突破 8400 亿元，培育形成 6 条千亿级产业链、4 条 500 亿级产业链，产业核心竞争力、市场占有率、抗风险能力全面提升。

安徽省依托区位优势，大力发展现代产业集群，逐步形成长三角产业集群重要一环。首先抢抓新能源汽车产业发展机遇，推动汽车产业全面向电动化、智能化、网联化、共享化转型，加快建设具有国际竞争力的新能源汽车产业集群。2023 年，安徽汽车产量 249.1 万辆，占全国比重为 10.31%，同比增长 48.1%。其中，新能源汽车产量 86.8 万辆同比增长 65.02%，占全国比重为 11.09%。已形成集聚奇瑞集团、江汽集团、蔚来汽车、合肥比亚迪、大众安徽等 7 家整车企业，初步形成合肥、芜湖"双核"和安庆、宣城、滁州、马鞍山等多个汽车零部件特色产业集群，涵盖整车制造、动力电池、电机电控、销售维保、回收利用等汽车全产业链。此外，先进光伏和新型储能产业也是安徽重点发展的新兴产业，安徽利用区位交通和资源要素等优势，大力吸引长三角光伏制造业龙头企业落户。以滁州为例，从 2018 年迎来首家光伏制造龙头隆基以来，滁州光伏产业在短短数年间实现从无到有、从有到大、从大到强的跃升，提出了打造"世界光伏之都"、安徽先进光伏和新型储能产业第一城的目标。

（二）国有资本总量持续增加，国资使用效率不断提升

中部地区国资国企坚持以高质量发展为主线，通过深化国有企业改革和优化国有经济布局，推动传统产业升级和布局战略性新兴产业，国有资本总量不断增加，国有资本利用率和使用效率持续提升。

安徽深入推进国资国企改革，取得一系列成果。在国企改革三年行动评比中获评全国 A 级，国企改革深化提升行动扎实推进，企业高质量发展迈上新台阶。截至 2023 年底，全省国资监管企业资产总额是 2012 年底的 4.6 倍，营业总收入、利润总额与 2012 年相比均翻了一番，并保持持续平稳向好发展态势。

自党的十八大以来，河南省省管企业规模效益大幅倍增。截至 2021 年底，省管企业资产总额 2.5 万亿元，较 2012 年增长 232%；利润总额 263.4 亿元、净利润 183.2 亿元，较 2012 年分别增长 238.5 亿元、208.8 亿元。省管企业高质量发展全面起势。截至 2021 年底，省管企业营业收入利润率 5.2%，净资产收益率 3%，分别较 2012 年增长 5.2、4.3 个百分点，全员劳动生产率 30.8 万元 / 人，较 2012 年增长 114.6%。省管企业社会贡献度持续攀升。河南省"十四五"时期全省国资国企资产总规模预计达到 10 万亿元以上，其中省管企业达到 5 万亿元以上。同时，持续提升科技创新能力，省管企业建成国家级研发平台 11 个、国家级创新型企业 29 个，规模以上工业企业研发机构覆盖率 93%。

党的十八大以来，江西省国有经济迈上一个新的台阶。2023 年，江西省属国企资产总额突破 2 万亿元，实现营业收入 8377 亿元、利润总额 237 亿元，主要经济指标增速高于全国国资系统监管企业及全国规上工业企业平均水平。江西省属国企实现全面盈利，13 家企业利润创下历史新高，6 家企业全年利润总额超 10 亿元；市属国企资产总额达 5.98 万亿元，实现营业收入 5042 亿元、利润总额 55 亿元。其中，赣州、南昌国企资产总额超万亿元。江西省属国企研发投入连续多年增速超 10%，国企改革三年行动连续 3 次获评国家 A 级，3 家企业获评"双百企业"或"科改示范企业"优秀等级。创新驱动作用加快提升。江西省国企拥有国家级创新平台 17 个、省级创新平台 113 个，瞪羚企业 6 家、高新技术企业 150 家。

（三）国有经济结构不断优化，布局新质生产力取得良好效果

随着新一轮国企改革的开展，国有经济布局和结构调整也进入新的阶段，特别是布局战略性新兴产业取得良好效果。

湖南国资国企紧紧围绕 9 个重点发展产业及 6 个战略性新兴产业布局创新链，因地制宜发展新质生产力。湖南国资系统大力实施科技创新"123"工程，突出科技创新引领现代化产业体系建设，推进十大技术攻关等重点项目建设。2024 年，湖南钢铁集团、移动、华为联合打造的钢铁行业盘古大模型实现首发，推动传统产业与人工智能深度融合，树立全球钢铁行业数智化转型新标杆，努力实现钢铁行业人工智能大模型弯道超车。2024 年，湖南建设集团模块化保障性租赁住房示范项目揭牌，45 天完成建造到精装，相比传统建筑，鳞甲模块化建筑体系每平方米质量减轻 60%，建筑垃圾减少 70%，节能降耗 40%，实现了"像造汽车一样造房子"。2024 年以来，湖南省国资委十大技术攻关项目有序推进，已突破 21 项技术，申请专利 55 项，发布技术标准 4 项。

安徽省培育发展新质生产力取得积极进展，省国资委推动新兴产业培育壮大，重点布局新能源、新材料、新能源汽车、高端装备、集成电路、生物医药等领域，前瞻布局未来产业。"十四五"以来，省属企业累计完成新兴产业投资 1500 亿元以上。加快传统产业转型升级，实施省属企业数字化转型、工业互联网创新发展行动，推动建材、有色金属、能源、化工等领域企业加强绿色低碳新技术研发应用，着力实现高端化、智能化、绿色化发展。此外，国资委积极助力合肥综合性国家科学中心建设，着力打造

国有企业原创技术策源地，推动企业围绕关键核心技术开展研发攻关，并取得一批科技创新成果，2 户企业获 2023 年度国家科学技术进步奖二等奖。持续优化省属企业科技创新支持政策，引导企业加大研发投入和科创平台建设，激发科技人才动力活力，"十四五"以来，省属企业研发投入年均增速 21.5%。

第三节 西部地区国有经济布局优化和结构调整的举措、案例与效果

一、西部地区国有经济布局优化和结构调整的主要举措

西部地区以党的二十大报告为指引，按照地方发展的"十四五"规划和地方政府的具体要求，有序推动地方国有经济布局优化和结构调整，特别是注重国有企业的功能定位，持续推进分类改革，以求提高国有资本配置效率和使用效益。本节将对西部地区国有经济布局优化和结构调整相关举措进行总结和概括。

（一）深化国有企业产权制度改革，提升国有资本活力

相较于东部地区，西部地区国有资本相对薄弱，因而对于西部地区，壮大国有资本体量，提升国有资本活力是进行国有经济布局的前提，也是当前西部地区国有企业改革的当务之急。混合所有制改革旨在通过引入非国有资本参与国有企业经营，既可以激发企业活力和提升企业经营效率，也可以更好发挥国有资本引导作用，壮大国有资本控制力和影响力，是提升国有资本活力的有力手段。此外，面对资源分散、行业同质化竞争激烈、产业结构单一以及技术创新能力不足等问题，通过国有企业资产重组，能够加快国有资本布局优化和结构调整，提高国有资本配置效率和企业核心竞争力。具体而言，西部地区通过鼓励国有企业引入非公有资本，实现股权多元化，打破单

一所有制结构，增强企业活力和市场竞争力；通过改组、转让、租赁、拍卖、兼并等多种方式，优化国有企业资本结构，提高国有资本的配置效率和使用效益。

云南省国有混改最具代表性的措施是构建"1+1+X"的框架体系。其中第一个"1"是组建云南省国有股权运营管理机构，第二个"1"是组建云南省国有金融资本控股机构，"X"是改组设立若干国有资本投资机构和产业集团。自2018年云南省委、省政府颁布实施《云南省深化国有企业改革三年行动方案（2018—2020年）》以来，云南省国有经济持续引领全省经济发展，畅通全省循环。其中，云南省绿色城市更新集团、云南省健康产业发展集团、云南省绿色环保产业集团、云南省绿色能源产业集团四大集团重组后于2021年12月同时挂牌，标志着云南优势产业集群加速形成。此外，云投集团推进资源整合，牵头组建云南省铁路投资有限公司、云南省数字经济产业投资集团等一批企业，成为云南第一家世界五百强企业。建投集团整合重组水投公司，煤产集团整合能投集团、昆钢控股等企业煤炭资源，云天化集团整合煤产集团化工资源，推进昆钢控股与宝武集团达成战略合作。云天化集团肥料产品产能规模亚洲第一、世界第二，云锡控股锡产销量连续17年居世界第一，航产投集团航空旅客吞吐量全国排名第四。通过整合重组，云南省培育了一批行业、区域领先企业和"专精特新"企业。

三年国有改革行动以来，贵州省围绕"定位、定向、瘦身、规范、改革"十字方针要求，加快国有经济布局优化和结构调整推进步伐，全面推进新一轮战略重组。一是在原部分省属国有企业为基础，组建了盘江煤电、乌江能源、磷化集团等8个集团公司。二是在此前改革重组成效基础上，顺利完成习酒集团、能源集团、民航集团、建投集团组建工作，不断优化国有资本布局。三是持续做大做强国有资本投资运营公司，推动黔晟国资与11家金融机构签订战略合作协议，提升资本运营效率。四是推动大数据集团完成贵阳数交所投资重整，推动磷化集团加强与宁德时代合作发展新能源电池及材料产业，推动振华风光在科创板上市，完成乌江能投并购贵州燃气，加快形成优势产业集群。

甘肃省一方面聚焦实业主业，管控资本投向；另一方面大力推动整合重组，全力做专做强。首先，甘肃省国资委优化监管机制，采用"一企一策"设置非主业投资比例，动态优化投资项目负面清单，对发展战略性新兴产业和未来产业实施更加灵活的投资管理模式，如甘肃国投集团，2023年投向战略性新兴产业的资金占比达到 68%，并联合工银资本发起设立总规模 100 亿元的甘肃省结构调整基金，支持省属企业结构调整和转型升级。其次，省政府国资委完成 15 组 38 户企业战略性重组和专业化整合，增强国有企业核心功能。围绕加快发展特色优势产业，推动药业、文旅、电气装备、能源化工等领域专业化整合；围绕培育壮大战略性新兴产业，组建科技、数据信息、工程咨询、生态环保、知识产权等产业集团；围绕重大基础设施建设，推动交通、铁路、水利、现代物流领域整合重组；围绕服务国家战略，并购重组工业母机、种业领域市属国有企业，协同推进国家重大技术攻关项目。

通过深化改革举措的实施，西部地区的国有经济布局结构调整取得了显著成效。不仅优化了国有资本布局，提升了国有企业的竞争力和市场适应性，还促进了地区经济的多元化发展。这些成就标志着西部地区国有经济在新时代背景下的转型升级，为地区乃至全国的经济发展提供了宝贵经验和强大动力。

（二）聚焦核心主业，加快现代产业体系建设

加快建设以实体经济为支撑的现代化产业体系，是实现中国式现代化的根本支撑，是赢得大国竞争主动的迫切需要，也是实现经济高质量发展的必然选择。我国国有经济布局宽泛、主业不集中的特点严重影响了国有经济的经济效率和战略引导作用。西部地区新兴产业发展相对落后，更加需要国有经济发展战略引领作用。聚焦核心主业，加快建设现代化产业体系建设成为西部地区国有经济布局和结构调整的一项重大举措。

2021 年四川省发布《四川省"十四五"国有资本布局优化和结构调整规

划》(下称《规划》),《规划》强调,"十四五"时期,四川省国有经济要聚焦重大战略实施,聚焦基础支撑、产业引领、公共服务、要素集聚等功能,聚焦国资国企主责主业,调整存量结构,优化增量投向,丰富资本形态,推动国有资本进一步向关系国计民生的重要领域、产业链价值链中高端环节、前瞻性战略性新兴产业集中。在产业布局方面,《规划》要求要重点围绕四川省创新驱动战略和现代产业体系建设,提出强化关系国计民生重要行业领域供给保障、加强创新和前瞻性战略性新兴产业投入布局、积极推动现代产业体系建设发展,着眼提升产业引领带动能力,着力锻长板、补短板,以加大科技创新投入为引领,统筹推动传统产业升级和新兴产业发展,促进国有资本向产业链价值链中高端环节集聚,加快构建战略性新兴产业为引领、特色优势产业为中坚、基础性产业为支撑的新发展格局。

陕西省"十四五"规划要求,陕西省国资委围绕八大产业链,以"扬优、补短、强弱、增新、清低"的思路,把创新、改革、投资项目、企业等要素与产业链条深度关联,形成链条驱动的机制,采取有力措施优化存量、引导增量、主动减量,着力推动能源化工、高端装备制造等优势产业的高端化发展,推动交通、水利等发展不充分的特色产业创新发展,推动医药、数控机床、物流等发展基础不坚实的产业持续做大做强,推动5G、工业互联网等战略性新兴产业快速发展。为推动陕西国企以科技创新赋能现代化产业体系建设,省国资委出台《省属企业深入实施创新驱动引领高质量发展的实施办法》,提出20条举措,围绕创新谋划产业化项目、配置资本和人力资源,打通产业链条,优化激励约束机制,形成"目标—管理—考核"一体推进的创新工作体系。

云南省政府通过制定一系列政策与规划文件,为国有经济布局优化和结构调整提供了明确的方向和指导,强调聚焦核心主业、优化资源配置、推动产业升级的重要性。在实际执行中,云南省引导国有企业围绕核心主业进行资源配置和业务拓展,避免盲目多元化,通过明确主业定位,集中力量发展具有竞争优势的产业领域。针对传统产业,云南省鼓励国有企业通过技术改造、产品升级等方式，向高端化、智能化、绿色化方向发展，实现可持续发展。此外，云南省还积极引导国有企业布局战略性新兴产业，如新能源、新材料、生物医药等，通过政策扶持和市场引导，推动国有企业在这些领域取得突破。

（三）围绕国有企业核心功能，提升国有经济核心竞争力

党的二十大报告强调，要推进国有经济布局优化和结构调整，推动国有资本和国有企业做强做优做大，增强核心功能，提升核心竞争力。核心功能是企业存在的价值和地位作用的集中体现。核心竞争力是企业独特具有的能够在市场竞争中保持优势、实现基业长青的能力。西部地区的国有企业改革和国有经济布局紧紧围绕增强国有企业核心功能和提升国有经济核心竞争力而展开。

青海省国有经济将充分发挥国有经济新兴产业战略引领作用作为国有经济布局优化和结构调整的重要目标，结合产业基础和区位优势，不断优化国有资本布局，推动重点产业壮大、优势产业规模提升和新兴产业培育。其中具有代表性的措施包括：推动盐湖股份基础锂盐、鱼卡二井田等一批重点项目投资建设，壮大青海盐业规模优势；重组省路桥集团，强化国有经济民生保障作用；持续加大科技创新投资，2023 年，监管企业累计投入科研经费17.28 亿元，同比增长 38.98%，培育战略性新兴产业，其中 1 家企业新入围国务院国资委"科改示范企业"，11 家企业入围国家级高新技术企业。西矿集团石煤提钒工艺、镁基土壤修复材料研究成果达到国际领先水平。汇信公司全省首个"揭榜挂帅"重大科技专项"盐湖老卤制备无水氯化镁关键技术研究及应用"项目成功验收。

2024 年是新一轮国企改革落地实施的关键之年、攻坚之年，云南省国资委提出将以提高国有企业核心竞争力和增强核心功能为重点，着力提高国有企业价值创造能力，调整优化国有资本布局结构，加快建设现代产业体系，完善市场化经营机制，推动国有经济高质量发展。围绕提升企业核心竞争力，将创建国际国内一流企业作为核心企业发展目标，推动云南航产投集团

对标国际国内一流机场群和一流企业，以组建"三个集采中心"为突破口，充分发挥集团一体化管控优势，提升机场服务保障水平和国际竞争力。围绕提高能源资源掌控能力，继续实施一批风电、光伏等新能源项目，推动锂、磷、锡等矿产资源勘探开发和增储上产；围绕发挥企业在国民经济和国计民生领域的保障能力，完成电煤供应480万吨以上，加快昆明国际航空枢纽建设，统筹做好电力增发稳供、省级粮食增储等重点任务，以有效投资拉动需求增长。

宁夏回族自治区抓住地方资源优势，通过建立技术创新中心，聚焦新能源产业发展，充分展示了创新驱动发展战略的生动实践。宁夏地处中国西部，阳光充足，风力资源丰富，具有发展新能源产业的得天独厚条件。地方国有企业围绕风能、太阳能等新能源领域，建立了一批技术创新中心，致力于核心技术的突破与应用推广。这一策略不仅推动了技术创新，也促进了地方经济结构的优化升级，使新能源产业成为推动宁夏经济增长的新引擎。

二、西部地区国有经济布局优化和结构调整的典型案例

西部地区的国有企业在西部地区经济发展中发挥着稳定器和压舱石作用。党的十八大以来，西部地区国有经济布局优化与结构调整取得了显著进展。本节选取有代表性的四川发展（控股）公司、贵州省和四川省成都市为研究对象，分析其进行国有经济布局结构调整的举措、成效、经验，以期对东北地区国有经济布局结构调整提供借鉴。

（一）四川发展（控股）公司：聚焦实体产业，增强产业控制力

四川发展（控股）公司成立于2009年1月，是四川省委、省政府为了创新投融资机制、加快汶川地震灾后恢复重建和全省产业发展振兴，采取"1+N"模式，按照800亿元注册资本规模组建的省属国有企业。截至2023年12月末，四川发展（控股）公司合并报表资产总额约2万亿元、净资产5294亿元，实现营业收入4126亿元，利润总额209亿元。直接控制二级企业21

家，直接控股上市公司 4 家，战略性投资上市公司 5 家，业务主要集中在生态环保、先进材料、生物医药、航空航天，以及资本运作、科技创新服务等领域，在省内各市（州）、全国 33 个省（区、市）均有业务布局。

国有企业改革深化提升行动启动以来，四川发展（控股）公司在持续巩固提升国企改革三年行动成效的基础上，坚持以增强产业控制力作为服务全省构建现代化产业体系的关键举措，通过改革强化产业完整性、安全性、引领性、融合性发展，更好服务"国之大者""省之要事"。

一是聚焦主责主业，加大实体产业投资布局力度，打造形成四川省生态环保集团和先进材料集团，持续优化培育生物医药和航空航天优势产业。四川发展（控股）公司在生态环保领域拥有国家高新技术企业 18 户、国家级企业技术中心 1 个、国家级专精特新"小巨人"企业 1 个，形成覆盖"气、水、固、能"全链条全方位的环保业务体系；常年管护国有林 1947.6 万亩、自有林地 120 万亩，扎实推进长江黄河上游生态屏障建设，积极参与"天府森林粮库"建设。四川发展（控股）公司出资推动组建 80 亿元规模的钒钛公司，成功竞得国内最大的钒钛磁铁矿红格南采矿权；控股工业级磷酸一铵和饲料级磷酸氢钙龙头企业，拥有全球第一的工业级磷酸一铵产销能力，国内市场占比 1/4 左右、出口市场占比近 50%。四川发展（控股）公司与成都中医大、彭州市、贵州百灵合作推进中医药产业化，推动创新药国产化、中成药高端化。四川发展（控股）公司参与中航电子资本运作，完成国内首架 A321"客改货"飞机竣工交付，战略引入沙特主权财富基金共同拓展飞机租赁业务。

二是加强原创性引领性科技攻关，围绕产业链布局创新链，持续强化自主创新能力建设，加快产业向高端化、精尖化和集群化发展。四川发展（控股）公司旗下有国内领先的航空发动机及燃气轮机"单晶涡轮叶片"研发制造企业、正在建设的"$60000\,m^3/a$ 短流程钒电解液制备项目"。四川发展（控股）公司先后组建院士基金、芯云数字基金等总规模约 360 亿元的全生命周期科技创新投资服务基金群，投资中航无人机、考拉悠然、荣创新能等 157 个战略性新兴产业项目和成都华虹半导体等国家重大战略备份项目，推动辰显光电、成都晶圆制造等重大产业项目在川落地。2023 年新增 1 户"科改企业"、2 户国家级专精特新"小巨人"企业、8 户国家高新技术企业，新增发明专利 160 余项。四川发展（控股）公司加强高能级创新载体建设，先后完成川发园区川渝高竹项目、雅安数据湖项目以及绵阳两业融合创新产业园等 8 个科技创新产业园，聚力打造科创融一体化全流程创新平台。

三是加快矿产、光伏、数据等战略性资源布局，填补优势产业资源短板，夯实产业发展的资源基础。四川发展（控股）公司加强储备战略矿产资源，在四川、贵州、江苏等地布局磷矿超 9 亿吨、钒钛磁铁矿约 1.5 亿吨、锂矿约 250 万吨、铅锌矿约 400 万吨，强化磷化工产业和新能源材料产业的磷资源支撑，夯实钒电池产业发展的资源基础。同时，四川发展（控股）公司也在积极开发绿色光伏资源。成功中标甘孜州 40 万千瓦光伏和 20 万千瓦光伏储能项目，截至目前，累计建设光伏电站 20 余座、总装机规模超 1.3 吉瓦。此外，四川发展（控股）公司努力挖掘核心数据资源，与上海中移信息、万国数据合作共建千 P 级智算中心，与宜宾市合作开展数据标识、数据确权、数据评估和数据交易，着力推动数据资产化、资本化、价值化。

（二）贵州旅投：农旅融合，赋能乡村振兴

贵州地貌属于中国西南部高原山地，境内地势西高东低，自中部向北、东、南三面倾斜，平均海拔在 1100 米左右，全省地貌可概括分为高原、山地、丘陵和盆地四种基本类型，高原山地居多，素有"八山一水一分田"之说，是全国唯一没有平原支撑的省份。因此贵州制造业不发达，在我国属于经济相对落后地区。但是贵州自然风光秀丽，是我国重要的旅游地区，而由于缺少资金，贵州旅游产业并未得到充分开发。贵州国有资本作为贵州地区最重要的资本平台，充分利用地区资源禀赋优势，发挥旅游产业排头兵作用，在其旗下贵州旅投的运营下，坚持以文塑旅、以旅彰

文，加快推进农旅融合项目提质增效，放大旅游产业辐射带动效应，帮助农民增收致富，为乡村振兴注入新活力，助力开创百姓富、生态美的多彩贵州新未来。

位于黄平县野洞河镇的漂流景区，早在 2002 年就在民营资本的运营下开发成型，曾有过四五年热闹的好光景，但后来逐渐沉寂。2022 年 6 月，在贵州旅投集团旗下贵州爽爽漂流旅游服务有限公司的运营下，黄平野洞河漂流按下重启键，正式开启夏日畅游模式，开业仅 45 天就接待游客 2.2 万人次。这是贵州旅投集团赋能旅游项目提质增效、助推乡村旅游产业升级的一个缩影。

安顺云峰屯堡景区也是贵州旅投集团推动乡村旅游提质增效的项目之一。集团旗下贵州风景旅游发展有限公司（下称"贵州风景公司"），通过打造云峰·浔境露营基地，完善游客服务中心、民间艺术展示中心、屯堡文化博物馆等设施，并与贵州扶摇园研学旅行有限公司合作，建成牛蹄关研学基地。景区经营状况明显改善，旅游产业带动当地居民收入初见成效。贵州风景公司组建的全新运营团队摆脱传统思维模式，以合作共赢理念寻求对外合作，针对景区特点，聚焦特色餐饮打造、景区交通运输、非遗展示及体验等方面对外合作，通过盘活闲置资产、调整业态布局、优化经营模式，游客数量和景区收入得到明显提升。

乡村旅游是新时代乡村振兴的新渠道。贵州旅投集团聚焦主营业务，做优品质、拓展思路，打造多元化产品结构，深度挖掘消费潜力的同时，以农旅融合发展促进就业，带动群众增收。景区与当地茶山村签订合作协议，销售农特产品，代理景区票务。同时，在景区内引入黄平泥哨、银饰、苗绣等非遗文化产品，规划当地特色餐饮集市，为村民提供经营场所，多途径、多方式推进群众增收。景区带动了周边群众从事农家乐餐饮、乡村旅游、运输、代驾等行业，推动了乡村经济的多元化发展。为破除景区业态单一的局面，贵州风景公司重点围绕自然景观、民俗特色、主题沙龙、亲子度假等主题，丰富游客旅游体验，提升景区盈利增长点，进一步丰富景区业态、完善基础设施以及构建利益联结机制，带动当地村民持续增收，努力推动从原生态旅游逐步向风景观光、场景体验、休闲度假、文化研学、科普推广和家庭亲子等体验式旅游转变。

（三）蜀道集团：聚焦产业转型，建设世界一流企业

蜀道集团是重组整合了原四川交投集团和四川铁投集团，并通过新设合并方式组建的省属大型国有企业，于 2021 年 5 月 28 日揭牌成立。集团所属各级全资和控股企业 512 家，业务遍及 60 多个国家和地区，是四川省属国有企业首家世界五百强，且连续三年入围。2023 年，集团资产总额超 1.34 万亿元，累计完成投资 1969 亿元，实现年营业收入超 2660 亿元、利润总额超 115 亿元，各项主要经济指标均占四川省属企业半壁江山，综合实力位列全国省级交通企业第一方阵。

蜀道集团深入研究传统功能性企业、投资平台企业发展不可持续难题，全力以赴破解制约集团高质量发展的痛点、堵点，一手谋转型、一手抓创新，以"两个转型、三个创新"为主线，加快建设现代化综合交通服务型世界一流企业，企业高质量发展内生活力持续迸发，核心竞争力不断增强。

两个转型方面：一是集团推动从功能型为主向功能型与竞争型并重发展转型，二是推动从国有投资平台向综合型产业集团发展转型。经过几年的发展，逐步形成了以公路铁路投资运营为核心，以交通工程建设、清洁能源、矿业新材料、产融结合为支撑，以交通物流、交通服务、交通沿线新型城镇化、工程设计咨询以及智慧交通为衍生的"交通+"大产业格局，基本实现了以核心主业带动相关产业，以多元产业反哺主业的良性可持续循环发展。公路铁路投资运营板块，作为四川交通强省建设的主力军和排头兵，累计投资运营高速公路里程超 1.08 万公里，投资运营铁路里程超 6400 公里。交通工程建设板块，拥有五个公路工程施工总承包特级资质，在深水大跨径桥梁、复杂地质条件特长隧道、公路养护施工等领域具备全球竞争力，承接世界山区悬索桥第一高塔、承建世界最大跨径悬索桥以及挪威哈罗格兰德跨海大桥

等世界级工程。清洁能源板块，参控股大渡河、金沙江等流域共19个水电项目，总装机近2000万千瓦、权益装机超600万千瓦，加速构建"清洁能源+储能+供电"一体化运营格局，大力推进氢能产业布局，同步发展售电、碳科技等业务，基本实现清洁能源产业链闭环。矿业新材料板块，拥有国内外32宗矿业权，拥有全球最大露天钾盐矿——厄特库鲁里钾盐矿，同时，集团铜矿储量位列全国前三、磷矿储量位列全国前七，在钒钛磁铁矿、锂矿及磷化工等方面具有国际竞争力，并拥有资源获取、矿产开发、储能材料生产等覆盖上中下游的全产业链。此外，集团交通物流、交通服务、交通沿线新型城镇化、工程设计咨询以及智慧交通五大板块，近年来也在持续丰富产业生态，打造应用场景，实现了稳中有进。

三个创新方面：一是大力推进体制创新。按照"小总部、大集团、大产业"工作思路，深入实施专业化整合和"穿透式"改革，全面推行"扁平化"管理，结合涵盖产业整合设立二级专业化子集团14家，形成了"总部战略管控、财务管控，专业化子集团具体管理，三级公司执行落实"的三级管控体系。二是大力推进机制创新。建立一系列中长期市场化激励完整工具包，目标管理企业设立突出贡献奖，上市公司全部实行限制性股票激励，传统市场化企业推行员工持股，新办市场化企业推行虚拟股权，高度市场化项目推行跟投机制等。三是大力推进科技创新。积极推进产业数字化和数字产业化，年均投入研发费用超40亿元，确保集团在深水大跨径桥梁、复杂地质条件下特长隧道施工领域继续保持世界领先，在智慧交通、制氢储氢领域保持全国领先，在智能制造和施工设备电动化领域力争实现全国领先。

三、西部地区国有经济布局优化和结构调整的效果

在新时代背景下，我国西部地区的国有经济布局结构调整及国企改革成效显著。西部地区国有企业的改革和发展，从点上突破到面上提升，体现了国有经济布局结构的全面优化和现代产业体系建设不断完善。不仅提升了国

有企业的核心竞争力，还加快了西部地区经济的整体发展水平。各省的国有企业通过引进先进技术、优化管理体制、加强国际合作等方式，积极推动高质量发展，为西部地区经济的稳定增长贡献了重要力量。具体表现在以下几个方面。

（一）国有经济产业布局不断完善，国有资本使用效率持续提升

近年来，西部地区通过深化国企改革，显著加快了国有资本布局和结构调整步伐。四川、陕西、甘肃等地区国有企业以发展战略性新兴产业和未来产业作为重点，通过一系列整合重组，国有资本进一步向优势产业和优势企业集中，国有资本集中度和使用效率不断提升。

甘肃省国资国企围绕服务国家战略和甘肃省建设大局，坚持"突出实业、聚焦主业、做精一业"的工作方针，先后完成9组23户企业专业化整合重组，推动国有资本向重点行业、主导产业、主业企业集中，省属企业专业化发展水平和经营质量效益明显提升。在水利建设领域，以甘肃省水投公司为主体加快推进甘肃水务集团整合重组，促进企业由水利项目建设投资平台向水资源市场化专业化投资运营主体转型发展，打造甘肃推进重大水利工程建设和水生态文明建设的龙头企业。在中医药领域，重组甘肃药业集团普安制药并注入陇神戎发，有力提高了产能规模和盈利能力，2023年上半年，陇神戎发实现营业收入5.91亿元，同比增长113.94%。在生态环保领域，由甘肃新业公司、甘肃工程设计院公司共同出资组建润陇环保集团，积极引入行业优势企业，补齐甘肃环保产业领域企业规模小、产业链条短、盈利能力弱等短板，助力甘肃实施黄河流域生态保护和高质量发展战略。

四川省国有经济在布局优化和结构调整上取得明显成效。省属国企在"六大优势产业"和战略性新兴产业投资布局同比增长20%，组建28只科创基金，总规模达427.7亿元，主要投向电子信息、装备制造、先进材料等领域。比如，川投集团发起设立四川省绿色低碳优势产业基金，加快绿色低碳产业布局，部分重点企业投资建设水、风、光伏和抽水蓄能、燃气发电项目

近 200 亿元，华西集团推进西南地区首个零碳示范园区建设，等等。2023 年全省地方国有企业营业总收入首次突破 2 万亿元，达到 2.12 万亿元，同比增长 11.9%，其中，省属国企营业总收入 7014 亿元，同比增长 13.2%。利润总额再创新高，达 1433 亿元，同比增长 25.1%，其中，省属国企利润总额 301 亿元，同比增长 15.4%。

陕西省充分发挥国有企业在国民经济发展中的"顶梁柱"作用，紧紧围绕全省"24+9+8"条（制造业 24 条、现代农业 9 条、文化旅游 8 条）重点产业链，坚定不移壮大实体经济，充分发挥省级企业在数控机床、商用车（重卡）、氢能、煤制烯烃（芳烃）深加工、钢铁深加工、现代农业、文化旅游等重点产业链的引领带动作用，推动上下游产业链融通发展。2022 年，省级企业全年完成固定资产投资 1429.52 亿元，主业集中度达 99% 以上，为推动全省经济运行整体稳定发展起到了重要支撑作用。国有企业集中力量加大科技攻关力度，关键核心技术攻关实现新突破。2022 年，全省国有企业研发投入 240.81 亿元，同比增长 41.41%，其中，省级企业累计研发投入 226.94 亿元，同比增长 38.50%。

（二）现代产业体系建设逐步完善，战略性新兴产业深入布局

西部地区面对新一轮产业发展和科技革命机遇，通过深化改革和产业结构升级，国有经济布局不断优化，现代化产业体系逐渐完善，战略性新兴产业得到有效培育和发展。

近年来，宁夏通过紧抓高质量发展，新兴产业呈加快发展态势，目前已经初步形成以"六新六特六优 +N"为支撑的现代化产业体系。"六新"是指以装备制造、新材料等为代表的新型工业，"六特"是以葡萄酒、枸杞为代表的特色农业，"六优"是指以文化旅游、会展博览等为代表的现代服务业，"N"是指先进算力、氢能等高新产业。同时，宁夏紧紧围绕产业链、创新链，实施 100 个科技型、100 个创新型、100 个示范型企业梯度培育计划，自主研发推广了单晶硅棒拉制、传动减速器装配、工业蓝宝石制造等一批先进技术产品。在传统产业升级方面，通过设备更新、技术赋能、低碳改造，推动传统产业华丽蝶变。比如，现代煤化工，通过先进的煤炭液化、气化技术，变"煤"为"油"、化"煤"为"丝"，转化为煤制烯烃、甲醇、氨纶、芳纶、石墨等产品，实现价值倍增、升级换代。目前，正在建设 2000 亿级的现代化工产业集群、1000 亿级的轻工纺织产业集群，重塑传统产业新体系，焕发传统产业新优势。此外，宁夏还在加快培育壮大战略性新兴产业和超前布局建设未来产业，打造 3 个千亿级的新能源、装备制造、数字信息产业集群，1 个两千亿级的新材料产业集群；加快布局人工智能、先进算力、新型储能、氢能、量子技术等未来产业。

青海省坚持以产业"四地"为牵引，推动传统产业转型升级、新兴产业强筋壮骨、支柱产业聚链成群，加快形成现代产业体系。首先，建设世界级盐湖产业基地，服务全国发展大局。目前已基本建成"钾、钠、镁、锂、氯"五大产业集群。2022 年，规上企业钾肥产量 842 万吨，盐湖化工产业产值同比增长 103.7%。其次，充分利用青海风水优势，打造全国战略资源储备基地和能源基地。当前已建成全国首个 100% 利用清洁能源运营的大数据产业示范基地，截至 2022 年底，全省清洁能源装机 4075 万千瓦，占全省电力装机的 91%，占全国清洁能源装机的 18%，持续保持全国领先。再次，打造全国有名的生态旅游基地。强化点位打造、点位衔接，串点成线、连线成片，促进"快进慢游"，持续完善青藏、青甘、青川、青新旅游大环线和东部、南部、西部、北部生态旅游精品环线。其中，7 条旅游线路入选全国"十大黄河旅游带"精品线路，最美湖泊、最美花海成为热门打卡地。此外，正在完成金银滩—原子城等 AAAAA 级旅游景区，黄河国家文化公园（海南段）宗日遗址、长城（大通段）国家文化公园、长征（班玛）国家文化公园等一批标志性工程的谋划和建设。最后，青海立足资源禀赋，转变农牧业发展方式，绿色有机农畜产品输出地建设取得阶段性成效。全省有机草原监测面积突破 1 亿亩，累计认证绿色、有机和地理标志农产品达 1015 个。累计创建 15 个农业产业强镇、33 个省级以上现代农业产业园和 50 个省级农牧业产业化联合体。

（三）国有经济核心功能不断突出，核心竞争力逐步提升

经过国有企业三年改革行动，西部地区国有经济布局核心功能更加突出，核心竞争力不断显现。国有经济已经成为西部地区经济发展的重要引擎和支柱力量。

陕西省坚持增强国有经济核心功能和提升国有企业核心竞争力要求，围绕全省"24+9+8"条（制造业 24 条、现代农业 9 条、文化旅游 8 条）重点产业链建设规划，坚定不移壮大实体经济，充分发挥省属企业在能源、汽车、材料等重点产业链的引领带动作用，推动上下游产业链融通发展，加快产业集群发展，推动地区高质量发展。在新能源领域，延长石油、陕煤集团、陕投集团等传统能源企业正加速培育氢能、地热能、生物质能、核能和储能等领域新兴产业。投入运营模块化氢能热电联产示范项目，此项目是省内首个电解水制氢—氢能热电联产多能互补示范项目。在新能源汽车领域，法士特重卡新能源产品市场占有率稳居行业第一。陕汽控股开发了 5 大系列 20 款车型的电动商用车产品，实现电动商用车整车性能的全面提升。陕西交控借助高速服务区、加油站等资源优势，建设布局新能源汽车（含重卡）公共充换电基础设施。在新材料领域，陕西有色金属集团通过技术攻关和产线升级，推出柔性显示用钼基溅射靶材、航空航天紧固件用 TC4 钛合金等高附加值产品。

国企改革三年行动实施以来，贵州省建设发挥国有经济核心功能和提升国有企业核心竞争力，扎实推动国资国企改革任务落实，优化国有经济布局，切实提升国有经济"五力"。2022 年 7 月，习酒集团正式挂牌运营，推动白酒产业实现集群式发展，壮大贵州酱香型酒品牌舰队；2022 年 8 月，贵州民航产业集团组建成功，推动贵州民航规模化、产业化和专业化，更好保障贵州人民的出行便利；同月，贵州建设集团组建，为服务新型工业化、新型城镇化和强省会建设提供有力保障；此外，云上贵州公司完成贵阳大数据交易所公司投资重整工作，2022 年平台交易额突破 3.6 亿元；2021 年磷化集团与宁德时代出资设立贵州时代矿业公司，与宁德贵州新能源、黔晟国资和贵

州金控组建磷化新能源公司，打造全国最大、最具竞争力的磷系新能源电池材料前驱体及氟系电解质生产供应商。

四川省国资国企突出国有经济战略性新兴产业引领功能和民生保障功能，加大科技创新力度，聚焦主责主业发展实体经济，优化调整企业、产业、区域布局，更好服务国家和四川重大战略。首先，战略性产业投资稳步增长。四川省属企业在战略性新兴产业投资同比增长20%。拓展川渝国资国企合作，成渝地区双城经济圈发展基金总规模超200亿元。围绕区域协调发展深化"国企市州行"，国资国企与资阳等4个市签署合作协议123个，协议投资额超2000亿元。其次，稳大局惠民生，勇担社会责任彰显国企担当。四川省地方国企上缴税费1379亿元、同比增长14.2%，省属监管企业上缴国有资本收益13.38亿元、同比增长12.9%，省能投集团等6户省属监管企业上缴特别利润10.61亿元。建立国企"1+1帮1"带动县三级联帮机制，78户国企托底性帮扶39个欠发达县域，落地产业项目总投资155亿元，新签约产业项目协议投资额超500亿元，组建振兴发展基金5.5亿元，实施优惠信贷投放3.65亿元，助力"四类地区"振兴发展。

第五章

新发展阶段东北地区国有经济布局
优化和结构调整的方向与目标

在新发展阶段，东北地区国有经济布局结构调整是实现东北地区全面可持续振兴的重要抓手，对于推动东北地区经济高质量发展和促进区域经济平衡发展都具有重要意义。随着全球经济格局的变化以及国内经济环境的演变，东北地区国有经济的布局结构调整势在必行。

第一节　调整国有经济布局结构，增强国有经济核心功能

国有经济高质量发展是推进中国经济高质量发展和中国式现代化的重要基础和保障。党的二十届三中全会指出，要深化国资国企改革，完善管理监督体制机制，增强各有关管理部门战略协同，推进国有经济布局优化和结构调整，推动国有资本和国有企业做强做优做大，增强核心功能，提升核心竞争力。这表明，推进国有经济布局优化和结构调整是不断增强国有经济的核心功能与核心竞争力的重要前提和保证。只有不断推进国有经济布局优化和结构调整，才能更好发挥国有经济主导作用、引领带动作用和战略支撑作用，为其他所有制经济发展创造更大空间和更好条件。

一、优化调整国有经济布局，维护我国"五大安全"

习近平总书记指出，推动创新发展、协调发展、绿色发展、开放发展、共享发展，前提都是国家安全、社会稳定。没有安全和稳定，一切都无从谈起。党的十八大以来，国有经济在关系国家安全和国民经济命脉的重要行业和关键领域进行重点布局，确保在重要资源能源领域的控制力，为维护能源安全、产业安全、粮食安全，以及维护经济社会稳定、抵御各种风险挑战提供了坚实保障。

当前国际环境不稳定性和不确定性因素明显增加，安全挑战明显增多。进一步增强国有经济安全维护功能，有助于更好保障经济社会发展的安全稳定。为此，要坚持底线思维，加强安全意识，通过调整国有经济布局结构提升国有经济的控制力和抗风险能力。一是持续强化国有经济在国防军工和能源、粮食等领域的保障地位和供给水平。强化国有企业对关键原材料及元器件、重要设备、软件、战略物资等的备份与托底能力，推进重要能源、矿产资源国内勘探和增储上产，扩大优质煤炭产能，构建新型电力系统，提升种子自主可控和海外粮源保障体系建设，切实提升应对各类风险挑战和不确定性的底气和能力。二是统筹推进与中国式现代化要求相适应的重要基础设施建设。除铁路、公路、航空等传统基础设施外，国有经济还要加强包括金融、网络、数据等领域的基础设施建设，构建完备高效安全智能的现代化基础设施体系，全面提升国家竞争力和总体安全水平。三是持续加大国有资本在电网、石油天然气管网、江河主干水网、信息通信网等领域投入力度，加强新一代移动通信、人工智能、算力网络、卫星互联网、工业互联网等数字基础设施建设，更好地维护国家骨干网络安全。四是优化资本投向布局，注重提升经济增加值，使投资能更好地为国民经济产生增量贡献，同时优化风险防控手段，在债务、境外投资、金融、安全生产等高风险领域加大防控力度。五是协同民营经济积极维护与现代化建设相适应的产业链供应链安全。在产业链供应链关键安全节点，发挥国有经济与民营经济各自优势，进行强链、补链、延链、固链。

二、优化调整国有经济布局，促进新质生产力发展

国有经济是新质生产力和新型生产关系的重要载体和建设主体，是完整、准确、全面贯彻新发展理念的主力军和排头兵，在推动新质生产力发展过程中起到引领和主导作用，尤其体现在对科技创新的促进作用上。科技创新既是提升企业核心竞争力的关键变量，更是增强企业核心功能的重要保障。习近平总书记指出，国有企业要做落实新发展理念的排头兵、做创新驱动发展的排头兵、做实施国家重大战略的排头兵。党的十八大以来，国有经济肩负国家创新使命，在自主创新和锻造大国重器方面不断努力，不仅极大便利了人们的生活，更打造出中国"智"造的世界新名片，在载人航天、探月工程、深海探测、高速铁路等领域取得一批世界领先的标志性成果，极大地促进了新质生产力发展。国有企业投资了若干民营企业难以承担的新型基础设施建设和公益性技术研发；作为开放式创新组织者，利用其资源和网络平台优势，充分联合各创新主体打造开放式创新平台，整合国内外创新资源和要素，孵化和培育了一批"专精特新"企业；作为长期资本、耐心资本和战略资本的主要提供者，推动国有资本向战略性新兴产业集中，前瞻谋划布局未来产业，为新质生产力发展起到了引领作用。

随着全球新一轮科技革命和产业变革加速演进，世界各国都在加快新技术研发，一系列新技术、新业态、新商业模式正在涌现，产业结构调整力度前所未有，科技成果转化为现实生产力的周期大幅缩短。我国必须把握住机会窗口，依靠自主创新和高水平科技自立自强推动新质生产力发展。国有经济在此过程中尽管拥有一定优势并取得一系列重要成就，但仍存在创新动力不足、创新体制机制不完善等问题，需要通过进一步全面深化改革不断增强国有经济的创新引领功能。一是聚焦培育和发展新质生产

力，通过完善优化国有经济布局、中国特色现代企业制度，加快形成与之更相适应的生产关系。国有经济应在因地制宜发展新质生产力上充分发挥创新引领功能，坚持在传统产业与战略性新兴产业"两端发力"，以体制创新推进组织创新、机制创新、管理创新、商业模式等综合创新，激发企业创新内在动力和活力，突破一批颠覆性技术和前沿引领技术，促进传统产业转型升级以及战略性新兴产业、未来产业发展，促进数实融合。二是突出战略导向和问题导向，健全推进原始创新、打造原创技术策源地的政策体系和制度安排。国资国企应重点向基础性、紧迫性、前沿性、颠覆性原创技术研究领域集中，提升基础研究和应用基础研究能力。三是构建产学研用深度融合的体制机制，加速科技成果转化。国有企业牵头或参与建设全国重点实验室等创新平台，主动与科研院所、高等学校、民营企业等创新主体深度合作、打造创新联合体。积极开放创新资源、提供技术牵引和转化支持，构建协同、共享、互通的新型产业创新生态。四是完善产业链链长制和产业协调机制，提升产业链关键环节的自主权与引领作用，与同类民营企业形成差异化竞争优势。国有经济要加强与民营经济的创新合作，共同提升产业基础能力和产业链现代化水平。

三、优化调整国有经济布局，构建现代化产业体系

国有经济作为国民经济的重要支柱，其布局的优化调整对于整个产业结构的升级至关重要。通过对国有企业进行内部改革和组织优化，引导资源向战略性新兴产业和高端制造业倾斜，可以促进产业结构的优化升级，提高经济的整体竞争力。国有经济的优化调整可以推动企业进行内部改革和转型升级，提高企业的市场竞争力和效益水平。通过引入市场机制和竞争机制，激发企业的积极性和创造力，提高资源配置效率和经营管理水平，从而实现经济效益的提升。现代化产业体系还注重绿色发展和资源节约利用，而国有经济在实现可持续发展方面具有重要作用。通过优化国有经济布局，加强环境保护和资源利用，推动企业进行技术创新和绿色转

型，可以减少对环境的影响，提高资源利用效率，推动经济的可持续发展。国有经济在现代化产业体系中扮演着重要角色，通过优化国有经济布局，可以引导企业增加研发投入，培育创新氛围，提升技术创新能力。这有助于推动技术进步和产业结构的升级，从而为构建现代化产业体系提供坚实支撑。

优化调整国有经济布局是助力现代化产业体系构建的重要一环。通过优化国有经济布局，可以推动产业结构升级、提高企业竞争力、加强创新能力，并推动可持续发展。优化调整国有经济布局来助力现代化产业体系构建，需要从以下几个方面入手：一是要加强国有企业的内部改革和组织优化。国有企业作为国民经济的重要支柱，其改革和优化对于现代化产业体系的构建至关重要。应从国有企业的产权和治理结构、市场化运作机制、激励约束机制等方面进行改革，引入市场机制和竞争机制，提高企业的市场竞争力和效益水平。二是要加大资源向战略性新兴产业和高端制造业的倾斜力度。通过优化国有经济布局，将资源向具有较高技术含量和附加值的产业倾斜，可以推动产业结构的升级。这需要政府在产业政策引导和资源配置上发挥积极作用，鼓励企业增加研发投入、加强技术创新，培育具有国际竞争力的新兴产业和高端制造业。三是要加强企业的创新能力。创新是现代化产业体系构建的重要驱动力。优化国有经济布局需要鼓励企业加大技术创新投入，培育创新氛围，推动科技创新和产业结构的升级。政府可以通过加大科研经费投入、建立创新创业平台、推动产学研合作等方式，支持企业提升创新能力，推动现代化产业体系的建设。四是要加强环境保护和资源利用。现代化产业体系注重绿色发展和可持续发展，而国有经济在实现这一目标上扮演着重要角色。通过优化国有经济布局、加强环境保护和资源节约利用，可以减少对环境的影响，提高资源利用效率。政府可以通过加强环境监管、制定环境标准、推广清洁生产技术等方式，引导企业向绿色发展转型，推动现代化产业体系的可持续发展。最后要加强政府引导和政策支持。优化调整国有经济布局需要政府发挥积极的引导和调控作用。政府可以通过制定产业政策、提供资金支持、建立创新创业平台等方式，引导和支持企业进行内部改革和创新，推动现代化产业体系的构建。

四、优化调整国有经济布局，推动经济高质量发展

党的二十大报告指出，高质量发展是全面建设社会主义现代化国家的首要任务。2024年1月，习近平总书记在二十届中央政治局第十一次集体学习时的讲话中强调，发展新质生产力是推动高质量发展的内在要求和重要着力点，高质量发展需要新的生产力理论来指导，而新质生产力已经在实践中形成并展示出对高质量发展的强劲推动力、支撑力。新质生产力不仅会形成经济发展的新动能、新优势，也会形成企业发展的新动能、新优势，催生新产业、新业态、新模式。国有经济是新质生产力和新型生产关系的重要载体和建设主体，是完整、准确、全面贯彻新发展理念的主力军和排头兵，在高质量发展中起到引领和主导作用，并对中国式现代化起到支撑和保障作用。要实现这些作用，必须通过优化国有经济布局来提高国有企业发展质量、提升国有经济活力，以科技创新和产业创新带动企业转型，提升管理水平和治理效能，最终实现国有企业生产效率的飞跃与核心竞争力的增强，推动经济高质量发展。此外，创新是经济高质量发展的重要驱动力。通过优化国有经济布局，鼓励企业加大技术创新投入、培育创新氛围，推动科技创新和产业结构的升级，可以促进经济的创新发展。这将有助于提高企业的竞争力和附加值，推动经济向高质量发展的方向迈进。

国有经济在区域经济中扮演着重要的角色，通过对国有经济进行优化调整，可以促进区域经济结构升级、提高经济效率、促进创新和可持续发展。具体来讲，需要做到以下几个方面。第一，要通过优化国有经济布局，引导资源向战略性新兴产业和高端制造业倾斜，可以推动区域经济结构向高技术、高附加值、高品质的方向发展。这将促进产业链的优化和延伸，提高区

域经济的整体竞争力。第二，要通过国有经济布局，推动企业的内部改革和转型升级，增强企业的市场竞争力和效益水平。通过引入市场机制和竞争机制，提高资源配置效率和经营管理水平，可以提高区域经济的整体效率。第三，要通过优化国有经济布局，鼓励企业加大技术创新投入、培育创新氛围，推动科技创新和产业结构的升级，可以促进区域经济的创新发展。这将有助于提高企业的竞争力和附加值，推动区域经济向高质量发展的方向迈进。第四，要通过优化国有经济布局提振地方经济发展活力和竞争力。国有企业作为区域经济的重要组成部分，其竞争力的提升对于整个区域经济的发展至关重要。通过优化国有经济布局，加强企业的内部改革和组织优化，引入市场机制和竞争机制，可以提高国有企业在区域经济中的竞争力，推动区域经济的高质量发展。

综上所述，优化调整国有经济布局对于助力区域经济的高质量发展具有重要意义。它能够促进区域经济结构的升级，提高经济效益，推动创新发展，提升国有企业在区域经济中的竞争力。在实施过程中，需要加强政府引导和政策支持，鼓励企业进行内部改革和转型升级，形成政府、企业和市场的良好合力，实现国有经济布局的优化调整，推动区域经济向着更高质量、更可持续的方向发展。

第二节　维护"五大安全"

2023 年 9 月，习近平总书记主持召开新时代推动东北全面振兴座谈会并发表重要讲话，指出，东北地区在国家安全和发展大局中具有重要战略地位。新时代新征程推动东北全面振兴，要牢牢把握东北在维护国家粮食安全、产业安全、能源安全、生态安全和国防安全中的重要使命，牢牢把握高质量发展这个首要任务和构建新发展格局这个战略任务，统筹发展和安全，努力走出一条高质量发展、可持续振兴的新路子，奋力谱写东北全面振兴新篇章。① 在新时代背景下，我国东北地区作为国家的老工业基地，承担着维护国家"五大安全"的重要使命，同时也面临着一系列严峻挑战。国有经济布局和结构调整问题日益凸显，成为制约地区发展的瓶颈。因此，对东北地区国有经济布局进行优化和结构调整，成为新时代全面振兴东北老工业基地的关键举措。

维护"五大安全"是新时代国家战略的核心要求，对于保障国家长治久安、实现民族复兴具有重要意义。在东北地区，这一战略要求具有尤为突出的现实意义。一方面，东北地区拥有丰富的自然资源和优越的地理位置，是国家重要的粮食生产、能源供应和产业支撑基地；另一方面，东北地区又面临着生态环境恶化、经济增长乏力等问题，对国家安全构成潜在威胁。因此，在新时代背景下，必须紧紧抓住维护"五大安全"这条主线，推动东北地区国有经济布局优化与结构调整，为国家安全和发展大局做出贡献。

一、何为"五大安全"

（一）粮食安全

"民以食为天"，自古以来，粮食安全对国家的政治稳定、经济发展和社会和谐都具有十分重要的意义。而东北地区作为国家粮食安全的"压舱石"，在我国的粮食生产和供应方面扮演着极其重要的角色。东北三省的粮食产量稳定地占全国总产量的 20% 以上，商品粮总量约占全国的 25%，粮食调出量约占全国的 30%。② 东北地区的土地资源利用情况和农作物产量情况如表 5-2-1 和 5-2-2 所示。从中可见，截至 2022 年，东北三省占全国耕地面积和粮食产量均在 20% 以上。

---

① 《习近平主持召开新时代推动东北全面振兴座谈会强调　牢牢把握东北的重要使命　奋力谱写东北全面振兴新篇章》，《人民日报》2023 年 9 月 10 日。

② 李锦：《东北全面振兴离不开国企振兴》，《现代国企研究》2023 年第 10 期。

表5-2-1　2022年东北三省土地资源利用情况

	耕地（千公顷）	园地（千公顷）	林地（千公顷）	草地（千公顷）	湿地（千公顷）	森林面积（千公顷）	森林覆盖率（％）
辽宁省	5156.7	530.1	5989.6	478.1	295.9	571.8	39.24
吉林省	7444.3	93.6	8797.2	636.2	223	784.9	41.49
黑龙江省	17131.3	74.9	21634.8	1172.8	3487.3	1990.5	43.78
三省合计	29732.3	698.6	36421.6	2287.1	4006.2	3347.2	—
全国	127579.9	20112.6	283545.8	264285.0	23568.7	22044.6	22.96
占全国比重（％）	23.3	3.47	12.9	0.87	17.0	15.2	—

资料来源：2023年《中国统计年鉴》。

表5-2-2　2022年东北三省农作物产量情况

	粮食产量（万吨）	粮食人均占有量（千克）	玉米（万吨）	大豆（万吨）	稻谷（万吨）	小麦（万吨）	油料（万吨）
吉林	4080.8	1728	3257.9	70.0	680.9	1.7	81.6
辽宁	2484.5	590	1959.2	27.0	425.6	0.8	113.4
黑龙江	7763.1	2495	4038.4	953.4	2718.0	8.4	14.3
三省合计	14328.4	—	9255.5	1050.4	3824.5	10.9	209.3
全国	68652.8	486	27720.3	2028.3	20849.5	13772.3	3654.2
占全国比重（％）	20.87	—	33.39	51.79	18.34	0.08	5.73

资料来源：2023年《中国统计年鉴》。

与此同时，东北地区的粮食生产已经连续多年实现稳定增长。例如，黑龙江省的粮食产量连续多年位居全国首位，富锦市作为黑龙江省的重要农业市，其粮食产量在2023年达到了65.1亿斤，相比2009年的30.7亿斤有显著增长。2022 年，东北三省克服了新冠疫情、局地极端天气等挑战，实现了自 2004 年以来的"十九连丰"，粮食产量自 2013 年起，一直占全国总产量的 20% 以上（见表 5-2-3）。尽管东北地区在粮食生产方面取得了显著成就，但仍面临着一些挑战。这些挑战包括平衡"藏粮于地"与黑土地保护的关系、处理高耗水作物（如稻谷和大豆）生产与生态湿地保护的难题，以及应对粮食种植成本上升与保障农民种粮收益之间的矛盾。要解决这些问题与矛盾，需要进一步提升粮食生产能力，东北地区要继续推进高标准农田和水利设施建设，扩大黑土地保护实施范围，提高资源利用效率。此外，还需要推进农业机械化和智慧农业的发展，加强粮食品牌建设，延伸粮食产业链，提升粮食价值链。而上述改进措施与国有经济的布局优化与结构调整有着密不可分的关系。

表 5-2-3　2003—2023 年东北三省粮食产量占全国比重

2003 年	14.56%	2013 年	20.89%
2004 年	15.40%	2014 年	20.44%
2005 年	15.33%	2015 年	20.85%
2006 年	16.80%	2016 年	21.02%
2007 年	16.19%	2017 年	21.00%
2008 年	17.60%	2018 年	20.26%
2009 年	16.46%	2019 年	20.80%
2010 年	18.29%	2020 年	20.44%
2011 年	19.62%	2021 年	21.16%
2012 年	19.97%	2022 年	20.87%

资料来源：历年《中国统计年鉴》。

（二）产业安全

产业安全是实现国家长治久安、繁荣发展的重要保障。东北地区拥有丰富的自然资源和雄厚的工业底蕴，长期以来形成了以重工业和资源型产业为主导的传统产业结构。这一结构主要包括钢铁、机械、汽车、石油化工等行业，这些产业在过去几十年中为中国的经济发展做出了巨大的贡献。重工业部门以大型国有企业为主，拥有较为完整的产业链和较强的技术基础，而资源型产业则依赖于该地区丰富的矿产资源，如铁矿、煤矿等。这种以重工业和资源型产业为主的产业结构，在一定程度上推动了东北地区经济的快速发展，但也造成了产业结构单一、环境污染、资源枯竭等问题。随着国内外市场环境的变化和可持续发展需求的提高，东北地区的传统产业结构正面临着前所未有的挑战。为了准确评价东北三省近年来的产业安全水平，我们对 2005—2021 年的东北三省产业安全水平进行了测算。

依据系统、科学、相关、可操作和自适应性的指标选择原则，从产业的竞争力、产业的对外依赖性和产业的控制力这 3 个方面构成对东北三省产业安全的影响的评价指标体系，包括 3 个一级指标，6 个二级指标。指标体系如表 5-2-4 所示。

表 5-2-4　评价指标体系

评价对象	一级指标	二级指标	指标定义
东北三省产业安全评价指标	产业竞争力	劳动生产率	地区生产总值与全部从业人员人数的比值
		人均可支配收入	居民可支配收入与常住人口数的比值
	产业对外依存度	进口依存度	进口额与生产总值的比值
		出口依存度	出口额与生产总值的比值
	产业控制力	外资利用率	实际利用额与外资合同额的比值
		外资市场占有率	外资企业利润额与全部企业利润额的比值

1. 辽宁省产业安全情况

通过收集整理《中国工业统计年鉴》和《辽宁省统计年鉴》在 2005 至 2021 年的有关数据，得到辽宁省劳动生产率、人均可支配收入、进出口对外依存度、外资利用率和外资市场占有率的数据，如表 5-2-5 所示。

表 5-2-5 辽宁省产业安全评估具体指标结果

年份	劳动生产率（%）	人均可支配收入（千元）	进口依存度（%）	出口依存度（%）	外资利用率（%）	外资市场占有率（%）
2005	17.21	6.98	14.52	19.37	32.6	26.01
2006	19.76	7.94	14.35	20.257	39.27	28.74
2007	24.02	9.42	14.08	20.6	43.77	26.62
2008	28.19	11.13	15.01	20.8	59.22	22.96
2009	29.61	12.18	13.82	15.64	54.8	26.47
2010	31.89	13.95	16.24	18.61	80.94	25.96
2011	37.35	16.43	16.51	18.73	123.56	22.19
2012	40.78	18.76	15.51	19.48	108.18	21.84
2013	43.96	20.82	15.6	20.15	134.24	19.02
2014	45.92	22.82	16.55	17.6	145.89	27.85
2015	46.48	24.58	13.43	15.05	75.76	41.58
2016	47.07	26.04	12.8	12.67	32.53	66.44
2017	50.22	27.84	15.14	12.41	20.11	54.89
2018	54.66	29.7	16.8	12.45	31.42	47.18
2019	58.02	31.82	14.46	10.97	25.8	50.68
2020	58.63	32.74	13.55	9.19	38.46	58.82
2021	64.99	35.11	14.84	11.15	32.22	55.67

应用熵值法计算，可得到辽宁省产业安全状况的产业竞争力、产业对外依存度和产业控制率的具体值，如表5-2-6所示。

表5-2-6　辽宁省产业安全指标数值

年份	产业竞争力	产业对外依存度	产业控制力
2005	12.10	16.95	29.31
2006	13.85	17.30	34.01
2007	16.72	17.34	35.20
2008	19.66	17.91	41.09
2009	20.90	14.73	40.64
2010	22.92	17.43	53.45
2011	26.89	17.62	72.88
2012	29.77	17.50	65.01
2013	32.39	17.88	76.63
2014	34.37	17.08	86.87
2015	35.53	14.24	58.67
2016	36.56	12.74	49.49
2017	39.03	13.78	37.50
2018	42.18	14.63	39.30
2019	44.92	12.72	38.24
2020	45.69	11.37	48.64
2021	50.05	13.00	43.95

辽宁省产业竞争力逐年提高，产业对外依存度逐渐减少，见图 5-2-1。由于辽宁省振兴战略的提出以及在 2011—2014 年辽宁省颁布一系列引入外资的优惠政策，使得 2011—2014 年间的外资大量涌入，从而导致产业控制力的提高。

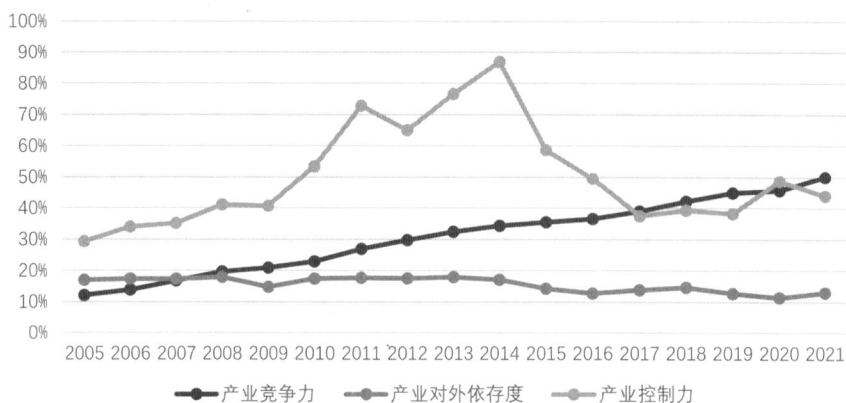

图 5-2-1　2005—2021 年辽宁省产业安全趋势图

2.吉林省产业安全情况

根据吉林省劳动生产率、人均可支配收入、进出口对外依存度和外资市场占有率的数据，通过计算得到吉林省产业安全状况的具体值，如表 5-2-7 所示。

表 5-2-7　吉林省产业安全指标数值

年份	产业竞争力	产业对外依存度	产业控制力
2005	8.13	7.05	19.24
2006	9.31	7.36	27.60
2007	11.39	7.57	29.00
2008	13.31	8.27	36.64
2009	14.77	6.48	44.32
2010	17.09	7.88	47.19
2011	20.45	8.56	40.78

年份	产业竞争力	产业对外依存度	产业控制力
2012	23.21	8.49	12.79
2013	25.57	8.22	10.20
2014	27.53	7.94	10.96
2015	28.41	5.65	7.88
2016	30.12	5.31	7.75
2017	32.13	5.09	9.63
2018	33.87	5.51	16.83
2019	36.06	4.84	10.96
2020	38.16	4.53	86.79
2021	41.46	5.30	47.71
2022	41.67	5.37	43.31

2018 年起，吉林省多次修改外商投资"负面清单"，通过认真研究"清单"特点，确保企业最大限度感受到投资自由度，促进企业投资。外资引入以及外资效应的大幅度提高使得吉林省的产业控制力显著增强，见图 5-2-2。

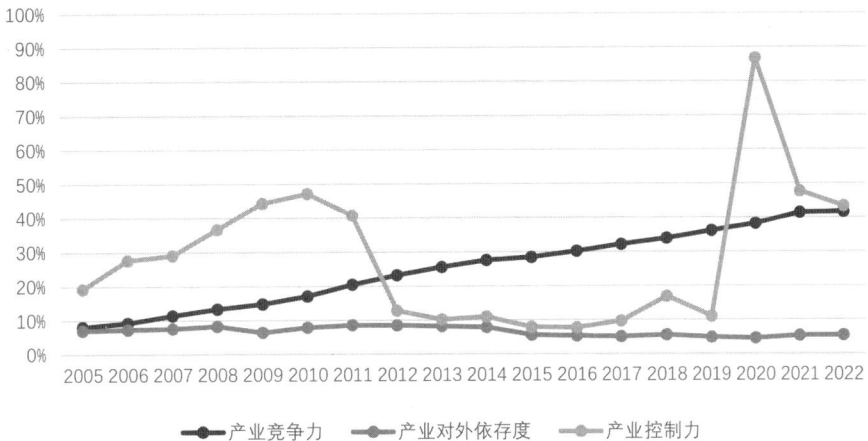

图 5-2-2 2005—2021 年吉林省产业安全趋势图

3. 黑龙江省产业安全情况

通过计算黑龙江省劳动生产率、人均可支配收入、进出口对外依存度、外资利用率和外资市场占有率的数据，得到黑龙江省产业安全状况的具体值，如表 5-2-8 所示。

表 5-2-8　黑龙江省产业安全指标数值

年份	产业竞争力	产业对外依存度	产业控制力
2005	9.25	6.03	36.20
2006	10.35	7.24	34.50
2007	11.84	8.47	38.06
2008	13.77	9.73	34.82
2009	14.26	6.74	40.82
2010	16.27	9.21	48.29
2011	19.35	11.63	51.37
2012	21.83	10.24	53.41
2013	23.99	9.84	48.14
2014	25.43	9.59	45.50
2015	25.68	5.39	54.89
2016	26.93	4.17	54.00
2017	28.55	4.62	43.84
2018	30.46	6.17	47.38
2019	32.71	6.00	28.71
2020	33.67	4.89	42.00
2021	37.18	6.23	16.94

　　黑龙江省的产业竞争力逐年增加，2012—2016 年间大量利用和引入外资使得产业控制力快速提高。综合上述图表，东三省的产业竞争力逐年增加，说明产业的生产效率高、产品和服务的质量好，产业的安全性很强；同时产业的对外依存度逐渐减少，说明产业的生产和发展越来越不受外部环境的影响，经济不依赖进出口，经济更加稳定；东三省的产业控制力都有超过 50% 的时间段，这说明外资在市场上占据主导地位，说明我国经济对外开放程度较高，同时也说明我国的经济发展水平较高。外资的进入为我国经济发展提供了资金和技术支持，促进了我国经济的发展；同时，外资的进入也促进了我国市场经济的发展，提高了我国市场经济的竞争力，见图 5-2-3。

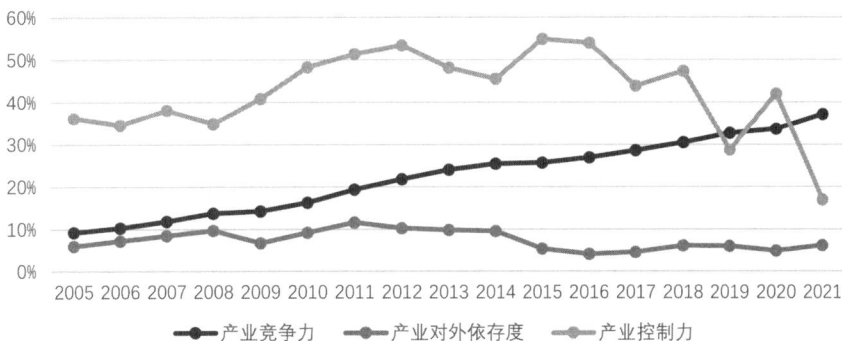

图 5-2-3　2005—2021 年黑龙江省产业安全趋势图

（三）能源安全

　　能源安全是维护国家经济稳定、社会和谐与国际地位的关键所在。习近平总书记指出，我们必须从国家发展和安全的战略高度，审时度势，借势而为，找到顺应能源大势之道。[①] 东北地区拥有丰富的煤炭、石油、天然气等化石能源，是我国重要的能源基地，在新中国建设过程中发挥过积极作用。然而，资源是有限的，目前东北地区出现能源枯竭和开发成本高等问题。为了解决这一系列问题，东北地区做出了许多的尝试和努力：在可再生能源发

---

① 《陈凌：能源保障和安全是"国之大者"》，《人民日报》2023 年 7 月 14 日。

展方面，东北地区正大力推动风能和太阳能等可再生能源的发展。吉林省的风能资源开发潜力约为 1.15 亿千瓦，而辽宁省则有多个海上风电项目并网运行，年发电量可达 27.3 亿度。此外，黑龙江省的新能源和可再生能源装机规模达到 2286 万千瓦，占全省装机总量的 50.2%。同时，东北地区正在从传统的化石能源转向清洁、低碳、高效的能源体系。例如，吉林省建成了"井"字形 500 千伏电网结构，并在 2022 年首次接入特高压电网；辽宁省在"十三五"期间淘汰关停落后煤电机组，同时积极发展煤电化产业链（辽宁新能源生产情况见图 5-2-4）。

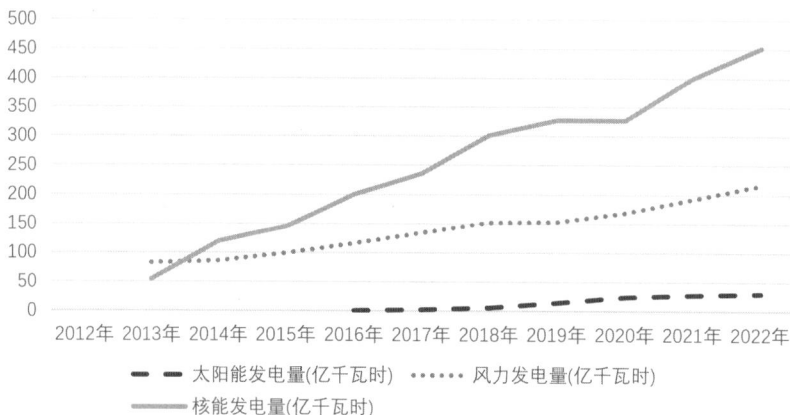

图 5-2-4　2012—2022 年辽宁省新能源生产量趋势图

资料来源：历年《中国能源统计年鉴》。

在电网建设方面，东北电网作为首个区域电网，覆盖辽宁、吉林、黑龙江及内蒙古东部地区。该电网不仅优化了资源配置，还通过特高压外送通道将富余电能送往华北，支持东北振兴和京津冀协同发展等国家重大战略。东北地区在新能源产业链方面也取得了显著进展，例如吉林省的风电装备制造能力和黑龙江省的石墨资源开发等。综上所述，东北地区在能源转型和可再生能源发展方面取得了显著进展，但仍面临着能源安全和成本问题等诸多挑战。未来，东北地区需继续推动新能源的高比例、高质量发展，优化电力生产和输送通道布局，并加快新能源应用场景的创新。而要推行这一系列举措，离不开国有经济的布局优化与结构调整。

（四）生态安全

"绿水青山就是金山银山"，生态安全是维护国家和人民生存发展的基石，是实现可持续发展的前提。东北地区作为中国重要的生态区域之一，拥有丰富的生态资源，对维护国家生态安全发挥着积极作用。其地理位置特殊，辽阔的森林覆盖、广袤的湿地、丰富的山川地貌以及独特的生物多样性构成了其独特的生态景观。东北地区的森林资源丰富，拥有大片原始森林和成熟次生林，是我国重要的林木资源基地之一。表5-2-9、5-2-10、5-2-11中给出的是东北三省近20年来的森林资源数据。

表5-2-9 辽宁省2004—2022年森林资源数据

年份	林业用地面积（万公顷）	森林面积（万公顷）	人工林面积（万公顷）	森林覆盖率（%）	活立木总蓄积量（亿立方米）	森林蓄积量（亿立方米）
2022	735.92	571.83	315.32	39.2	3.09	2.97
2021	735.92	571.83	315.32	39.2	3.09	2.97
2020	735.92	571.83	315.32	39.2	3.09	2.97
2019	735.92	571.83	315.32	39.2	3.09	2.97
2018	735.92	571.83	315.32	39.2	3.09	2.97
2017	735.92	571.83	315.32	39.2	3.09	2.97
2016	735.92	571.83	315.32	39.2	3.09	2.97
2015	735.92	571.83	315.32	39.2	3.09	2.97
2014	735.92	571.83	315.32	39.2	3.09	2.97
2013	699.89	557.31	307.08	38.2	2.6	2.5
2012	699.89	557.31	307.08	38.2	2.6	2.5

续表

年份	林业用地面积（万公顷）	森林面积（万公顷）	人工林面积（万公顷）	森林覆盖率（%）	活立木总蓄积量（亿立方米）	森林蓄积量（亿立方米）
2011	699.89	557.31	307.08	38.2	2.6	2.5
2010	699.89	557.31	307.08	38.2	2.6	2.5
2009	699.89	557.31	307.08	38.2	2.6	2.5
2008	666.28	511.98	283.03	35.1	2.12	2.02
2007	666.28	511.98	283.03	35.1	2.12	2.02
2006	666.28	511.98	283.03	35.1	2.12	2.02
2005	666.28	511.98	283.03	35.1	2.12	2.02
2004	666.28	511.98	283.03	35.1	2.12	2.02

数据来源：国家统计局。

表 5-2-10　吉林省 2004—2022 年森林资源数据

年份	林业用地面积（万公顷）	森林面积（万公顷）	人工林面积（万公顷）	森林覆盖率（%）	活立木总蓄积量（亿立方米）	森林蓄积量（亿立方米）
2022	904.79	784.87	175.94	41.5	10.54	10.13
2021	904.79	784.87	175.94	41.5	10.54	10.13
2020	904.79	784.87	175.94	41.5	10.54	10.13
2019	904.79	784.87	175.94	41.5	10.54	10.13
2018	904.79	784.87	175.94	41.5	10.54	10.13
2017	904.79	784.87	175.94	41.5	10.54	10.13
2016	904.79	784.87	175.94	41.5	10.54	10.13

续表

年份	林业 用地面积 （万公顷）	森林 面积 （万公顷）	人工林 面积 （万公顷）	森林 覆盖率 （%）	活立木 总蓄积量 （亿立方米）	森林 蓄积量 （亿立方米）
2015	904.79	784.87	175.94	41.5	10.54	10.13
2014	904.79	784.87	175.94	41.5	10.54	10.13
2013	856.19	763.87	160.56	40.4	9.65	9.23
2012	856.19	763.87	160.56	40.4	9.65	9.23
2011	856.19	763.87	160.56	40.4	9.65	9.23
2010	856.19	763.87	160.56	40.4	9.65	9.23
2009	856.19	763.87	160.56	40.4	9.65	9.23
2008	848.73	736.57	148.94	38.9	8.82	8.44
2007	848.73	736.57	148.94	38.9	8.82	8.44
2006	848.73	736.57	148.94	38.9	8.82	8.44
2005	848.73	736.57	148.94	38.9	8.82	8.44
2004	848.73	736.57	148.94	38.9	8.82	8.44

数据来源：国家统计局。

表5-2-11　黑龙江省2004—2022年森林资源数据

年份	林业 用地面积 （万公顷）	森林 面积 （万公顷）	人工林 面积 （万公顷）	森林 覆盖率 （%）	活立木 总蓄积量 （亿立方米）	森林 蓄积量 （亿立方米）
2022	2453.77	1990.46	243.26	43.8	20	18.47
2021	2453.77	1990.46	243.26	43.8	20	18.47
2020	2453.77	1990.46	243.26	43.8	20	18.47

续表

年份	林业用地面积（万公顷）	森林面积（万公顷）	人工林面积（万公顷）	森林覆盖率（%）	活立木总蓄积量（亿立方米）	森林蓄积量（亿立方米）
2019	2453.77	1990.46	243.26	43.8	20	18.47
2018	2453.77	1990.46	243.26	43.8	20	18.47
2017	2453.77	1990.46	243.26	43.8	20	18.47
2016	2453.77	1990.46	243.26	43.8	20	18.47
2015	2453.77	1990.46	243.26	43.8	20	18.47
2014	2453.77	1990.46	243.26	43.8	20	18.47
2013	2207.4	1962.13	246.53	43.2	17.77	16.45
2012	2207.4	1962.13	246.53	43.2	17.77	16.45
2011	2207.4	1962.13	246.53	43.2	17.77	16.45
2010	2207.4	1962.13	246.53	43.2	17.77	16.45
2009	2207.4	1962.13	246.53	43.2	17.77	16.45
2008	2184.16	1926.97	235.68	42.4	16.52	15.21
2007	2184.16	1926.97	235.68	42.4	16.52	15.21
2006	2184.16	1926.97	235.68	42.4	16.52	15.21
2005	2184.16	1926.97	235.68	42.4	16.52	15.21
2004	2184.16	1926.97	235.68	42.4	16.52	15.21

数据来源：国家统计局。

从表中可以看出，三个省的林业用地面积、森林面积、人工林面积、森林覆盖率、活立木总储蓄量、森林蓄积量六个指标，都呈现出不断上升的趋势，其中，整体数据又以黑龙江省居于首位，以 2022 年林业用地面积为例，黑龙江省的林业用地面积仅少于内蒙古自治区和云南省，位居全国第三位。黑龙江省是中国最大的林业省份之一，天然林资源主要分布在大小兴安岭和长白山脉及完达山。黑龙江省林业经营总面积 3175 万公顷，占全省土地面积的 2/3。有林地面积 2007 万公顷，活立木总蓄积 15 亿立方米，森林覆盖率达43.6%，森林面积、森林总蓄积和木材产量均居全国前列，是国家最重要的国有林区和最大的木材生产基地。

东北地区湿地资源广泛分布，包括天然湿地和人工湿地，为珍稀鸟类和湿地生态系统提供了重要的栖息地；此外，东北地区还拥有丰富的矿产资源和水资源，为生态经济的发展提供了坚实的基础。然而，随着经济社会的发展和人类活动的加剧，还有作为重工业基地，东三省的工业污染问题不容小觑。工业污染主要来自钢铁、化工、电力、造纸等重污染行业。这些行业排放的废气、废水、固体废物等对环境造成了严重破坏。东北地区的生态环境面临着严峻的挑战，生态破坏、水土流失、生物多样性丧失等问题日益突出。在碳达峰和碳中和方面，由于能源结构调整压力巨大、城镇化水平提升及重大基础设施建设带来的碳排放压力，东北地区实现碳达峰和碳中和目标面临着更多的困难。针对以上问题，东三省做出了巨大努力，表 5-2-12、5-2-13、5-2-14 中给出了近年东北三省的污染治理数据。从中可见为了治理污染并早日实现"双碳"目标，东北三省所做的努力。相信在东北各级政府和全社会的共同努力下，东北会实现绿水青山、和谐发展的生态发展前景。

表 5-2-12　辽宁省 2004—2022 年工业污染治理数据

年份	工业污染治理完成投资（万元）	治理废水项目完成投资（万元）	治理废气项目完成投资（万元）	治理固体废物项目完成投资（万元）	治理其他项目完成投资（万元）
2022	46202	13323	27286	—	4948
2021	120759	3573	94691	536	21925

续表

年份	工业污染治理完成投资（万元）	治理废水项目完成投资（万元）	治理废气项目完成投资（万元）	治理固体废物项目完成投资（万元）	治理其他项目完成投资（万元）
2020	98020	3194	20832	78	73868
2019	121547	9622	92215	—	18148
2018	69238	11842	38569	2023	16545
2017	130471	8247	100891	1745	19275
2016	193853	8003	180275	3999	1270
2015	189950	22070	143078	19530	4656
2014	382184	25256	326098	2350	28148
2013	276908	25596	237364	1426	11971
2012	119447	27777	56168	2354	33038
2011	116032	63953	44932	2869	3704
2010	147708	47214	94551	804	5139
2009	196562	36811	157287	1519	845
2008	201645	81907	91450	3834	23643
2007	237002	72093	110239	11201	42501
2006	520470	79661	78076	3026	359033
2005	369499	31277	88477	4166	244816
2004	226576	36905	52987	798	135748

数据来源：国家统计局。

表5-2-13　吉林省2004—2022年工业污染治理数据

年份	工业污染治理完成投资（万元）	治理废水项目完成投资（万元）	治理废气项目完成投资（万元）	治理固体废物项目完成投资（万元）	治理其他项目完成投资（万元）
2022	12582	1700	3894	—	6988
2021	39423	216	36793	65	2349
2020	8063	1070	6229	—	764
2019	67771	5495	23872	—	38404
2018	28298	4732	22973	475	118
2017	90702	3219	84892	470	2039
2016	98402	910	48397	35	49010
2015	121203	9027	84530	212	23615
2014	163707	2795	153382	928	6304
2013	93731	9485	81643	988	1606
2012	57269	14702	30422	1095	10700
2011	65624	25059	35434	815	4315
2010	63366	26793	31281	4871	109
2009	79255	26959	48409	435	3433
2008	93865	48802	42073	—	2600
2007	80308	46096	29875	432	2031
2006	39810	33810	3513	758	1714
2005	51531	27129	16302	5104	1776
2004	42205	24673	14143	1867	1430

数据来源：国家统计局。

表 5-2-14 黑龙江省 2004—2022 年工业污染治理数据

年份	工业污染治理完成投资（万元）	治理废水项目完成投资（万元）	治理废气项目完成投资（万元）	治理固体废物项目完成投资（万元）	治理其他项目完成投资（万元）
2022	39899	112	33929	169	5433
2021	131055	6839	21268	—	102765
2020	40805	12072	9302	7606	11824
2019	31850	5390	26014	150	296
2018	73141	927	55512	—	16702
2017	91220	18780	69017	—	3423
2016	173809	14854	154168	4282	505
2015	193396	30914	134902	—	27580
2014	177572	5544	160834	1290	9903
2013	206988	17509	184619	1193	3668
2012	39287	7350	27661	2501	1776
2011	100891	18565	78077	694	3555
2010	49494	25339	16884	—	7272
2009	99318	45333	50109	755	3121
2008	95079	44717	34658	1192	14511
2007	102110	70109	26390	5538	65
2006	58189	43959	10390	736	3104
2005	45615	19381	19000	2097	5134
2004	54297	22249	23573	3240	5218

数据来源：国家统计局。

（五）国防安全

国防安全是国家生存和发展的基石，是维护国家主权、统一和领土完整以及保证人民和平生活的重要保障。东北地区在我国的国防安全中占据着至关重要的地位，它不仅占据着国家的部分边疆防线，也是维护国家主权和领土完整的战略要地。首先，东北地区与俄罗斯、朝鲜两个国家接壤，边境线长达数千公里。边境地区的管控和安全问题关系到国家边境安全的整体稳定，对走私、非法移民、跨境犯罪等问题需要高度警惕。其次，东北地区是中国重要的军事力量部署区域，拥有一定规模的军事基地和军事装备。保障东北地区的国防安全，需要确保军事力量的有效部署和运用，维护地区的军事稳定。再次，东北地区拥有丰富的自然资源和重要的工业基础，是中国重要的能源基地和工业基地。与之而来，会存在一些环境安全威胁问题，如核废料、化学污染等，这些问题对国防安全构成一定挑战，需要采取有效措施进行防范和化解。最后，东北地区是中国重要的科技创新基地和人才培养基地，拥有众多的高校和科研机构。这些高校和科研机构的研究成果和技术创新，对于国家的科技进步和军事现代化具有重要的推动作用。因此，加强东北地区的国防建设，培养更多的科技人才，对于国家的安全和发展具有重要的意义。

二、国有经济布局优化结构调整保障"五大安全"的关键机制

国有经济布局优化与结构调整在维护"五大安全"方面发挥着至关重要的作用。国有经济作为国家经济的主导力量，其布局的优化和结构的调整直接影响到粮食安全、产业安全、能源安全、生态安全和国防安全的实现和保障。

首先，在粮食安全方面，国有经济在农业领域的布局优化，如推广现代化农业技术、提高农业效率和产量，对于保障国家的粮食安全至关重要。国有经济在农业领域布局优化和结构调整，能够巩固国有企业等主体的技术优势推动东北地区乃至于全国粮食生产的科技化和现代化，提高粮食生产效

率、产量和质量。国有企业和国有大型农场在农田开垦、种植技术研发、农机装备和农业服务等方面的投入和支持，可以提升我国的生产能力和粮食产量，确保粮食供应的稳定性。更进一步从稳定性角度来讲，国有经济布局优化和结构调整可以推动建立完善的粮食储备体系，确保粮食供应的稳定性。国有企业能够承担粮食收购、储存和销售的角色，通过储备粮的投放和调剂，应对自然灾害、市场波动等因素对粮食安全的影响，保障市场上粮食的供应充足，避免因供应不足导致的粮食价格波动和食品安全问题。国有经济布局到农业领域可以推动优化粮食供应链的管理和运作，通过国有企业在种子供应、农药农机供应、农产品加工和销售等环节的参与和整合，减少粮食损耗和质量问题，确保粮食安全。

其次，在产业安全方面，基于垂直结构理论，国有经济往往布局在国家基础产业部门，能够从保障国家安全、支持科技进步、关系国计民生和提供公共服务国家重大战略，推动产业安全稳定。国有经济布局优化结构调整可以确保基础产业的稳定运行，如能源、交通、通信等关键产业。国有企业在这些领域的投资和运营，可以保障基础产业的稳定供应和高效运行，维护国家安全和经济发展的需要。提高关键核心技术和前沿技术领域国有经济分布能够通过加强我国对关键领域和关键产业链的控制，防止外部风险对国内产业造成重大冲击。国有经济布局优化结构调整可以推动战略性新兴产业的发展，如新能源、高技术制造业、互联网等领域。通过国有企业在这些产业的投资和引导，可以推动技术创新和产业升级，提高国家的科技实力和竞争力。国有企业主导关键产业运营，可以确保国家对关键资源和技术的掌控，降低外部风险和依赖度，维护国家的安全和利益。

再次，在能源安全方面，国有经济布局优化与能源安全之间存在密切的关联。国有经济在能源领域的布局优化，如加强能源资源的勘探开发、提升能源利用效率、推动新能源和可再生能源的发展，对于保障国家的能源安全至关重要。合理的国有经济布局能够有效保障能源安全，具体体现在以下几个方面：一是资源配置效率，通过优化国有经济布局，可以更有效地配置资源，确保能源开发、生产和分配的高效率，从而增强能源供应的稳定性和可靠性；二是产业链整合，优化国有经济布局有助于整合能源产业链，推动上下游产业的协调发展，提高产业链的抗风险能力，确保能源供应的连续性；三是技术创新与研发，国有企业在能源技术研发和创新方面具有优势，优化布局可以集中资源，加大对新能源、节能环保等技术的研发投入，推动能源技术的进步和产业升级；四是市场响应能力，优化国有经济布局可以提高企业对市场变化的响应能力，使能源供应更加灵活和多样化，满足不断变化的能源需求；五是国际竞争力，通过优化国有经济布局，可以提高国有能源企业在国际市场上的竞争力，增强在国际能源合作和贸易中的话语权，保障国家能源安全。

从次，在生态安全方面，相对于非国有企业，国有企业承担了更多的社会责任，这也体现在生态保护方面。国有经济布局优化可以通过推动绿色低碳发展、加强生态保护和修复等措施，促进生态文明建设。国有企业在资源开发和利用过程中自觉践行低碳绿色发展理念，引导非国有企业规范生产经营行为，减少环境污染和生态破坏，促进生态环境的保护和修复，维护生态系统的稳定与可持续发展。国有企业在能源资源领域的技术研发和投资可以减少能源资源的消耗和碳排放，推动清洁能源的发展和利用，减轻对环境的压力，提高生态安全水平。国有企业在环境监测和应急管理方面积极履行社会责任，可以提升环境监测能力和应急响应能力，及时发现和应对环境风险和灾害，保障生态安全和公众健康。

最后，在国防安全方面，国有经济作为国家经济的主导力量，其布局的优化不仅关系到经济效益的提升，也直接影响到国防能力和国家安全的保障。具体来说，第一，在资源整合与配置方面，国有经济布局优化涉及对资源的合理配置和整合，包括资金、技术、人才等。在国防领域，这意味着能够更有效地集中资源投入到关键的国防科技研发、武器装备生产以及基础设施建设中，从而提升国防实力。第二，在关键技术的自主创新上，国有企业在国家战略需求和科技创新中扮演着重要角色。通过优化国有经济布局，可以加强对国防关键技术的研发投入，推动自主创新，减少对外依赖，确保国防科技的安全和领先。第三，关于产业链供应链的安全问题，国有经济布局优化有助于完善和强化国内产业链供应链，特别是在涉及国防安全的领域，如航空航天、军工产业等。通过提升产业链的完整性和稳定性，可以确保在紧急情况下国防需求的及时响应和供应。第四，国有经济布局优化为军民融合提供了更好的平台。通过推动军民两用技术的研发和应用，可以实现军事需求与民用技术的相互促进，提高资源使用效率，同时增强国防能力。第五，国有企业在应对自然灾害、事故灾难等突发事件中发挥着重要作用。优化国有经济布局，可以提高这些企业在应急管理中的能力和效率，确保在危急时刻能够迅速有效地支持国防和安全需求。第六，国有经济布局优化还可以促进国防领域的国际合作与交流，通过与其他国家在国防科技、装备制造等领域的合作，可以引进先进技术，提升国防能力。总之，国有经济布局优化与国防安全之间的关联性体现在多个层面。国家需要通过战略规划和政策引导，确保国有经济布局优化能够有效地服务于国防安全，同时促进经济的可持续发展和社会的长期稳定。

综上所述，国有经济布局优化与结构调整在维护"五大安全"方面发挥着重要作用。通过优化国有经济布局，可以更有效地集中资源、提升能力和效率，在各个安全领域发挥着关键作用。同时，实现"五大安全"的目标也会反过来指导和影响国有经济的布局优化和结构调整，形成良性互动关系。因此，国家应加强对国有经济布局优化与结构调整的引导和支持，确保其能够更好地服务于维护"五大安全"的目标。

三、新时代维护"五大安全"的路径和措施

东北地区在维护粮食安全、产业安全、能源安全、生态安全和国防安全方面，需要综合施策，采取一系列路径和措施确保全面安全。

通过国有经济布局优化与结构调整维护粮食安全的思路应主要包括以下几个方面：一是加强国有企业的核心功能。国有企业在粮食生产、储备、加

工和流通等环节中发挥着主导作用。通过优化国有企业的布局，加强其在关键领域的控制力和影响力，可以提高粮食供应链的稳定性和效率。在生产方面，国有企业应带头实施绿色生产、循环经济和可持续发展战略，保护农业资源，提升生态农业和有机农业的比重，确保粮食生产的可持续性。在储备方面，优化国有企业的粮食储备体系，提高粮食储备的现代化水平，确保粮食储备的安全、高效和灵活。同时，加强粮食市场的监测和预警，提高对市场波动的应对能力。二是构建现代化粮食产业体系。鼓励国有企业通过兼并重组、战略合作等方式，实现产业链上下游的整合，提高资源配置效率。同时，支持国有企业加大研发投入，推动农业科技创新，提高粮食生产的科技含量和效率。三是强化耕地保护和质量建设。实施"藏粮于地、藏粮于技"战略，提升粮食综合生产能力，确保粮食供应链的稳定性和可持续性。四是优化农业支持政策。政府应制定和完善相关政策，支持国有企业参与农业现代化建设，提供财政、金融、税收等方面的优惠政策，促进国有企业健康发展。鼓励国有企业加强人才培养和引进，提高农业科技人才的待遇和地位，为国有企业的发展提供人才支持。

为实现全面振兴、在维护国家产业安全中发挥更大的作用，东北地区应该在以下几个方面做出努力：首先，要持续深化国有企业改革。东北地区大部分的重工业企业是国有企业，通过深化改革，能够在一定程度上解决历史负担并完善市场化经营机制。例如，鞍钢集团通过深化改革，实现了利润显著增长的目标，展现了国企改革带来的巨大活力。其次，要剥离企业办社会职能和解决历史遗留问题，这也是全面深化国有企业改革的重要任务之一。例如，吉林省在厂办大集体改革和国有企业退休人员社会化管理方面取得了积极成效。再次，要提升区域经济一体化水平，加强重点区域和重点领域的合作，形成东北地区协同开放合力，以国际枢纽城市为节点，推动东北经济一体化发展。最后，由于东北地区经济的同质性强、互补性弱，产业结构趋同问题逐步凸显。因此，需要以供给侧结构性改革为动力，推动东北地区经济一体化进程，并加快推进产业转型升级。

为保障能源安全，国有企业的优化方向包括：首先，完善能源行业的监管体系，制定合理的政策，引导国有企业向高效、清洁、可持续的能源方向发展。其次，通过混合所有制改革，引入民间资本和市场机制，提高国有企业的经营效率和市场竞争力。同时，鼓励国有企业加大研发投入，推动能源技术的创新和应用，加快产业结构调整，以促进技术创新和产业升级。此外，积极参与国际能源合作，拓宽能源进口渠道，提高国际能源资源的利用效率。最后，推动能源供应的多元化，减少对单一能源的依赖，提高能源供应的稳定性和安全性，建立多元化的能源供应体系。

针对东北地区维护生态安全的建议包括以下六个方面：一是加强生态保护，实施严格的生态保护措施，加大对森林、湿地、水源地等重点生态区域的保护力度，建立健全生态保护体系。二是推动生态修复，积极开展生态修复工作，重点治理土地沙化、水土流失等问题，恢复和改善生态系统功能，提升生态环境质量。三是提高环境监测和执法水平，加大环境监测和执法力度，建立健全环境监测网络，及时发现和处理环境违法行为，保障生态环境的持续改善。四是推进绿色发展，加快推进绿色产业发展，鼓励生态友好型产业发展，推动传统产业转型升级，实现生态环境保护和经济发展的良性循环。五是加强生态文明建设，加大生态文明建设力度，增强公众环保意识，推动形成全社会共同参与、共建共享的生态文明建设格局。六是强化跨区域合作，加强东北地区与周边地区、国家的生态环境合作，共同应对跨区域生态环境问题，推动区域生态安全的协同发展。这些建议旨在全面提升东北地区的生态环境质量，保障生态资源的可持续利用，为地区可持续发展提供坚实的生态保障。

以国有经济布局优化助力维护东北地区国防安全，东北地区需要在以下几个方面持续发力：一是要根据市场经济的要求和国家安全的需要对国有经济进行重点行业和区域性布局调整，推动战区军事建设布局与国有经济发展布局有机结合，不断增强国有经济的军事战略保障能力，持续提高国有经济支撑国防建设的整体效能。二是要通过国有经济布局优化，建立完整的国防经济动员体系，不断提升国有经济在紧急情况状态下的快速响应和后勤转换能力，持续巩固国防安全的物质基础。三是要持续促进经济、军事资源优化配置，推进国防领域的国有企业战略性重组，加快形成符合新质战斗力发展要求的现代化国防工业体系，确保国有经济能够满足国家未来安全需求。四是要以国有经济布局优化助力军民融合发展，鼓励和引导民营企业参与国防科技工业建设，充分激发国有经济的国防科技创新活力，提高国防科技工业的效率和竞争力。五是要在确保核心技术自主可控的前提下，以国有经济优化布局为契机开展全球国防科技交流与合作，吸收借鉴国外先进军事科技成果与国防经验，提升我国维护国家安全的整体效能。

第三节　培育和发展新质生产力

2023 年 9 月，习近平总书记在黑龙江考察时首次提出了新质生产力这一重要概念。在新时代推动东北全面振兴座谈会上，习近平总书记进一步指出，要积极培育新能源、新材料、先进制造、电子信息等战略性新兴产业，积极培育未来产业，加快形成新质生产力，增强发展新动能。新质生产力的提出既体现了世界科技革命和产业变革的发展趋势，又彰显了 21 世纪马克思主义的时代高度，而且对新发展阶段东北地区国有经济布局优化和结构调整也有重要的指导意义。在此背景下，东北地区国有经济必须牢记培育和发展新质生产力这一重要任务，进一步加快推进国有经济布局优化、结构调整和战略性重组，不断以颠覆性技术和未来前沿技术催生新产业、新业态、新模式和新动能，从而开辟东北地区发展新领域新赛道、塑造新发展阶段东北地区高质量发展新优势。

一、新质生产力的基本内涵与主要特征

（一）基本内涵

当今时代，新质生产力的出现，标志着生产力领域的一次根本性转变。

新质生产力是由技术革命性突破、生产要素创新性配置、产业深度转型升级而催生的先进生产力质态。区别于传统生产力，新质生产力代表着一种更为先进、更高层次、更高质量、更高效率和更现代化的生产力形态，突出强调了生产力的质的飞跃和形态的更新。辩证唯物主义和历史唯物主义认为，量变通常不会根本改变事物的本质，但当量变累积到一定程度时，便可能诱发质变，导致事物的性质发生根本的转变。新质生产力正是这种转变的典型表现，但必须注意的是，新质生产力仍属于生产力范畴。马克思指出，"不论生产的社会形式如何，劳动者和生产资料始终是生产的因素"，这一原则同样适用于新质生产力，换言之，新质生产力的构成也离不开生产力的基本三要素——劳动者、劳动资料和劳动对象，但其质的变化同时也赋予了生产力三要素新质特征，即更高素质的劳动者、更高技术含量的劳动资料和更广范围的劳动对象。

劳动者的高素质化。高素质劳动者是培育和发展新质生产力的第一要素，当今时代，要培育和发展新质生产力就要持续提升劳动者素质。没有高素质劳动者，就没有新科学、新技术、新产业等的出现，再广泛的劳动对象和再先进的生产工具也将一无是处。只有推动劳动者全面高素质化才能出现高水平的生产力——新质生产力，这意味着要培育和发展新质生产力，不仅需要突破基础研究、攻关关键核心技术以及探索未来前沿技术的一流科技领军人才和青年拔尖人才，还需要以大国工匠为代表的高技术工人和以卓越工程师为代表的工程技术人才。

生产资料的先进化。劳动资料是划分经济时代的标志，先进的生产工具代表先进生产力发展水平。马克思指出，各种经济时代的区别，不在于生产什么，而在于怎样生产，用什么劳动资料生产。区别于传统生产力，新质生产力所使用的生产工具具有更强的科技属性。一方面，新一代信息通信技术、生物技术、人工智能等技术的综合运用极大地改造了传统生产工具，使传统生产工具向智能化、高效化、绿色化等方向发展；另一方面，生产工具与新兴技术和未来技术的融合也丰富了生产工具的表现形态，有利于削弱自然条件对社会生产活动的限制，扩展人类社会生产的范围与空间。

劳动对象的广泛化。马克思曾论述道，劳动对象是劳动者把自己的劳动加在其上的一切物质资料，是被劳动作用于其上的加工改造的对象。传统的劳动对象分为两类：一类是没有经过加工的自然环境中的物质，如矿藏、森林等物质；另一类是经过加工的原材料，如棉花、钢铁等物质。得益于科技创新与创新应用的深度与广度，新质生产力的劳动对象产生了明显区别于传统生产力劳动对象的种类和形态。例如，随着新一代信息通信技术的发展，数据已成为当今人类社会的第七种生产要素，不仅能够创造社会价值，更能够放大其他要素的价值创造效应。

（二）主要特征

与传统生产力形成鲜明对比，新质生产力呈现出以创新为主导的显著特征，这种创新不仅仅是生产工具和生产过程的革新，更是对生产关系和生产方式的根本性变革，从而使得新质生产力呈现出高科技、高效能、高质量等特点。

新质生产力是以创新为第一动力，形成高科技的生产力。科技是第一生产力，其作用不仅仅在于产业的科技含量，更重要的是由量变到质变所反映的新科技的质态，即具有原创性、前沿性和颠覆性的科技创新。这种以创新为核心驱动的科技创新能够重塑生产力基本要素，进而催生新产业新业态，推动生产力向更高级、更先进的质态演进。从社会生产力发展趋势来看，世界范围内的几次工业革命和科技革命都催生了新生产力，每一次由创新驱动所产生的新生产力质的变化都是新质生产力。例如，第一次工业革命——蒸汽革命、第二次科技革命——电气革命、第三次科技革命——信息革命和正在进行的第四次科技革命——智能革命都改变了每个经济时代发展动能，并使每个经济时代的生产力表现为生产力的质的变化——创新。近年来，我国科技创新实力正在从量的积累迈向质的飞跃，从点的突破迈向系统能力提升，并在深海、深空、深地、深蓝等领域取得一系列重大原创科技成果，具备了加快发展新质生产力的基础条件。

新质生产力是以战略性新兴产业和未来产业为主要载体，形成高效能的生产力。生产力不是抽象存在的事物，而是有特定的物质载体。产业是生产力变革的具体表现形式，主导产业和支柱产业持续迭代升级是生产力跃迁的重要支撑。习近平总书记在首次提出新质生产力时就明确指出，整合科技创新资源，引领发展战略性新兴产业和未来产业，加快形成新质生产力。2024年中共中央政治局第十一次集体学习时，习近平总书记再次强调，要及时将科技创新成果应用到具体产业和产业链上，改造提升传统产业，培育壮大新兴产业，布局建设未来产业，完善现代化产业体系。换言之，战略性新兴产业和未来产业才能为培育和发展新质生产力提供广阔空间，进而引领世界产业升级和未来科技发展。近年来，我国战略性新兴产业和未来产业蓬勃发展，在量子通信、人工智能重点材料和新能源、生物技术等方面形成了一定的领先优势，发展新质生产力的产业基础不断夯实。

新质生产力是以新供给与新需求高水平动态平衡为落脚点，形成高质量的生产力。供需之间的有效匹配是衡量社会大生产运行状况的重要尺度，同时社会再生产运行状况体现并反映着生产力发展水平的高低。当前，我国生产力发展水平制约着社会再生产的顺利实现，一方面，人民已经从"物质文化需要"转化为"美好生活需要"，这不仅对物质文化生活提出了更高要求，而且在民主、环境、公平、正义等方面的要求日益增长，客观上要求推动生产力的进一步跃升，进而加速形成与"美好生活需要"相适配的新供给；另一方面，依托新质生产力形成的新供给能够有效提供更为优质的产品和服务，更好地满足、激发并创造市场需求。因此，新质生产力体现着社会新供给与新需求高水平动态平衡，并与高质量发展的内在要求相契合。

二、国有经济发展新质生产力的重要意义

（一）发展新质生产力能为国有经济高质量发展提供强大动力

对国有经济而言，抓住新质生产力发展的重大机遇，通过技术创新、产

业升级、运行效率提升、产品与服务创新、可持续发展能力增强以及管理模式变革等多方面的努力，有利于提升自身竞争力和影响力，为实现国家发展战略目标和经济社会高质量发展做出更大贡献。

第一，新质生产力以技术创新为核心，有利于推动国有经济从传统产业向高新技术产业、战略性新兴产业、未来产业和现代服务业转型升级。例如，通过技术创新，聚焦节能环保、新一代信息技术、生物、高端装备制造、新能源、新材料等战略性新兴产业，探索量子信息、人工智能、集成电路、生命健康、脑科学、生物育种、空天科技、深地深海等前沿科技领域，为国有经济转型升级和未来发展奠定坚实基础。此外，通过引入人工智能、大数据、云计算、物联网等先进技术，国有经济能够提高运行效率，降低单位成本，从而在全球产业链和价值链中占据更有利的位置。

第二，新质生产力的发展能够提高国有经济的运行效率，通过引入智能机器人等先进设备，国有经济能够大幅减少对人力的依赖，从而降低人力成本。同时，这些设备通常具备更快的运行速度和更智能化的流程监控系统，能够有效解决国有经济运行效率低下等问题。此外，大数据分析和预测模型能够帮助国有经济实现精准决策，优化资源配置，快速响应市场变化。例如，通过大数据分析和客户反馈机制，国有企业能够更准确地把握客户需求和偏好，从而以客户需求为导向进行产品研发和生产，提高客户满意度和忠诚度。这种高效的生产模式和敏锐的市场洞察力，使国有企业在市场竞争中更具优势。

第三，新质生产力的发展能够推动国有企业加强产品和服务的创新。通过深入挖掘市场需求和消费者行为数据，国有企业能够开发出更符合市场需求、更具竞争力的产品和服务。例如，借助虚拟现实（VR）和增强现实（AR）技术可以在产品设计阶段就进行模拟测试，帮助团队提前发现并解决潜在问题，减少试错成本。同时，这些技术还能为消费者提供沉浸式体验，让消费者在产品上市前就能感受到产品的魅力，提高购买意愿。这种创新不仅提升了企业的品牌形象和市场份额，也为消费者带来更好的体验和更高的满意度。

第四，新质生产力的发展比较注重可持续性和环保性，发展新质生产力有利于国有企业有效减少对环境的影响和资源的消耗。例如，通过积极引入和应用清洁能源技术、节能减排技术、污染治理技术等，国有企业能够减少生产过程中的污染物排放和资源消耗；通过建设绿色能源项目、推广能源互联网等技术手段，国有企业可以构建更加清洁、高效的能源体系。通过采用循环经济模式，将废弃物转化为资源或产品，实现资源的最大化利用。这种绿色发展模式不仅符合国家政策导向和社会责任要求，也为国有企业长期稳定发展奠定坚实基础。

第五，新质生产力的发展能够促进国有企业管理模式的变革，通过引入数字化管理工具和方法，国有企业能够实现管理流程的智能化和自动化。例如，ERP（企业资源计划）、CRM（客户关系管理）、SCM（供应链管理）等系统的应用，使得国有企业能够实现对生产、销售、财务、人力资源等各个环节的集成化管理。同时，智能化技术的应用，如 AI 辅助决策、大数据分析等，使得管理决策更加精准和高效。这种变革不仅能够提高国有企业的管理效率，还能够增强国有企业的透明度和协同性。此外，数字化管理还为国有企业提供更多数据支持，帮助国有企业进行更精准的决策和更有效的风险管理。

（二）发展新质生产力能为国有经济增强核心功能与核心竞争力提供有力抓手

在发展新质生产力的过程中，国有经济将进一步强化其作为国民经济"稳定器"和"压舱石"的作用，并增强其核心功能。一方面，通过掌握关键核心技术，保障国家经济安全；另一方面，通过提升服务质量，强化国有经济的社会民生保障功能。通过发展新质生产力，国有企业还能够在全球价值链中占据更高位置，增强自身在国际市场的影响力和竞争力，具体而言：

第一，强化国有企业核心战略功能。国有企业作为国有经济的重要组成部分，其发展新质生产力的过程本身就是对国有经济核心功能的强化。通过掌握关键核心技术，国有企业能够在关键领域实现自主可控，逐步摆脱对外部技术的依赖，保障国家经济安全。这种自主可控不仅体现在技术层面，更体现在产业链、供应链的安全稳定上，通过加强技术创新和产业升级，国有企业能够提升产业链的整体水平和竞争力，确保供应链的稳定性和安全性，有助于防范外部风险冲击，确保国有经济的平稳健康安全运行。

第二，强化国有企业的社会民生保障功能。国有企业通过发展新质生产力，能够不断提升产品和服务的质量、效率和创新性，更好地满足人民群众日益增长的美好生活需要。例如，在制造业领域，国有企业可以通过智能制造、绿色制造等方式，提高产品的精度、可靠性和环保性；在服务业领域，可以通过数字化、网络化等手段，提升服务的便捷性、高效性和个性化水平。这不仅包括物质层面的需求，如高品质的商品和服务，也包括精神层面的需求，如文化、教育、医疗等领域的优质供给。例如，在零售业领域，国有企业可以利用大数据、人工智能等技术，实现精准营销和个性化推荐；在医疗领域，可以通过远程医疗、智能诊断等方式，提供更加便捷、高效的医疗服务。

第三，提升国际市场竞争力和品牌影响力。在全球经济一体化深入推进的背景下，国有企业的发展已经不能仅仅局限于国内市场，通过发展新质生产力，国有企业能够不断提升自身的技术水平和创新能力，在全球价值链中占据更高位置。这不仅有助于提升中国品牌在全球的知名度和影响力，还能够通过参与国际竞争与合作，推动全球经济的均衡发展和共同繁荣。同时，国有企业作为"中国名片"，其国际竞争力的提升也有助于提升国家形象和软实力，助力讲好"中国故事"。

三、国有经济布局优化与结构调整催生新质生产力的现实路径

新发展阶段，以国有经济布局优化和结构调整培育和发展新质生产力是

推动东北地区高质量发展的内在要求和重要着力点，这就要求东北地区必须用好创新这个关键一招，破除制约新质生产力形成的思想障碍和制度藩篱，筑牢培育和发展新质生产力的坚实底座。

（一）坚持以科技创新引领发展，夯实新质生产力的科技支撑

科技是国家强盛之基，创新是民族进步之魂。作为培育和发展新质生产力的核心要素，科技创新绝非易事。当前，东北地区仍面临创新内生动力不足、创新机制僵化、关键核心技术"卡脖子"、科技成果转化"最后一公里"尚未打通等问题。这就要求国有企业加强自主创新能力，推动构建上下游紧密合作的创新联合体，促进产学研融通创新，进而加快科技成果向现实生产力转化，向新质生产力转化。

第一，建立综合性的科技创新平台。要依托国有企业独特优势，加快整合政府、科研机构、高等院校以及企业等多方资源，共同营造一个协同创新的生态环境，该平台应致力于提供全面的技术支持服务、人才交流服务以及项目合作服务，以此大力促进科技创新成果加速转化为新质生产力，最终促进东北地区全面高质量发展。第二，构建国有企业、高等院校和科研机构三位一体的深度合作体系。高等院校、科研机构和国有企业在科技创新体系中扮演着举足轻重的角色，是国家战略科技理论的重要组成部分，持续推进三者深化合作将有效促进科技成果的涌现与实践应用。为此，三方可通过联手开展科研项目、共同培养科研人才、互相开放实验室资源等多元化方式，进一步加强合作联动机制，促进新质生产力的加速形成。第三，加强关键核心技术攻关，推动实现高水平科技自立自强。关键核心技术不仅影响着新质生产力的培育和发展[1]，更关乎国家安全和民族未来，只有牢牢把关键核心技术掌握在自己手中，才能彻底解决新质生产力形成过程中被"卡脖子"的难题。这就要求国有企业聚焦芯片技术、高精度机床、纳米材料、工业软件、医疗器械等重大领域进行原创性、引领性

---

[1] 杜传忠：《新质生产力形成发展的强大动力》，《人民论坛》2023年第21期。

科研攻关，努力实现更多从"0"到"1"的突破。第四，加强基础研究，释放基础研究潜力，培育发展新质生产力的新动能。基础研究是科技创新的源头活水，其处于从研究到应用、再到生产的科研链条起始端，地基打得牢，科技事业大厦才能建得高，新质生产力才能培育得更好。此外，加强基础研究要突出前瞻性、战略性需求导向，优化资源配置和布局结构，才能为新质生产力的培育和发展提供理论支撑和技术源头供给。第五，支持科技成果转化和产业化推广。习近平总书记指出，提高科技成果转化水平，是科技创新和产业创新对接的"关口"，也是转化为新质生产力的关键。当前，东北地区科技成果转化的"最后一公里"仍存堵点，部分科技成果未能有效向现实生产力转化，为此，要进一步探索科技成果转化新范式，持续促进创新链、产业链、资金链、人才链、教育链深度融合，为培育和发展新质生产力提供科创引领。

（二）坚持以深化改革激发活力，增强新质生产力的内生动力

习近平总书记指出，改革是解放和发展社会生产力的关键。要加快培育和发展新质生产力，就必须坚持深化改革开放，进一步推动体制机制变革，不断打破制约新质生产力形成的体制机制束缚，进而加速形成与新质生产力相适应的生产关系和交换关系，增强新质生产力形成的内生动力。

第一，坚持混合所有制改革，激发国有企业内在创新活力。习近平总书记指出，要深化混合所有制改革，促进各类资本优势互补、共同发展。培育和发展新质生产力是新发展阶段发展混合所有制经济的应有之义，这就要求我们把握好混合所有制经济发展方向，并通过积极稳妥推进国有企业与民营企业混改，为国有企业引入新的"血液"，从而为新质生产力的培育和形成提供源源不绝的强大动力。发展混合所有制的方式包括：一是分层分类推进混合所有制改革；二是鼓励非公资本以多种方式参与国有企业混合所有制改革。具体而言，要以培育和发展新质生产力为目标，推动国有企业向培育和发展新质生产力聚焦发力，并以新质生产力引领国有企业内在创新；就是通过明确国有经济功能定位等方式增强国有经济的"五力"，进而促进新质生产力的加速形成和发展；就是要让非公资本充分参与国有企业的改制重组、收购兼并、股权转换等行为，进一步释放非公资本培育和发展新质生产力的重要功能，增强新质生产力发展的内生动力。

第二，以全面深化改革发展新型生产关系，促进新质生产力加速形成。新质生产力是以创新驱动为主导，以更高素质劳动力、更先进生产资料和更广阔劳动对象为核心要素，以高质量、高效能、高技术、现代化为特征，能够适应并引领未来的新的生产力，尤其需要与之匹配的生产关系。

一是要建立符合新质生产力发展要求的现代化企业管理制度。近年来，国有企业不断加强中国特色现代企业制度建设，推进法人治理结构建设完善，大幅提升了企业治理水平，为形成和巩固新型生产关系、培育和发展新质生产力做出了重大贡献。要进一步发挥国有经济在培育和发展新质生产力过程中的主导作用，一方面，要坚持党建引领，充分发挥党组织把方向、管大局、促落实的领导作用，真正把党的领导融入国有经济培育和发展新质生产力的各个环节，以党的建设促进国有企业新质生产力的全面发展；另一方面，要建立起适应新质生产力技术特点的现代化企业组织架构，着力构建定位准确、权责衔接、有效制衡的治理机制，充分发挥董事会、监事会和经理层在培育和发展新质生产力中的决策作用、监督作用和执行作用，同时逐步完善鼓励创新、宽容失败的制度设计，为创新尝试者提供最大的支持和保障，从而发挥高素质的劳动者敢闯敢试、大胆创新在培育和发展新质生产力过程中的加速作用。

二是要推动建设国内统一大市场。培育和发展新质生产力要求对生产要素实现进一步优化配置，这就需要充分发挥市场在经济资源配置中的决定性作用，不断提高全要素生产率。要实现这一目标，必须加快建设全国统一大市场，进一步打破区域壁垒、消除市场分割，从而促进各种生产要素充分涌流，推动我国统一大市场建设取得更大成效。过去，国有企业往往凭借其庞大的规模和政策资源等方面的倾斜在竞争中处于优势地位，这种不健康的竞争态势制约了经济在更大范围内的畅通流动，也限制了市场推动在科技创新中的整体效能，削弱了非公有制经济在形成新质生产力过程中的积极作用。步入新发展阶段，东北地区国有经济必须加快推动全国统一大市场建设，进一步破除妨碍新质生产力形成的体制机制障碍，引导各种创新资源有序流动和合理配置，从而发挥超大规模市场在科技创新中的独特优势，不断降低市场交易成本，支撑全社会科技创新与新兴产业发展，夯实形成新质生产力的市场基础。

（三）坚持培养和用好高素质劳动者，筑牢新质生产力的人才基础

高素质劳动者始终是引领科技创新、加快培育和发展新质生产力的核心要素，谁能够掌握更多的高素质人才，谁就能更好地把科学技术转化为现实生产力、转化为新质生产力。习近平总书记强调，要根据科技发展新趋势，优化高等学校学科设置、人才培养模式，为发展新质生产力、推动高质量发展培养急需人才。为此，要通过整合和优化科教创新资源、培训和引进高素质人才资源等方式为培育和发展新质生产力提供所需要的一流创新与创业人才，从而促进新技术的研发、突破与应用，促进新质生产力的培育和发展。

一是要坚持实施科教兴国、人才强国战略。党的二十大报告提出，深入实施人才强国战略。习近平总书记指出，要营造人人皆可成才、人人尽展其才的良好环境，努力培养数以亿计的高素质劳动者和技术技能人才。人才强则国强，坚持实施科教兴国、人才强国战略，持续培养出适应和引领新质生产力发展的高素质劳动者，才能真正开辟出新发展阶段加速培育和发展新质生产力的新领域新赛道。具体而言，国有经济必须下大力气解决人才评价"唯论文、唯职称、唯学历、唯奖项"等问题，彻底打通人才发展体制机制改革中的"最后一公里"，逐步构建起能够培育和发展新质生产力的人才培养模式，不断加强企业家、科学家尤其是顶尖企业家和顶尖科学家的人才队伍建设，加快建立起一支规模宏大、结构合理、素质优良、作用突出的人才梯队，并围绕世界科技前沿、经济主战场、国家重大需求和人民生命健康全方位培养好人才，真正把人才融入培育和发展新质

生产力的全过程中。

二是充分发挥各类高素质劳动者的作用。人既尽其才，则百事俱举。要培育和发展新质生产力，就要以求贤若渴的心态和气度，激发广大科技人员的积极性、主动性和创造性。首先，要有惜才的诚意，这就要求国有企业优化人才发展体制机制，营造出充分发挥人才能力的环境，让广大科技人才施展本领，让有真才实学的人有用武之地。其次，要有容才的气度。习近平总书记多次强调，要做到人才为本、信任人才、尊重人才、善待人才、包容人才，充分体现出宽容失败在科技创新和新质生产力培育过程中的重要性，要用好人才、发挥高素质劳动者在新质生产力培育和发展中的重要作用，就必须建立以信任为基础的人才使用机制，对于科研探索和科技创新过程中的曲折、碰壁等必然情况给予宽容，鼓励高素质劳动力在不断尝试中破解瓶颈、突破难关。最后，要有不拘一格用人才的魄力。国有企业不仅要惜才容才，更要人尽其才，这就要求国有企业细化选才用才工作，从实际出发把各类人才分类安排到最合适的岗位。既要不拘一格大胆使用，又要防止拔苗助长，真正用好用活各类人才，释放人才创造创新潜能，从而有效发挥人才在培育和发展新质生产力过程中的最大价值。

（四）加快构筑现代化产业体系，完善新质生产力的产业载体

产业不仅是同类"总体工人"的集合，更是生产力发展的重要载体。习近平总书记明确指出，要整合科技创新资源，引领发展战略性新兴产业和未来产业，加快形成新质生产力。新中国成立 70 多年来，中国工业面貌发生了翻天覆地的变化。如今，我国以 39 个工业大类、191 个工业中类、525 个工业小类成为全世界唯一拥有联合国产业分类中全部工业门类的国家，在世界 500 多种主要工业产品中，有 220 多种工业产品的中国产量位居全球第一。但我国产业大而不强、大而不优、大而不新的问题仍然存在，因此必须加快建设集创新性、竞争性、完整性、安全性和可持续性为一体的现代化产业体系，从而更好地支撑新质生产力的培育和发展。

一是要加快传统产业转型升级。习近平总书记强调，培育和发展新质生产力不是忽视、放弃传统产业，要防止一哄而上、泡沫化，也不要搞一种模式。习近平总书记进一步指出，推动传统产业转型升级是东北地区激发新质生产力的关键，这进一步点明了传统产业在培育和发展新质生产力中的重要作用。新质生产力的"新"在于创新驱动，这就意味着东北地区传统产业经过技术改造也可以成为培育和发展新质生产力的主阵地，并且改造传统产业所需要的新技术也能够为东北地区战略性新兴产业和未来产业提供广阔的市场空间。具体而言，在新发展阶段，东北地区国有经济要加快深度转型升级步伐，尤其是要在传统产业领域系统布局基础领域、关键领域和未来领域技术攻关，鼓励国有经济加大新技术、新设备、新工艺等的推广应用，从而以新技术、新模式和新动能重塑生产力发展内核、摆脱传统生产力发展路径，有效催生传统产业新质生产力，真正让传统产业在新发展阶段变新变强。

二是要培育战略性新兴产业和未来产业。习近平总书记在黑龙江考察时强调，要加快发展战略性新兴产业和未来产业，加快形成新质生产力。新质生产力作为当前经济社会先进生产力的表现形式，既驱动着战略性新兴产业和未来产业发展，又通过战略性新兴产业和未来产业所体现，因此，东北地区要培育和发展新质生产力，就离不开战略性新兴产业和未来产业的支撑。一方面，要通过制定产业指导政策、给予税收优惠、财政补贴等方式大力支持战略性新兴产业发展；另一方面，要鼓励国有经济技术创新，增强原始创新能力和前沿技术攻关能力，以科技创新促进产业变革，以产业变革激发新质生产力。此外，要聚焦东北地区发展实际科学谋划产业布局，培育具有东北特色的战略性新兴产业和未来产业集群，打造一批世界领先的全产业链、高价值链、引领性强的高科技产业集群，通过集群效应推动战略性新兴产业和未来产业蓬勃发展，真正筑牢培育和发展新质生产力的产业载体。

（五）扩大高水平对外开放，打造培育和发展新质生产力的世界高地

习近平总书记在中共中央政治局第十一次集体学习时强调，要扩大高水平对外开放，为发展新质生产力营造良好国际环境。在培育和发展新质生产力的过程中，中国离不开世界，世界也需要中国，进一步而言，开放型创新道路是新发展阶段东北地区培育和发展新质生产力的重要途径，只有在更加开放的条件下，东北地区国有企业才能深度融入全球产业分工和合作，才能真正用好国际国内两种创新资源（更高素质的劳动者、更具科技含量的劳动资料和更加广阔的劳动对象），从而加快培育和发展东北地区新质生产力。

打造培育和发展新质生产力的世界高地，首先要增强东北地区的开放意识、前沿意识，逐步缩小东北与先进地区在市场化和开放度方面的差距，让东北地区国有经济在畅通国内大循环、联通国内国际双循环中发挥更大作用。当今世界政治经济格局发生深刻变化，东北地区作为开放前沿的战略地位日益显现，在此背景下，东北地区必须坚定不移实施向北开放战略，深入挖掘中俄两国科学交流和创新合作的潜力与空间，大力推进高能物理、物理电子、核能技术、航空航天技术、生物工程技术、远程战略轰炸机技术、航空和航天发动机技术等领域交流合作，推动东北地区广泛吸收人类文明和创新成果，为东北地区进一步发挥自身优势、培育和发展新质生产力提供新动能。

打造培育和发展新质生产力的世界高地，其次要通过进一步扩大制度型开放。伴随着新一轮科技革命和产业变革的深入推进，东北地区更需要进一步扩大制度型开放，不断消除各类阻挡新质生产要素跨区域流动的障碍，促进各类先进优质生产要素向发展新质生产力顺畅流动，同时，东北地区还要通过持续完善知识产权保护法律体系与执行法制，建设开放层次更高、创新环境更优、引领作用更强的世界一流创新合作和科学技术交流平台等方式，逐步探索出一套鼓励新型生产要素充分流动和支持新质生产力形成的高水平开放型制度体系，从而促进高标准开放与高质量创新合作深度融合，为东北地区新质生产力的培育和发展提供先进的制度保障。

打造培育和发展新质生产力的世界高地，还要通过支持国有经济高水平参与国际合作。东北地区国有经济在参与共建"一带一路"、中欧班列、东北海陆大通道建设的过程中，要进一步好全球创新要素，推动进行全方位、多层次、宽领域国际科学技术合作交流，缩短东北地区从消化吸收与再创新到原始创新的周期，逐步实现从引进国际先进技术与管理经验到传播建设世界一流科技企业的中国方案与中国智慧，让新质生产力在高水平开放的环境下加快形成。

第四节　构建东北特色现代化产业体系

现代化产业体系是现代化国家的物质技术基础，是推动经济持续健康发展的重要保障。当前，我国正处于以中国式现代化全面推进中华民族伟大复兴的伟大征程中，建设社会主义现代化强国必须构建现代化产业体系。在新时代推动东北全面振兴座谈会上，习近平总书记强调，要以科技创新推动产业创新，加快构建具有东北特色优势的现代化产业体系。[1] 东北地区地理位置特殊，具有资源禀赋优势，起初因工业的优先布局和发展而崛起，现在因为产业结构转型困难而逐渐衰弱。新时代推进东北全面振兴，要从国家总体战略出发，加快形成新质生产力，着力构建具有东北特色的现代化产业体系。

一、现代化产业体系

（一）现代化产业体系的构建内涵

现代化产业体系是现代经济体系中的宏观产业结构，是以实体经济为支撑、以科技创新为动力、以高附加值为方向的新型产业体系，其本质特征是

---

[1]《习近平主持召开新时代推动东北全面振兴座谈会强调：牢牢把握东北的重要使命，奋力谱写东北全面振兴新篇章》，2023 年 9 月 9 日，https://www.gov.cn/yaowen/liebiao/202309/content_6903072.htm。

创新性、再生性、生态性、系统性、规模性和精准性。现代化产业体系是信息化、数字化时代发展中国家实现赶超战略、应对全球化竞争以及实现自身经济可持续发展的产业形态，是实现经济现代化的重要标志。构建现代化产业体系应以促进高质量发展为目标，促进区域协调发展。

现代化产业体系在发展方式上注重创新驱动。传统产业体系技术进步缓慢，主要依靠人力和机械设备进行生产，是一种追求高速增长的产业体系，且对环境成本的估价较低，不利于经济和资源环境的可持续发展。现代产业体系是基于传统产业体系的蜕变，通过创新机制促进产业智能化、绿色化和金融化发展，催生新供给和新需求；同时，提升产业体系的完整性和配套能力，能够促进全要素融合创新，发挥人力资本、信息技术等高级生产要素的引领作用，实现经济的高质量发展。现代化产业体系强调产业间的协同互动，构建良性的产业生态系统。通过产业链上下游之间的协调合作，可以实现资源共享、风险分担和利益互惠，提高整个产业链的运行效率和市场竞争力。产业融合化和产业集群化是当今世界产业现代化的两大发展趋势。现代化产业体系是在产业集群的基础上形成的，在产业集群化的过程中，各个企业共享公共基础设施，降低企业成本；产业集群内部的企业提高科技水平和生产效率，并通过技术溢出效应，带动其他企业生产的发展，进而提升整个行业的生产效率和技术水平。

当今世界正处于百年未有之大变局，全球化加速了产业的国际流动和跨国合作；信息技术、人工智能、生物科技等技术的快速发展，正在深刻改变传统产业格局。为了积极顺应时代发展趋势，在大局中把握机遇、迎接全球化挑战，缓解我国经济下行压力，迫切需要我国推动产业数智化转型，立足中国具体国情，构建具有中国特色的独立完整的现代化产业体系。通过建设现代化产业体系，加强我国的国际竞争力，提高产品和技术的创新能力，进一步扩大国际市场份额，这也是形成"双循环"新发展格局的需要。在新时代下，要主动把握新一轮科技革命和产业变革，以"四化同步"为总抓手，建设具备智能化、绿色化和金融化三大时代特征的现代化产业体系。

（二）东北地区现代化产业体系的基本构成

现代化产业体系是与传统产业体系相对应的概念，新时代建立现代化产业体系对欠发达地区的经济发展有重要的推动作用。产业体系是由经济体系中相互关联、相互支撑、相互依存的各个产业构成的一个完整的产业生态系统，表现出多元化产业结构的特征。现代化产业体系是多维度、多层次的经济大体系，东北地区的现代化产业体系应该包含以下三个子体系。

1. 产业结构体系

产业结构体系主要包括两个方面：一是产业结构，二是产业质量。产业体系应当以实体经济为核心，在三次产业之间、三次产业内部等方面保持合理的比例关系。2023 年 4 月，习近平总书记在广东考察期间曾指出，中国式现代化不能走脱实向虚的路子，必须加快建设以实体经济为支撑的现代化产业体系。结合东北地区的实际发展情况，优先发展以先进制造业、高新技术产业为主体的多元化产业结构，以现代化农业、先进装备制造业、未来产业、战略性新兴产业和现代化服务业为支撑，实现区域经济持续健康发展。

从第一产业来看，农业是经济发展的重要根基，关系国家的根本安全。东北三省是我国重要的粮食供给基地，拥有我国最大的平原——东北平原，黑土地资源丰富，在粮食生产方面有着得天独厚的优势。东北地区要充分发挥资源优势，推动农业现代化，提高农民人均收入水平。发展现代化农业，就要关注农业产业体系的结构性问题。根据东北地区的资源禀赋和市场需求，调整优化产业结构，因地制宜划分粮食生产功能区，发展特色产业和优势农产品，提高农产品的供给质量和品种多样性。发展现代化大农业，提高农业良种化水平，增加高端绿色有机农产品的供给，推广数字化农业管理系统，降低农业生产成本，加快农业生产的自动化水平和生产效率，维护国家粮食安全。建设农产品加工园区和农业产业园，引导企业加大对农产品的深加工和品牌推广，延长产业链，提高农产品的附加值；拓展国内外市场，实现农产品销售渠道的多元化。同时，利用"互联网＋农业"，创新农产品营销方式，积极与旅游、休闲农业等融合发展，形成农业新业态。例如，北大荒集团已经具有组织化程度高、规模化特征突出、产业体系健全等独特优势，将进一步发展智慧农业和绿色农业，坚持"三大一航母"建设。①东北地区发展现代化大农业，一方面有助于推动农业从传统的粮食生产向多元化、高收益方向转型，提高农产品产量和质量，提高粮食供给水平，对于巩固国家粮食安全具有重要作用；另一方面，发展现代化大农业有助于通过产业集聚效应促进当地产业信息化和智能化发展，更好解决在农业设备生产、农产品加工和物流运输等过程中产生的需求。

从第二产业来看，东北地区曾经是我国重要的工业基地和能源基地，第二产业是东北经济发展的支柱产业。但进入 21 世纪后，受我国产业结构的变化，东北地区的经济增速逐渐放缓；而随着产业的深度转型，东北经济增速更是出现断崖式下降。东北的第二产业多为传统产业，在设备数量上占据优势，传统制造业实现智能化转型发展的市场空间大。建立现代化产业体系，推动技术创新和智能制造是促进东北地区第二产业转型的关键。对于那些滞后于时代发展、不具有比较优势的传统产业要予以舍弃，以免造成资源浪费；对于那些拥有比较优势的传统产业，加强科技研发，推动其向高端智能制造转型升级，加快信息化与工业化的深度融合。以大型龙头企业为引领，吸引上下游企业和配套服务机构入驻，从而加强产业协同和集群发展，形成完整的产业链和价值链。要着眼于云计算、机器人、区块链等新一代信息技术，实现制造业的智能化改造，推动传统制造业向现代制造业的升级，维护我国产业安全。

从第三产业来看，东北地区第三产业主要以批发零售业为主。发展第三产业是促进东北地区经济转型、实现可持续发展的重要途径。积极培育现代服务业，包括金融、信息技术、文化创意等多个领域，发展电子商

① 孙世芳、乔金亮、苏大鹏等：《北大荒，了不起》，《经济日报》2023 年 9 月 25 日。

务、连锁零售、商业物业等，提升商业服务水平和消费体验。东北森林资源丰富，发展生态旅游，挖掘生态资源和区位优势，坚持绿水青山就是金山银山的绿色发展理念，整合旅游资源，形成新的经济增长极。例如，哈尔滨冰雪旅游产业发展至今，已经形成了一定的规模和影响力。"冰雪＋民俗""冰雪＋乡村"等多业态融合发展，为游客提供了多样化的选择。随着投资的不断增加，冰雪旅游产业链条不断延长，涵盖了冰雪旅游、冰雪文化、冰雪娱乐等多个领域。同时，由于旅游业的联动性，也带动了哈尔滨交通运输业、文化产业和餐饮产业等配套设施的发展。因此，要以实体经济发展为根基，促进服务业优质高效发展，实现信息服务业与金融业、先进制造业等产业的有效对接和良性循环。东北三省第三产业近年发展情况见表5-4-1。

表5-4-1 东北三省第三产业发展现状

年份	黑龙江省按可比价格计算的第三产业增加值（亿元）	吉林省按可比价格计算的第三产业增加值（亿元）	辽宁省按可比价格计算的第三产业增加值（亿元）
2015	7652	5461	13243
2016	7692	5803	10608
2017	7582	5852	10512
2018	7379	5934	10485
2019	5028	4651	9739
2020	4906	4657	9723
2021	4965	4613	9507
2022	4985	4405	9538

资料来源：历年《中国统计年鉴》。

在实现产业结构转型的基础上，也要关注产业质量即高质量经济活动比重的提高。建设现代化产业体系，不能盲目丢弃传统产业。习近平总书记

2022 年 12 月在中央经济工作会议上指出："传统制造业是现代产业体系的基底，要加快数字化转型、推广先进适用技术，着力提升高端化、智能化、绿色化水平。"通过数字化和自动化提升产业的技术密集度，提高产能利用率、优化产品设计、改进生产工艺，推动传统产业向高端化方向发展。高新技术产业和战略性新兴产业是现代化产业体系发展的重要动能。建设现代化产业体系，重点在于提高高新技术产业和新兴产业在国民经济中所占的比重，要补齐领域短板，在产业链关键环节实现自主可控，不断推动新技术、新产品、新模式和新业态的创新，从而保持产业体系的先进性、现代性。

2. 产业动能体系

随着现代经济的发展，"新型投资""新型消费"和"一带一路"成为拉动经济增长的主要动力。新质生产力概念的提出，更加表明实现产业体系现代化从根本上依靠的是提升创新能力。创新是东北地区建设现代化产业体系的重要驱动力，对拉动经济增长具有重要的推动作用。创新能力包括在既有产业、既有产品上进行新产品研发，也包括新技术的开发和使用、颠覆性技术的创新等，这些离不开科研机构和企业的持续性探索。东北地区科技资源丰富，有着一批"双一流"建设高校和研究所，但很多科研成果都在异地转化，优势科研资源未能有效转化为生产力。东北要依托高校的智力资源、国家重大科技项目，加强产学研用结合，推动科技成果向市场转化。发展新质生产力需要科技创新作引领，新质生产力的培育，有赖于科技创新的深度、广度和速度。从东北全面振兴来看，东北培育战略性产业、新兴产业和未来产业，实现经济转型和区域协调发展，必须形成新质生产力。东北地区需要把科技资源优势转化为产业优势，加强创新体系的整体效能，发展新技术，培育新材料、新能源，形成和培育更多的新质生产力。

3. 产业保障体系

一个地区的基础设施、文化和制度环境等因素往往会影响该地区的产业能力。建设现代化产业体系离不开地区基础设施体系、文化建设体系、体制机制体系等的支撑，以保障现代化经济体系的顺利运行。一方面，在信息化背景下，数字基础设施是企业开展生产，实现产业升级的基础条件。东三省建设现代化产业体系，离不开互联网、物联网等新兴通信基础设施；完善铁路、公路、机场等基本交通基础设施以及供水、供电、污水处理等公用基础设施，为企业进行产业的转型升级提供必要保障。另一方面，文化对一个地区的经济发展具有潜移默化的影响。东北地区要积极营造创新文化，强化对企业知识产权的保护，培育企业家精神，培养知识型、创新型的劳动者，鼓励更多社会主体积极投身创新创业的活动中，弘扬工匠精神和精益求精的社会风气。东北地区建设现代化产业体系，必须坚持和完善社会主义基本经济制度，以市场为导向，企业为主体，进行深化改革；优化营商环境，完善国有资产管理体制，加快国有经济布局优化，做大做优做强国有资本。针对企业新技术、新模式和新业态，秉承包容审慎的监管原则，完善市场监管制度；构建与提高金融服务能力，发展服务业、战略性产业和新兴产业相适应的市场准入和监管、对外开放、投资等产业政策体系。

二、东北构建现代化产业体系的特点

现代化产业体系是"现代化＋产业体系"，而现代化是一个相对概念，是一个动态发展的过程。在现代化的进程中，由于产业基础、资源禀赋等存在差异，现代化产业体系在不同的区域呈现不同的特点。东北地区构建现代化产业体系要在遵循现代化建设一般规律的基础上，立足产业基础和经济发展的实际状况，利用自身资源禀赋等优势，建设具有东北特色的现代化产业体系。

第一，在发展目标上，以维护国家"五大安全"为使命。东北维护国家国防安全、粮食安全、生态安全、能源安全的战略地位十分重要。发展和安全如车之两轮、鸟之两翼，安全是发展的前提，发展是安全的保障。习近平总书记也在东北振兴座谈会上强调，新时代推动东北全面振兴，要牢牢把握东北在维护国家"五大安全"中的重要使命。东北三省现代化产业体系构建的战略目标，是有效支撑我国整体的现代化产业体系，要牢牢把握高质量发展这个战略任务，统筹安全和发展；充分发挥东北在工业、农业和能源方面的资源禀赋优势，强化东北的战略支撑作用。

第二，在产业方向上，以现代化大农业和现代化制造业为主攻方向。习近平总书记在座谈会上强调，要以发展现代化大农业为主攻方向，加快推进农业农村现代化。东北振兴要紧扣率先实现农业现代化的目标任务，当好维护国家粮食安全的"压舱石"。推进东北农业农村现代化，推动东北农业规模化、集约化生产，延长农业产业链，强化科技对农业现代化的支撑作用，积极践行大农业观、大食物观，加快构建符合现代化大农业发展需要的大资源、大产业、大生态、大空间格局。全面打造制造业新优势，坚持实施"一主六双"高质量发展战略，锚定"六新产业"方向，以实体经济为根基，在新能源产业如风力和光伏发电、新能源汽车、先进装备制造等行业率先发力。以科技赋能产业升级，培育壮大新产业、新动能。

第三，在对外合作方面，以"一带一路"为重点。东北是中国"一带一路"向北开放的重要窗口，东北是我国向北开放的重要门户，在我国加强东北亚区域合作、联通国内国际双循环中的战略地位和作用日益凸显[①]。"一带一路"倡议区域合作和互利共赢，"一带一路"的深入实施为东北全方位扩大开放带来了最大机遇，东北三省要逐步完善陆海空多维基础设施互联互通，通过与沿线国家开展经贸合作，实现资源优势互补、产业链条有效衔接，进一步促进东北三省中俄产能合作，培育国际经济合作和竞争新优势。

[①]《习近平主持召开新时代推动东北全面振兴座谈会强调：牢牢把握东北的重要使命，奋力谱写东北全面振兴新篇章》，2023年9月9日，https://www.gov.cn/yaowen/liebiao/202309/content_6903072.htm。

三、构建东北现代化产业体系的现实困境

自 2003 年实施东北振兴战略以来，国家颁布实施了一系列促进东北老工业基地发展振兴、促进东北实体经济发展、产业创新的政策措施。东北振兴 20 年来在维护国家粮食安全、当好粮食安全的"压舱石"，夯实产业根基、充分发挥"大国重器"的龙头作用，筑牢生态安全屏障强化能源安全保障作用，加强基础设施建设，强边固防"五大安全"方面取得了巨大成就。但东北地区仍然存在许多"疑难杂症"，东北振兴仍面临着压力与挑战。

（一）体制机制改革的不匹配

东北被誉为"共和国经济的长子"，是我国重要的工业基地，具有重要的战略地位。近年来，东北地区致力于实现经济的转型与发展，但与之相对应的，体制机制改革未能与东北振兴形成良性互动。早期国家为巩固国防，对东北的投资最大。东北国有化范围最广，可计划调配资源较多，使其成为最早进入计划经济体制，但同时也是最晚结束计划经济体制的地区。虽然在振兴东北的过程中，政府一直在推进改革，但由于体制的惯性和制度变迁较强的路径依赖性，改革进程缓慢，体制机制改革滞后，使得改革措施难以与时俱进，具体的落实措施与国家振兴东北节奏与计划不匹配等，使东北建设现代化产业体系存在体制机制短板。体制机制短板是指计划经济体制和其相伴随的机制以残余形态存在，并发挥着消极作用，阻碍着社会主义市场经济的发展。社会主义市场经济体制建立以来，一些地区仍存在政府干预企业经济活动的现象，市场化程度依旧偏低，国有经济活力不足，民营经济发展不充分。相比较于东部沿海地区在改革开放初期就率先进行了体制改革，发展市场经济，激发经济增长活力和提高企业竞争力，东北地区体制机制改革并没有将改革红利充分发挥出来。尽管政府出台了一系列扶持政策，如减税降费、降低企业成本等，但在深化改革、放宽市场准入、优化营商环境等方面仍然存在不少制度性障碍。如东北地区的市场建设仍是一个很大的短板，隐性交易成本、权益安全性、发展可预期性等都存在问题；政府职能转变不够

彻底、行政审批烦琐、产权保护不到位等问题依然存在，制约了企业创新活力和市场竞争力的提升。

（二）产业结构不协调

东北地区长期以来都以重工业为主导产业，随着全球经济环境的变化和技术进步的推动，这种传统的产业结构已经难以适应当今经济发展的需求。现代化产业体系的建设需要更多以高科技、高附加值产业为支撑，而东北形成的制造业结构主要集中在资源采掘、原料加工、钢铁化工等领域，过度依赖资源型产业，产业结构单一，导致产业结构与现代化发展要求之间的不协调。改革开放以来，国家坚持"引进来"与"走出去"的基本国策，促进进出口贸易的发展，加快经济机构的转型升级。改革开放40多年来，东部沿海地区经济迅速发展，产业转型加快；而东北在经济发展上与之有着鲜明的反差，由于地理位置因素，东北地区的现代化产业结构偏向于内向封闭型经济发展模式：对外贸易依存度低且对外贸易结构落后。东北地区出口的工业制成品大多属于劳动密集型产品，高端产品数量偏少，无法在全球价值链上占据有利地位。作为老工业基地，东北地区第二产业产值高于全国平均水平，第三产业产值明显低于全国平均水平；而且，东北地区的工业优势体现在规模大、数量多，而非体现在质量上，生产技术水平和生产效率普遍不高。此外，由政府主导的投资一般具有投资惯性，在采掘冶炼等方面的产业投资较多，而对于信息化产业、金融服务业、新型技术产业等投资偏低；同时新兴产业方面也起步较晚，发展较慢，在全国处于相对落后的地位。产业结构单一是东北资源型老工业基地转型升级的最大问题，东北地区36个地级市中有23个老工业基地城市都属于单一产业结构城市，所以如何实现产业结构多元化、促进产业协调发展显得尤为重要。

（三）新质生产力动能不足

新质生产力是在新一轮科技革命和产业变革中涌现出来的具有全新质态的生产力，其本质特征就是科技创新。新质生产力能充分利用现代技术的新型人才，运用新技术、生成式人工智能等新劳动工具形成新兴产业或全面改造传统产业，是构建现代化产业体系的重要动能。发展新质生产力是迎合时代的重要体现。随着科学技术的进步，新技术也在不断涌现。互联网、大数据、云计算、区块链等新型技术蓬勃兴起，但东北的互联网产业发展明显滞后于其他地区。根据国家工业和信息化部发布的报告，2023 年东部地区互联网业务收入 15608 亿元，占全国互联网业务收入的比重为 89.3%；中部地区完成互联网业务收入 781.6 亿元，高于全国增速 1.3 个百分点；西部地区完成互联网业务收入 1054 亿元；而东北地区互联网业务收入为 39.4 亿元，低于全国增速 31.9 个百分点，互联网产业发展仍有较大的区域差距。[①] 新质生产力动能不足将产生多方面的影响。首先，东北地区长期以来过度依赖重工业和资源型产业，现代制造业总体规模偏小，无法有效延长产业链，附加值低。其次，新质生产力的关键核心就在于创新，由国家统计局的研究和试验发展经费投入数据来看，2021 年，东北三省 R&D（科学研究与实验发展）人员全时当量为 94724 人年，占全国的 2.48%，而人均 R&D 经费支出仅为 557 元，这也体现了东北地区创新能力的不足。2022 年全国各地区科技投入产出情况见表 5-4-2。

表5-4-2　2022 年全国各地区科技投入产出情况

地区	规模以上工业企业新产品项目数（项）	规模以上工业企业开发新产品经费（万元）	规模以上工业企业有效发明专利数（件）	规模以上工业企业新产品销售收入（万元）	国内发明专利申请授权量（项）	技术市场成交额（亿元）
北京	16838	6503315	77167	56037315	88127	7947.51
天津	16711	3173750	28517	48684233	11745	1650.87
河北	34170	8594266	38203	94746340	12022	1003.83
山西	7997	1934732	12861	35548442	5026	161.43

---

① 《2023 年互联网和相关服务业运行情况》，2024 年 1 月 31 日，http://wap.miit.gov.cn。

地区	规模以上工业企业新产品项目数（项）	规模以上工业企业开发新产品经费（万元）	规模以上工业企业有效发明专利数（件）	规模以上工业企业新产品销售收入（万元）	国内发明专利申请授权量（项）	技术市场成交额（亿元）
内蒙古	4920	1755523	7911	31474555	2054	51.3
辽宁	17134	4303272	38171	51025506	10892	971.35
吉林	5072	1829608	8925	21770234	6483	36.95
黑龙江	7505	1352541	10591	13954159	8519	460.18
上海	27316	11394201	81347	107853308	36797	3870.73
江苏	131118	38132096	299124	511183110	89248	2986.78
浙江	188833	27110707	146012	412818209	61286	2435.07
安徽	42535	10408238	91651	175804744	26180	2875.45
福建	35707	9211097	55076	77576517	16213	259.52
江西	32823	6090169	24847	116447505	8655	733.88
山东	100611	20292881	130077	378471673	48696	3231.83
河南	29852	6671623	45993	106560217	14574	1020.75
湖北	27918	10491710	81317	148093045	29212	3010
湖南	46908	10651767	58360	137717233	20423	2542.89
广东	221782	51594669	572589	480751067	115080	3967.48
广西	11634	2227761	12721	28604514	5472	226.99

续表

地区	规模以上工业企业新产品项目数（项）	规模以上工业企业开发新产品经费（万元）	规模以上工业企业有效发明专利数（件）	规模以上工业企业新产品销售收入（万元）	国内发明专利申请授权量（项）	技术市场成交额（亿元）
海南	2328	471074	2873	3723463	1602	31.55
重庆	22057	5440210	27681	67957239	12207	559.47
四川	28673	6200605	57722	68318949	25458	1643.53
贵州	5805	1181164	10342	13598616	3645	390.72
云南	6498	1562594	14054	16313423	4091	218.95
西藏	78	12625	314	84198	149	6.21
陕西	13423	3767599	27942	43640760	18963	3048.73
甘肃	2520	686626	5733	11219647	2472	335.84
青海	327	213279	1740	3751761	458	16.03
宁夏	2347	783017	4012	9244972	1204	34.05
新疆	2535	1356929	7225	6854785	1711	31.18

注：若无特别说明，本书使用的数据均未包括中国香港特别行政区、澳门特别行政区和中国台湾省数据。

可见，在部分具有代表性的 R&D 指标比较中，辽、吉、黑均在全国排名中游或偏后。这清楚地表明东北三省在科技创新领域的薄弱。面向新时代，科技创新已经成为建设现代化专业体系和推动产业发展的重要动力，而东北创新能力的不足成为制约东北建设现代化产业体系的主要因素。此外，金融是现代经济的核心，东北地区支柱产业的长期固化使得金融发展与产业转型升级无法实现有效互动，导致东北地区面临新的经济增长困局。

（四）营商环境仍有差距

习近平总书记明确指出，只有建设好投资、营商等软环境，才能有效遏制东北资本、人才流失状况、打破所谓的"投资不过山海关"的说法，使资本、人才成为东北振兴发展的重要助力。营商环境是一个国家和地区经济软实力的重要体现。近几年，各省\市政府采取一系列简化行政程序、优化投资环境、提高政府服务效率等措施，东北地区的营商环境有所改善。优秀的营商环境有利于激发市场活力、促进产业创新，是地区高质量发展的重要体现。《全国经开区高质量发展报告 2023》显示，2023 年营商环境评价前十的经开区分别是广州经开区、昆山经开区、苏州工业园区、广州南沙经开区、武汉经开区、青岛经开区、长沙经开区、天津经开区、烟台经开区和西安经开区。东北地区与发达地区之间仍有较大差距，个别地区依旧存在政府直接干预企业的生产经营活动、职能错位等现象。因此，要构建更加公平、公正、开放、透明的市场环境，为构建现代化产业体系提供良好的营商环境。

（五）人才流失和人口支撑不足

人口作为第一资源、一切经济社会活动的主体，是衡量区域综合竞争力的重要指标。从全国人口普查结果来看，近 10 年间东北三省减少 1101 万人口。2023 年，辽宁和吉林两省实现了人口净流入。吉林净流入 4.34 万人，实现了近 13 年来的首次净流入；辽宁净流入 8.6 万人，也止住了 2012 年来人口持续净流出的趋势。但是，在老龄化和低出生率的双重影响下，东北总人口的下降趋势仍未改变，东北三省人口老龄化问题凸显。现代化产业体系的构建离不开掌握先进生产技能的产业工人和优秀人才，东北地区产业结构的单一化也无法吸引更多的高技能人才。以吉林省 2016 年为例，2016 届吉林大学 16887 名毕业生中，吉林省本地生源占比 33.5%，然而留在本地就业的仅为 18.9%。[①]2021 届吉林大学东北三省生源比率与就业比率分别为 33.52% 和 31.22%；哈尔滨工业大学东北三省就业占比为 24.69%。人力资源是现代化产

---

① 刘琛琛：《吉林省人才流失现状和对策》，2018 年 2 月 11 日，http://fzzx.jl.gov.cn。

业体系运行逻辑的基础，东北要建设现代化产业体系，就要着力解决好人口问题和人才流失问题。

四、构建具有东北特色现代化产业体系

（一）全面深化改革，补齐体制机制短板

体制机制改革是推动东北地区全面振兴的关键。一是要处理好政府与市场的关系。市场发挥决定性作用，政府通过宏观调控更好地发挥指导作用。坚持以市场为导向，建设服务型政府，减少政府对企业活动的干预，通过更大力度"放管服"打造更好的营商环境，充分激发企业的市场活力。二是完善市场经济的建设。市场经济的建设为要素资源的自由流动提供了重要保障。进一步完善东北三省现代化产业体系的市场制度，提高市场化程度，建设开放、高效的市场，助力现代化产业体系建设。三是建立协同发展机制。区域协同发展是未来经济发展的趋势。东北地区具有地理区位邻接性和社会意识文化相似性等特点，要立足东北全面振兴全方位振兴的战略需求，突破体制屏障，建立东北协同发展机制和东北三省国土空间相互转化的机制和途径，提高各地区的互联互通能力，推进东北一体化。依据人口经济联系科学合理确定都市圈、城市群的空间范围，顺应产业升级、人口流动和空间演进趋势，促进各要素合理流动和高效聚集。通过整合各地区的资源优势，打造现代化产业园，形成产业联动，有效拉动区域经济增长。四是继续深化国有企业改革。需要推动更适合东北振兴的国有企业改革，对现有的国有资本进行有效市场化组合重组，引导国有资本向战略性产业、中高端产业链和价值链集中，实现高水平自立自强。

（二）坚持以实体经济为根基

党的二十大报告强调，坚持把发展经济的着力点放在实体经济上，推进新型工业化，加快建设制造强国、质量强国、航天强国、交通强国、网络强国、数字中国。实体经济是构筑未来发展战略优势的重要支撑。实现东北的全面振兴要遵循国家的战略发展要求，坚守实体经济根基，积极

布局产业新赛道，大力培育发展新动能，促进加快形成自主可控、安全可靠、竞争力强的具有东北特色优势的现代化产业体系。一是大力发展现代化大农业。东北拥有黑土自然禀赋，也是我国畜牧业核心产区。要将"比较优势"转化为"绝对优势"，发展"黑土经济"，是东北发展现代化大农业的可选路径。依托丰富的林地资源，着力发展林下经济产业群，构建多元化食物供给体系；要跳出"就农业谈农业""就农村谈农村"的传统思维，采用机械现代化、现代科技装备技术、农业产业的纵向融合和一体化发展模式等，打造涵盖种植、培育、加工、销售等多条产业链融合的产业集群，充分挖掘农业的多维功能，践行大农业观和大食物观。二是要着力发展现代制造业。围绕"六新产业"，以"六新产业"和"四新设施"为主攻方向，壮大制造业产业规模，助力传统优势产业做大做强，挖掘现有产业潜力，加快推进制造业向高端化、智能化、绿色化升级换代。此外，在强化制造业的过程中，东北要特别注重战略性产业和新兴产业的发展。加强新能源汽车、卫星及通用航空、CMOS等新一代信息技术的创新和新材料产业的发展。

（三）坚持科技创新，推动发展新质生产力

首先，人力资本是知识积累和技术进步的源泉。要着力打造人才高地，建立健全人才培养体系。东北的科教优势明显，吉林大学、哈尔滨工业大学、东北大学等高校的学科发展水平和人才培养质量处在全国前列，依托大学智力资源和科研机构建设产学研协同创新基地，吸引和培养一批具有创新能力和实践能力的科技人才，促进科研成果的转化和应用。其次，以数字化赋能促进传统产业高质量发展。充分利用互联网、大数据、人工智能等新一代信息技术改造提升传统优势产业，推动重点行业提能增质，着眼提升自主研发能力，把科技创新落实到产业体系构建的全过程。搭建数字化网络化的产业协同平台，推动产业链上下延伸，形成产业链协同发展的良好格局。最后，培育战略性新兴产业增强发展新动能。战略性新兴产业具有先导性，要构建完善以市场为主体、市场为导向、产学研相

结合的技术创新体系。依托各类科技园、产业园和中小企业创业基地等建设空间规划合理、产业链完整的产业创新创业园，构建具有东北特色的现代化产业园区。

（四）提高人口整体素质，促进人口高质量发展

千秋基业，人才为本。构建现代化产业体系，需要满足发展新质生产力的要求，畅通科技、教育、人才三者的良性循环，注重对人才的培养，引进优秀人才。东北人口密度小，人才流失问题严重。东北地区要结合自身产业发展需求，通过住房补贴、科研经费支持等政策措施精准引进相关产业人才，建立健全人才评价机制，给予人才合理的薪资待遇和晋升空间。在人才培养方面，要建立健全多层次、多渠道的人才培养机制。通过加强高校、科研院所与企业的合作，培养适应东北地区产业发展需求的人才队伍，提高从业者的专业技术水平。此外，政府应关注人才的生活保障和发展环境，提供良好的生活和工作环境。通过改善公共服务设施、加强社会保障体系建设、提高生活品质等措施，营造良好的生活环境，留住人才，吸引人才回流，激发人才活力。

第五节　促进东北地区经济高质量发展

东北地区是我国重要的工业基地，国有经济在该地区经济发展中占据重要地位。近年来，随着国家经济转型升级的要求，东北地区国有经济布局优化和结构调整对于促进经济高质量发展具有重要意义。过去，东北地区国有经济主要集中在传统重工业和资源型产业，随着经济发展环境的变化，这种结构已经难以适应新的经济发展趋势。通过国有企业的重组、改革和战略调整，可以优化国有经济布局，促进新兴产业的发展，提高产业链的附加值和科技含量，实现经济结构的升级转型。东北地区拥有丰富的资源，通过国有企业的布局优化和结构调整，可以实现资源的合理配置和

高效利用。例如，通过整合资源型国有企业，减少资源浪费和环境污染，推动资源向优势领域的集中和高效利用，提高资源利用的经济效益和环境效益。通过引入民营资本、外资和创新创业等方式，可以实现国有企业与其他经济主体的深度融合，推动经济的多元化发展。这样可以加快东北地区经济发展的转型升级，培育新的经济增长点，提高经济发展的质量和效益。本节重点探讨推动东北地区国有经济布局优化和结构调整以促进经济高质量发展的主要措施。

一、优化营商环境，激发市场主体活力

党的二十大提出，要构建高水平的社会主义市场经济体制，而高水平的社会主义市场经济体制必须有充满活力的市场微观主体。为此，必须优化东北地区营商环境，充分激发市场主体活力。然而，东北地区优化营商环境还存在着诸多难题。

首先，民营企业负担过重。主要表现在以下几个方面：第一，政府和企业在成本负担水平的认识上存在分歧。地方政府认为，近年来通过深化行政体制改革，政府已经进一步简政放权、清理整顿各项收费，大幅度减少了企业的费用性负担。而企业则认为，虽然政府已经采取了诸多有效措施为企业减负，但企业的实际负担并未从根本上发生改变。简政放权、清理整顿使得企业的制度性交易成本大幅下降，但是企业的融资问题、税收负担以及过高的运输成本仍未得到有效改善。第二，制度性交易成本隐性化使得政府为降低企业负担而制定的政策效果大打折扣。例如，由于部分行政许可办理时间长、流程过于烦琐，许多企业为节省时间选择中介代办，从而增加了企业经营成本。政府部门虽然取消了一些制度性交易费用，但是某些依托政府部门的机构和组织收费不降反增，导致企业实际负担并未明显下降。第三，东北地区电力和供暖等公用事业成本偏高。电力和暖气等基础设施是企业日常经营和生产过程中不可或缺的要素，但因其具有公共属性，由地方政府建立的企业垄断经营，使用电力和暖气等生产

要素的企业没有议价权。东北地区虽然自然资源丰富，但与其他省份相比要素定价仍旧过高，且东北地区冬季供暖期漫长，企业每年需要花费大量资金用于取暖，使得其经营负担偏重。

其次，政府经济治理能力有待提升。东北地区的崛起得益于计划经济体制的实施，然而在以政府权力为主导的计划调节资源配置机制下，东北地区居民以及政府工作人员的心中根植了深厚的官本位思想。这种思维严重干扰了市场经济体制的正常运行，也使得东北地区深化"放管服"改革困难重重。具体表现为深化"放管服"改革时，政府下放经济管理权限的范围有限、下放速度过于缓慢、下放程度不够彻底。地方政府的工作重心落在加强对市场经济主体的管理上，而忽略了提升政府服务市场主体的能力，这导致在经济治理过程中地方政府职能缺位、错位以及越位的情况时有发生。

东北地区优化营商环境要从如下几个方面做起：第一，应当优化政府部门机构设置。传统的政府部门以及内部机构的设置呈现"块"形，每一个职能部门负责一"块"业务，在职责划分不清楚的情况下，各部门为了强化自身职能，会导致实际管理权重叠使用，从而降低行政效率，增加企业的时间成本和经济成本。政府应当探索试点"行政三分制"改革，打破传统的条块模式，提升行政服务的效率和质量。第二，提高政府涉企收费的透明度，减少企业的人力成本和时间成本。建立涉企收费清单制度，将涉及企业收费的各类项目按照性质向全社会公开，防止政府过度收费。建立集中收费制度，涉企收费要在同级别的行政服务中心财政收费窗口统一收取。同时，探索建立分时点线上审批、在线收费制度，方便企业一键式办理业务。第三，建立政务公共信息开放平台，方便企业及时了解政府相关政策与制度，减少企业与政府间的信息不对称。第四，建立专业的社会性评价组织。通过社会性评价组织定期发布区域营商环境报告，动态掌握企业制度性交易水平，并且通过营商报告披露政府的政策导向。

二、深化国有企业改革，建设世界一流国有企业

第一，推进国有企业市场化改革，落实国有企业市场主体地位，充分发挥市场对国有企业的调整作用。其中最重要的是要彻底理清政府和国有企业之间的关系，明确国有企业是市场经济活动的微观主体，给予国有企业自主经营权和决策权，政府要减少对国有企业日常经营决策和微观投资等方面的干扰，尊重国有企业的市场主体地位。政府应当转变职能，由管理国有企业转变为管理以国有资本投资运营公司为主的国有资本，实现国有资本保值、增值。推进国有企业混合所有制改革，引进优质私人资本进入国有企业，以私有资本激发国有企业活力和创造力。第二，建立健全现代化国有企业管理制度。健全公司法人治理结构，形成股东、董事会、高级经理人员等主体之间的分权—分责和委托—代理关系。第三，国有企业向战略性新兴产业、高端制造业和服务业转型。加大对技术研发和创新的投入，鼓励国有企业与科研院所、高校等开展合作，共同攻关和技术转移。建立技术创新中心或实验室，提供先进设备和专业技术支持，提升企业的技术研发能力。设立奖励制度，吸引、培养和留住高素质人才。建立人才流动机制，鼓励员工在不同企业间的经验交流和技术转移。支持国有企业加强市场调研和产品创新，提高产品质量和竞争力。建立品牌推广基金，支持企业开展品牌建设和市场营销活动。加强知识产权保护，提升企业在国内外市场的声誉和竞争地位。政府要鼓励金融机构加大对国有企业的信贷支持力度，设立专门的风险投资基金，为企业提供股权投资和风险投资支持，促进企业的技术创新和市场拓展。

三、优化农业结构，保障东北地区农业高质量发展

东北地区是我国第一大粮仓，生产了我国五分之一的粮食、六分之一的牛奶和禽蛋、十分之一的肉类产品。因此，实现东北地区农业高质量发展至关重要。然而，东北地区农业结构长期存在突出问题，使得东北地区农业难

以实现高质量发展。首先，东北地区农业生产结构过于单一。根据国家统计局的数据显示，玉米产量在东北粮食产量中占比常年超过40%，近年来玉米占比甚至超过50%。由于长期大规模种植玉米，东北地区农作物种植未能形成多元化结构。畜牧业方面严重依赖猪禽，养牛业不够发达。根据国际奶业生产经验，北纬47°左右是产奶的黄金地带，这一地带无论是土地生长的饲草料还是奶牛生产出来的牛奶品质均佳。按理来讲，东北地区应当是我国重要的牛奶生产区，然而东北地区生产的牛奶量已经从占全国的四分之一，下降至占全国总产量的六分之一左右（见表5-5-1）。不合理的农牧结构并没有充分有效利用东北地区肥沃的土地，使得农业生态系统难以实现良性循环，农业生产效率偏低，经济效益差。

表5-5-1 2014—2022年东北三省产奶量占全国比重

年份	辽宁省（万吨）	吉林省（万吨）	黑龙江省（万吨）	全国（万吨）	三省合计占比
2022	134.67	29.3	501.15	3931.63	16.92%
2021	138.89	32.69	500.25	3682.7	18.24%
2020	136.7	39.26	500.16	3440.14	19.65%
2019	133.9	39.9	465.24	3201.24	19.96%
2018	131.8	38.83	455.91	3074.56	20.38%
2017	119.71	33.98	465.21	3038.62	20.37%
2016	143.06	52.85	545.95	3064.03	24.21%
2015	140.25	52.33	570.48	3179.83	24.00%
2014	131.2	49.31	556.58	3159.88	23.33%

资料来源：国家统计局。

东北地区的农林牧副渔产值以及农业产值占全国总产值的比重不足10%。农业结构失衡导致东北地区即便拥有得天独厚的农业生产条件，也仍然生产不出高经济价值和高品质的农产品。另外，东北地区农业专业技术人才短缺，农业专业技术人员数量低于同期其他地区，这与其作为全国粮食主产区的地位不相符合。《中国人口和就业统计年鉴》的数据显示，2009 年，东北三省高中和大专以上的农村劳动力数量均在 1000 人以下，同期大部分其他粮食主产区均超过了 1500 人。东北地区农业职业教育程度较低，新型职业农民教育处于探索阶段，农业生产人员老龄化严重。

实现东北地区农业高质量发展，首先要转变农业生产方式，从注重追求农业产量向实现农业高质量生产转变。要推动农业机械化、规模化、集约化发展，加大对农业先进机械的研发和应用力度，提高农业生产机械化水平以及农业生产效率。注重保护黑土地，保证黑土地质量不退化、产量不下降。严格落实耕地占补平衡制度，遏制建设用地的不合理扩张，确保占补的土地质量不下降。要加快推进农业绿色发展，减少化肥和农药的投入量，确保农产品质量达标。鼓励农户多施有机化肥，采用科学绿色的方式防治农产品病害，实现粮食生产的可持续发展。

其次，合理调整种植业与畜牧业结构，实现农副产品多元化生产。因地制宜种植粮食作物，适当降低玉米作物的种植面积，将调减种植玉米的耕地用于种植其他农产品，如提高大豆种植比例、扩大优质青储饲料的种植面积，实现农业轮作倒茬，提高优质土地的利用效率。充分利用盐碱土地，积极发展盐碱地种植业，推广种植饲用高粱以及饲用燕麦等饲用农产品，为提高草食性畜牧业生产效率提供保障。坚持以市场为导向，优化畜牧业生产结构。发挥自身优势，增加肉牛、奶牛、肉羊等农产品的生产。充分发挥生态环境优势，以"优质牧草 + 精料"等新型喂养方式发展黄金奶业。

再次，健全粮食主产区利益补偿机制，培育农业生产新型经营主体，提高农业生产收益。健全农业生产补偿机制，政府要加大对农业生产的补贴力度，同时可以适当提高农业补贴标准，以提高农业生产的积极性。地方政府要注重引导农业实现规模化、集约化生产，加大对种粮大户、家庭农场以及农业合作社等新型农业经营主体的政策倾斜力度，充分发挥其引领和带动作用。重视农业基础设施建设以及土地质量改造和高标准农田建设，提高土地生产力。充分有效发挥农畜产品加工业龙头企业较多的优势，通过股权改制、农民参与等形式建立健全农民—企业良性互动的经营机制，使其成为带动东北地区农业高质量发展的知名龙头企业。农民负责生产优质的农副产品，企业负责品牌打造、运营维护以及产品销售等环节，面向市场打通产销流通机制，降低中间环节成本，提高农业生产净利润。

最后，加大农业科技投入，重视培养农业专职人员。人是生产过程中最具决定性的因素，因此要实现东北地区高质量发展，就必须重视东北地区农业生产专业技术人员。第一，要结合东北地区农业生产实际状况，整合东北地区现有资源，创新农业专业技术人才培养模式，培育大批量适应东北地区农业高质量发展的专业技术人才，切实保障农业生产专业技术人才供给充足；还要重视农业专业技术人员的再发展，定期以线上讲座和线下培训相结合的形式提高农业专业技术人员的综合素质和知识水平，及时将农业生产技术推广至基层，帮助农民切实解决农业生产过程中遇到的各种难题，调动农民的农业生产积极性。第二，政府要加大财政资金对农业专业技术人员培养的支持力度。每年要定期下发专项资金用以支持农业专业技术人员的培养，为其提供专业设施、场地以及相关服务。同时要加大对相关资金的申请、使用监督力度，防止资金被占用、挪用，确保资金及时拨付。此外，还要重视对农业专业技术人员的发明专利保护，保证其劳动成果不被他人占有，激励更多的优秀专业技术人才专心投入工作。

四、培育经济发展新动能

东北地区作为老工业基地，其制造业具有良好的基础，然而东北地区科技企业创新能力不强、产业结构失调,这严重削弱了东北地区经济可持续发展能力。主要表现在:东北地区产业以传统行业为主,劳动生产率较低,资源浪费严重,致使经济增长缺乏动能。因此,必须优化制造业结构,培育经济发展新动能。

首先,要坚持创新发展战略。企业在追求利益的同时也要关注自身的可持续发展能力,加大科技创新的力度,加快向科技创新型企业转变。地方政府要瞄准世界前沿,开展重大"卡脖子"技术攻关工程,培育一批具有先进技术的"专精特新"企业,实现制造业高端化、科技化、绿色化发展。还要注重巩固优势产业的领先地位,加快推进补短板工程,提升战略性资源供应保障能力。其次,东北地区应当主动调整产业结构。要推动战略性新兴产业融合集群发展,大力发展互联网、人工智能、高端装备制造、新能源、新材料等产业,构建新一代经济增长引擎。大力发展现代服务业,推动信息业、金融业、服务业一体化发展。重点支持数字经济发展,推动数字经济和实体经济深度融合,打造一批具有国际竞争力的数字产业集群。再次,坚持"先破后立"的原则,大力发展可再生能源产业。结合东北地区风能光能资源丰富的区域优势,积极发展风电、光电以及核电等清洁能源产业,逐步降低对传统化石能源的依赖,加快实现绿色低碳转型,增强东北地区产业可持续发展能力。最后,政府应当加大对创新发展企业、绿色发展企业的政策支持力度,引导更多的企业实现高质量发展。

五、培育高素质人才,以人口高质量发展推动东北地区高质量发展

人口是国家和地区实现长久发展的关键,是社会发展最基本的力量。东北地区拥有丰富的劳动力,然而近年来东北地区人口问题凸显,具体表现为:东北地区优质劳动力大量流失、人口负增长、老龄化严重、年轻人生育意愿降低。因此,实现东北地区高质量发展必须重视东北地区人口问题。

当然，东北地区也拥有实现人口高质量发展的良好条件。第一，东北地区丰富的教育资源积蓄了丰富的人力资本。根据第七次全国人口普查数据，东北地区总人口将近1亿，其中将近17%的人口拥有大专以上的文化程度。东北地区15岁以上人口平均受教育年限在10.16年，均位于全国前列，其中黑、吉、辽三省15岁及以上人口平均受教育年限分别为9.93年、10.17年和10.34年，分别位列全国第14位、第9位和第6位。每10万人中有大学学历(大专及以上)的人数占比，黑、吉、辽三省分别为14.79%、16.74%和18.22%，分别在全国排名第17位、第11位和第7位。总体而言，这两个反映人口受教育程度的指标，都是高于全国平均水平的。

受到历史因素的影响，东北地区具有完善的基础教育体系，拥有许多高水平大学和科研机构。全国共有39所"985工程"大学，仅东北地区就有4所，分别是哈尔滨工业大学、吉林大学、大连理工大学和东北大学。此外，东北地区还有东北师范大学、辽宁大学等"211工程"大学。这些高水平大学为东北地区培育高素质人才提供了良好的平台。第二，东北地区拥有宝贵的文化根基，艰苦奋斗精神深入人心。历史上，东北人民在艰苦的自然环境中，打造出新中国的工业基地，生产出了新中国第一架喷气式飞机、第一台机床、第一艘万吨游船以及第一辆国产汽车。黑龙江人民勇于开拓、无私奉献，将200万公顷"北大荒"建设成一大批机械化国营农场群，为保障我国粮食安全做出不可磨灭的贡献，形成了激励无数人艰苦奋斗的北大荒精神。黑龙江大庆油田的工人仅用3年的时间开发并建设了世界级特大油田大庆油田，形成了以爱国主义和集体主义为内核的大庆精神。此外，还有东北抗联精神以及雷锋精神等精神力量时刻激励着东北地区人民敢于挑战困难，坚持不懈，努力向前。在新时代东北地区全面振兴的背景下，这些良好的精神品质为东北地区不断注入新的活力。推动东北地区人口高质量发展，要从以下几个方面着手：

首先，要保障东北地区拥有适度的人口规模。地方政府要重视东北地区生育率低、生育意愿不强的客观问题。要多出台鼓励生育的普惠性政策措施，切实降低居民的生育成本以及养育成本和交易成本，降低家庭经济负担，刺激生育率的提高。各级地方政府要加强人文关怀，关爱低收入家庭、多子女家庭、留守儿童家庭以及单亲家庭，营造出政府鼓励、支持、引导多生优生的良好社会氛围。在社会建设方面，地方政府应当切实推动配套基础设施建设，尤其是育儿基础设施的建设，优化公共服务供给以及公共资源配置，改善优生优育服务全过程，确保"生得出"还要"有人带"，为家庭养育子女解决后顾之忧。严格落实生育保障政策，尤其是要严格执行生育休假制度，保障女性职工拥有合法的生育休息权。同时应当探索试点陪产假以及育儿假制度，这既能鼓励男性多承担育儿责任，也能减少生育带来的女性就业歧视。政府要加强宣传正确的生育观念，在全社会树立正确的生育观。为部分生育的在校高学历人才提供时间、经济以及相关服务支持。鼓励家庭养育，对育儿家庭提供税收减免等优惠政策。

其次，深挖东北地区教育资源红利，大力发展教育，为东北地区培育高素质人才。教育是提高人口素质，实现人口高质量发展的重要途径之一。东北地区应当不断深化教育体制改革，持续提升人口科学素养，为东北地区高质量发展提供动力。第一，要加大基础教育建设。提高义务阶段教育质量，尤其是要缩小城乡、区域以及群体之间的教育资金和师资力量投入的差距，推动基本公共教育服务机会均等化。还要加大乡村、边疆地区、山区等艰苦地区的教师补贴力度，鼓励更多的优秀教师到艰苦地区支教，提高艰苦地区的教育水平。第二，要优化职业教育。优化中等职业院校和高等职业院校的布局以及专业设置，强化职业教育的产校融合机制、校企合作机制，构建特色的职业教育体系以培养高素质的专业技术人才。

第三，大力发展高等教育。积极支持东北地区一流大学和一流学科建设，支持重点高校优势特色专业申报一流学科建设，提升东北地区高等教育对全国优质生源的吸引力。

最后，合理制定人才引进政策，吸引更多优秀人才。东北地区应当营造良好的人才发展环境，实施更加主动、积极、开放、有效的人才政策。协调各方切实解决引进的人才面临的生活和工作难题，为优秀人才提供更加舒适、轻松的生活环境和工作环境。要制定合理的人才绩效评价体制机制，激发人才努力工作、回报社会的积极性。创新人才引进模式，不断加大对学术带头人等高精尖人才的引进力度，完善技能型人才稳定、留用以及引入措施，吸引集聚更多人才。同时还要加大知识产权保护力度，保障优秀人才成果收益权。

六、主动把握"双循环"战略机遇，增强经济发展韧性

东北地区要实现高质量发展，除了依靠自身优势外，还需要借助外部区域的资本、技术、人才、市场。东北地区应当积极融入以国内大循环为主体、国内国际双循环相互促进的"双循环"发展战略中，利用外部力量培育可持续发展的内生动力。从地理上来看，东北地区正处于东北亚中心区域，北邻俄罗斯，东临朝鲜半岛，是连接东北亚地区和欧洲大陆的重要枢纽，在东北亚中处于重要战略位置，这为东北地区实现"双循环"发展提供了良好的自然条件。但是东北地区实现"双循环"发展也面临着诸多问题。东北地区内部协调性较低，缺乏带动高质量发展的城市群，并且人口与产业布局较为分散，各省以及各城市之间产业关联度较低，协同性弱。各省中心城市经济规模较小，经济发展的带动作用不够明显。一直以来，东北亚是大国博弈的重要地带，东北亚地区国际合作受到复杂多变的外部环境的影响，并且各国战略意图以及利益的不同使得东北亚地区之间的交流受到阻碍。

首先，东北地区要充分发挥地区比较优势，深入融入到国内大市场中，增强东北地区内循环动力。加强与国内主要城市群的合作力度，尤其是提升与京津冀城市群的协同发展能力。京津冀地区与东北地区地域相近、产业相似度高、文化认同感强，这为东北地区融入京津冀城市群协同发展战略提供了良好的基础。东北地区应当以北京为核心，紧抓北京疏解

非首都功能、京津冀一体化建设等战略机遇，加深与京津冀地区在产业链、供应链、资金链等的融合深度。积极主动承接京津冀地区转移的优质产业，依托比较优势融入京津冀地区现代化产业集群的重要产业环节中。鼓励支持东北企业利用京津冀地区的产业、市场、资金等优势，在京津冀地区设立研发中心、设立全国性总部等，以京津冀地区为跳板，实现东北地区企业深度融入国内大市场中。东北地区政府应当主动与京津冀地区合作，完善两地之间的交通设施，为东北地区产品进入全国大市场提供良好的交通条件。此外，还要进一步联动国内重要城市群，鼓励东北地区的科技成果在上海、广州、深圳等国内创新创业活跃城市转化，发挥比较优势，加强与粤港澳大湾区在产业链和供应链的合作，提高东北地区企业在国内市场中的地位。

其次，依托国家重大战略，参与到国际大市场中。第一，深度参与东北亚各国的合作。以 RCEP（区域全面经济伙伴关系协定）协议的签署为重大契机，加快对外开放的步伐，增强在国际经贸合作竞争中的竞争力。要不断深化与日本、韩国等发达国家的经济贸易合作，以信息技术、工业互联网为基础，加强高端装备、数字经济等领域的合作，大力发展先进制造业和生产性服务业，推动东北地区与东北亚各国在高技术产品方面的贸易发展。加快推进中韩国际合作示范区以及中日地方合作示范区的建设，主动承担日韩等国转移的优质产业。不断加强与东北亚地区的人文交流，以人文交流为纽带加深与东北亚各国的联系。此外，还应与东北亚各国探寻在更高层次、更大范围内的合作，建设新型合作示范区。持续办好中国—东北亚博览会、中国—俄罗斯博览会等大型活动，以活动为契机促进东北地区高端装备出口，提高东北地区在东北亚中的知名度。第二，着力建设面向东北亚的跨境开放通道。完善东北亚跨境交通设施建设，打造辐射东北亚以及蒙古、俄罗斯等地区的陆海空联合运输战略大通道。以"一带一路"为引领，加快同周边国家合作，推动建立"滨海1号""滨海2号"国际交通走廊建设，保持东北地区中欧班列稳定运营。东北地区应当大力培育具有全球供应链运营能力的大型企业，以龙头企业为依托，推动东北地区加快融入国际市场。

最后，建立高水平的对外开放合作平台。东北地区应当制定更加积极主动的对外开放政策，促进区域多层次开放，提高对外开放的质量。推动自贸区试验田建设，赋予自贸区更大自主权。重视综合保税区的建设，积极鼓励支持有条件的地区按照规定申报建设综合保税区。增设跨境电商零售进口试点城市，大力发展跨境电商。对标国际高标准经贸规则，逐步扩大制度型开放。

参考文献

［1］陈金至，刘元春，宋鹭．进退相济：国有经济的产业布局与宏观稳定效应［J］．管理世界，2023（10）：23–41.

［2］陈俊龙，赵怡静．"新常态"下东北地区国有企业混合所有制改革分析［J］．长白学刊，2016（1）：84–89.

［3］陈耀．新一轮东北振兴战略要思考的几个关键问题［J］．经济纵横，2017（1）：8–12.

［4］迟福林，马禹．统筹发展与安全：推动东北地区全面振兴的战略任务［J］．区域经济评论，2023（1）：66–75.

［5］迟福林．以统筹发展安全为目标推进东北经济一体化［J］．辽宁经济，2022（3）：4–8.

［6］翟绪权，徐传谌．"十四五"时期国有经济布局于高技术产业：原因探析、战略价值与政策建议［J］．马克思主义与现实，2021（4）：157–163.

［7］翟绪权．关于新时代中国国有经济布局优化的思考：基于马克思产业思想的研究［J］．思想理论教育导刊，2021（9）：65–70.

［8］范玉仙．国有经济引领社会主义经济高质量发展的内在机制研究［J］．西安交通大学学报（社会科学版），2021（4）：97–106.

［9］范肇臻，刘赣州．论东北地区国有资本优化配置［J］．社会科学战线，2004（1）：206–209.

［10］冯璐，邹燕，张泠然．双循环格局下的竞争中性与国企改革：来自

国有资本差异化功能的证据［J］.上海经济研究，2021（2）：48-68.

［11］甘小军，潘永强.论国有企业对非国有经济及整体经济的拖累［J］.江西社会科学，2016（7）：41-46.

［12］郭克莎.国有工业调整改革是搞活经济的一个重要突破口［J］.财政研究，2014（10）：16-20.

［13］何瑛，梁湘钏.国有企业改革推进中国式现代化建设：理论逻辑、经验范式与实践路径［J］.经济管理，2024（4）：5-28.

［14］何瑛，杨琳.改革开放以来国有企业混合所有制改革：历程、成效与展望［J］.管理世界，2021（7）：44-60+4.

［15］洪功翔.国有经济与民营经济之间关系研究：进展、论争与评述［J］.政治经济学评论，2016（6）：42-60.

［16］洪功翔.国有经济作用与地位研究——进展、论争与评述［J］.政治经济学评论，2015（5）：163-178.

［17］胡迟.新中国成立70周年再论新时代完善国有企业的功能定位［J］.经济纵横，2019（6）：37-45.

［18］胡迟.发挥国企主力军和顶梁柱作用构建现代化产业体系［J］.新经济导刊，2023（6）：39-47.

［19］胡吉亚."双循环"背景下我国国有资本布局的特征、问题及优化路径［J］.深圳大学学报（人文社会科学版），2023（1）：71-82.

［20］胡家勇.奠定高质量发展的所有制基础［J］.南开经济研究，2021（1）：26-35.

［21］胡之光，陈甬军.所有制结构、产业结构与东北经济振兴［J］.财经问题研究，2017（12）：97-103.

［22］黄群慧."十三五"时期新一轮国有经济战略性调整研究［J］.北京交通大学学报（社会科学版），2016（2）：1-14.

［23］黄群慧.国有企业分类改革论［J］.经济研究，2022（4）：4-12.

［24］黄少安.现阶段中国国有经济定位与国有企业改革［J］.学术月刊，

2017（7）：35-44.

［25］黄速建，肖红军，王欣.竞争中性视域下的国有企业改革［J］.中国工业经济，2019（6）：22-40.

［26］江剑平，何召鹏，刘长庚.论习近平国有企业改革发展思想的内在逻辑［J］.经济学家，2020（6）：5-15.

［27］剧宁，戚聿东.国有经济若干理论问题研究［J］.天津社会科学，2020（2）：99-105.

［28］李道刚，王雅林，马涛，等.基于保障国家经济安全的双重体制结构研究：以东北老工业基地体制变迁为例［J］.中国软科学，2009（S1）：57-59.

［29］李钢，王茜，程都.市场经济条件下国有企业的功能定位：基于市场配置与政府调控融合的视角［J］.毛泽东邓小平理论研究，2016（9）：51-56.

［30］李娟伟，任保平.新中国成立以来国有企业改革的历史阶段、理论逻辑及政策启示：基于马克思主义政治经济学视角［J］.当代经济研究，2022（4）：98-112.

［31］李士梅，张倩.国有经济向战略性新兴产业集中的理性思考［J］.学习与探索，2012（7）：93-96.

［32］李士梅，张倩.国有战略性新兴产业布局的基础条件与创新路径［J］.江汉论坛，2013（12）：79-83.

［33］李晓华.我国战略性新兴产业的所有制结构研究［J］.当代经济管理，2014（1）：57-65.

［34］李增刚."新时代中国特色社会主义"国有经济的科学定位［J］.公共财政研究，2018（3）：4-11.

［35］李正图，米晋宏.建设现代化经济体系增强国有经济"五力"［J］.上海经济研究，2022（10）：5-12.

后 记

　　党的十八大以来，以习近平同志为核心的党中央高瞻远瞩、审时度势，指导实施新一轮东北振兴战略。党的十九大报告提出，深化改革加快东北等老工业基地振兴。党的二十大报告提出，推动东北全面振兴取得新突破。2023年9月，习近平总书记主持召开新时代推动东北全面振兴座谈会并发表重要讲话，强调牢牢把握东北的重要使命，奋力谱写东北全面振兴新篇章。2025年初，习近平总书记再赴辽宁、黑龙江、吉林考察，对新时代东北全面振兴作出最新指示要求，充分彰显了总书记对东北人民的亲切关怀和深情厚爱，彰显了总书记对东北振兴的殷切期望和信任重托，是对正在为东北振兴努力奋斗的各界人士的巨大鼓舞和莫大鞭策。

　　中国东北振兴研究院是在国家发展和改革委员会指导下，以东北振兴理论和政策研究为特色，为中央和东北地区各级地方政府提供政策咨询的新型智库，是辽宁省新型智库联盟首任理事长单位、"智库人才培养联盟"单位、国家区域重大战略高校智库联盟单位。先后入选"2021年中国智库参考案例（咨政建言类别）"和"CTTI 2022年度高校智库百强"，荣获"CTTI 2023年度/2024年度智库研究优秀成果"特等奖。

　　2020年，由中国东北振兴研究院组织编写的《东北振兴研究丛书》出版，被列为"十三五"国家重点图书出版规划项目、国家出版基金资助项目，荣获"第一届辽宁省出版政府奖"。2022年，《新时代东北全面振兴研究丛书》筹划、立项，经编委会、作者团队与出版社共同努力，丛书被列入

"十四五"国家重点出版物出版规划增补项目和国家出版基金资助项目。

值此丛书付梓之际，感谢各位作者用严谨治学的精神为丛书倾注心血、贡献智慧，感谢亿达集团董事局主席孙荫环先生的鼎力支持和在丛书启动阶段给予的充分保障，感谢辽宁人民出版社编辑团队的辛勤付出。

党中央为新时代东北全面振兴指明了前进方向，也给东北振兴发展提供了新动力新机遇。东北地区要认真贯彻落实党的二十大和二十届二中、三中全会精神，坚定信心、开拓创新，勇于争先、展现作为，以进一步全面深化改革开放推动东北全面振兴取得新突破。

中国东北振兴研究院

2025 年 2 月 12 日